国家哲学社会科学成果文库

NATIONAL ACHIEVEMENTS LIBRARY
OF PHILOSOPHY AND SOCIAL SCIENCES

信访和谐问题研究

宋协娜　著

人民出版社

《国家哲学社会科学成果文库》
出版说明

为充分发挥哲学社会科学研究优秀成果和优秀人才的示范带动作用，促进我国哲学社会科学繁荣发展，全国哲学社会科学规划领导小组决定自2010年始，设立《国家哲学社会科学成果文库》，每年评审一次。入选成果经过了同行专家严格评审，代表当前相关领域学术研究的前沿水平，体现我国哲学社会科学界的学术创造力，按照"统一标识、统一封面、统一版式、统一标准"的总体要求组织出版。

全国哲学社会科学规划办公室
2011 年 3 月

目　　录

CONTENTS

序言　正读与正解

经过 30 年的改革开放，中国发生了翻天覆地的变化。1979—2011 年，中国的 GDP 平均每年以 9.9% 的速度递增。2001—2010 年，年均增幅为 10.7%。这在各个国家的现代化历史上是一个十分罕见的现象。按照现行汇率来看，2012 年中国的人均 GDP 约 6100 美元。2012 年年末，外汇储备达 33116 亿美元。在经济获得高速增长的同时，中国的市场经济体制初步得以形成，综合国力迅速提升，人民的生活水平得到大幅度的提高，社会成员自由活动的空间得到极大的扩展。

在中国经济获得了空前繁荣的同时，中国的发展也出现了一些问题。其中比较明显的问题是，社会发展明显滞后于经济发展，社会矛盾日益凸显。正如胡锦涛所指出的那样，"在当前和今后相当长一段时间内，我国经济社会发展面临的矛盾和问题可能更复杂、更突出。"[①]《中国共产党第十七届中央委员会第五次全体会议公报》也指出，"综合判断国际国内形势，我国发展仍处于可以大有作为的重要战略机遇期，既面临难得的历史机遇，也面对诸多可以预见和难以预见的风险挑战。"[②] 社会矛盾已经成为一个影响中国社会经济发展全局的大问题。这一问题如果解决不好，那么，中国社会的安全运行和健康发展将是不可能的。

就社会矛盾的应对和化解而言，"信访"是中国独有的一种方式。

信访问题以及信访研究的状况，是我近年来持续关注的一个领域。信访

[①]　胡锦涛：《在省部级主要领导干部提高构建社会主义和谐社会能力专题研讨班上的讲话》，《人民日报》2005 年 6 月 27 日。

[②]　《中国共产党第十七届中央委员会第五次全体会议公报》，《人民日报》2010 年 10 月 19 日。

问题不是个新问题，处于变革关口的特殊历史时期，大量社会矛盾和问题时空积压投射到信访领域，使得今天的信访形势日益严峻，成为各级执政者必须面对的政治社会问题，也是各方头疼的大问题，信访工作也成为"天下第一难"。由此，信访制度的存废，成为焦点问题。不少研究者主张大刀阔斧削减甚至干脆废除信访制度，取消信访系统，用司法途径解决问题，弘扬法治、抑制人治；有的主张制定《信访法》，提高信访机构规格，加强信访工作力度，强化信访职权范围。于是，削减、废除和强化、增权，形成两个论争的极端。这是目前学术界和实务界比较普遍的状况。

在对待信访的问题上，削减、废除和强化、增权，可能并不难，难就难在对一个被社会各界普遍诟病的问题提出建设性意见，拿出一个各方都能接受而又行之有效的方案，而非简单的批评甚至取消，恐怕这要难得多。胡锦涛曾经指出：信访工作是为人民群众排忧解难的工作，也是构建社会主义和谐社会的基础性工作。如何在现有的基础上把群众工作做好，发挥信访的正向的积极作用，这应该成为我们对社会和人民负责的态度，也应该是我们思考问题、解决矛盾的出发点。

《信访和谐问题研究》一书是宋协娜对信访问题多年探讨的成果。该书对于信访问题做出了艰辛的努力。首先，该书对信访问题力求"正读"，对于一个当今中国社会必不可少的实现社会稳定和谐的制度化渠道进行正名；进而，要做出正解，对这样一个饱受争议的渠道进行加深与拓宽，使之对信访的各方，都成为可以依靠的渠道。对此，作者既付出了"正读"的勇气，也贡献了"正解"的力量。

本书作者多年来一直关注党政、党民关系方面如何良性互动等问题。据悉，该书作者在报刊发表 60 余篇文章、主编著作 2 部；主持国家社科基金课题 3 项：已完成《社会工作转型与社会良性运行》、《基于社会主义和谐社会建设的信访和谐与信访预警研究》，2011 年立项的《信访问题统筹治理研究》在研究中；《信访和谐问题研究》入选国家社会科学优秀成果文库并获得山东省社会科学优秀成果重大成果奖；有多项成果获省委书记等领导批示并进入试点和决策执行程序。成果发表后获得《新华文摘》全文转摘、观点摘编以及被人大复印报刊资料多次复印等反响。现在将出版的《信访和谐问题研究》这一专著，是作者多年来深入研究的可喜成果，也是其在历经十多年思考和积累基础上的心血之作。

该书在和谐社会建设的大视阈和中国社会转型的视角下，基于社会和谐和社会发展理念提出信访和谐问题，并对信访和谐进行动态的、量化的、科学方法支持的研究，在理念上倡导理论工作者深入实际，抛开信访制度存废之争，直面信访现实问题，为信访工作有序有效开展提出理论支持。本书有新意地将"和谐"理念导入信访领域，有利于信访工作者和政府正确对待信访和群众工作，充分发挥信访的积极作用，实现现代信访转型，促进信访和谐发展、科学发展。本书作者与实务工作者紧密合作，所形成的前沿成果——信访预警指标体系与机制整合模型、信访工作标准化体系，是在基层实践经验总结基础上的科学论证和有价值的理论探索，目前正在山东省一些县市试点，完善后将推广应用，这有助于基层信访工作规范化与制度化的显著提升。

总之，本书的出版将对信访理论研究提供一个新视角，对实际工作者应用本体系提升信访治理理念和效能提供帮助，期待出版后能够引起学术界和实务界关注。

从某种意义上讲，信访问题所要解决的是党在执政条件下采用什么样的制度架构国家、管理社会的问题。在基层构建中国特色社会管理模式，与基本国情、政治体制、县级政府行政职能和行政的时空条件与环境有机联系，实现政治体制与"治道"的重大变革，其具体目标是，密切党群关系、管理社会、治理国家，在党与群众、政府与社会多元主体之间建立相互尊重、平等协商、合作互动、同构共赢的关系模式，形成共识、判断与评价（执政合法性）统一的社会条件和基础。从实现路径来看，一是法治之路。完善法制，依法行政、以法治国；加强双规范；实行信访工作标准化；企业和公共服务部门追求卓越绩效和社会责任；二是德治之路。在公共管理伦理建设中用信访伦理规范信访工作者；三是群众路线，通过群众工作网络来化解矛盾、管理社会，通过党的社会工作，培育党员志愿者，发育社会支持网络；四是国家层面的体制改革，建立县级政治分权，保障公民有序政治参与；五是信访考核体系的全面革新，实现信访转型。信访领域探索中出现的诸多理论与实践创新，是对我国社会民主法治的发展，预示着我国社会管理与社会关系和谐的未来发展方向，这是应该肯定的积极的好现象。本书的意义就在于此。

从一个课题和一部著作来看，作者已经尽很大努力多年探索并不断寻求正解，尽管它还存在着一些应当继续讨论的问题，对于信访问题的许多方面尚待进一步梳理和理论提升，然而作者在书中对于信访问题的关注及艰苦探讨，无疑具有一定的学术价值和重要的实践意义。

信访问题会随着时代的进步而不断发展和改进，相应的，人们对信访问题的关注和研究也会持续进行。关注问题，关注信访，关注民生，关注社会，为当今各界之道义担当。本书为此付出了辛勤的劳作。十分可喜的是，天道酬勤，该书被列入《国家哲学社会科学成果文库》。这既是一种值得称赞的社会认可，也是社会科学界当中的一项重要荣誉。

是为序。

吴忠民

（中共中央党校社会学教研室教授、博士生导师、主任，系国家百千万人才工程国家级入选者，"中央直接联系的高级专家"）

2013 年 3 月 16 日

导　　论

当前，纷繁复杂的信访活动引发了社会对信访的高度关注和理性反思，使信访工作和信访制度成为各方关注焦点。信访工作是为人民群众排忧解难的工作，也是构建社会主义和谐社会的基础性工作。诸多的社会矛盾通过信访这个窗口显现出来，为我们准确把握和谐社会建设的热点、难点、重点问题提供了现实依据。这就要求我们理论工作者，必须以深入分析当前信访工作新形势、信访问题成因及规律为切入点，探寻当代中国社会发展存在的普遍性问题，揭示和谐社会建设过程中的突出问题，为解决这些问题提出思路和对策。

一、问题的缘起

信访问题特指信访工作和信访制度运行中存在的和反映的总体性问题。经济与社会转型为信访问题增添了更为复杂的背景内容和解决难度，这是我们探讨本问题必须面对的现实和出发点。

（一）信访由正常现象成为中国特色的信访问题

信访活动自古已有。现代的"信访作为一项政治策略，是克服官僚主义的监督方法；作为一项决策机制，它是体察民情、倾听民意的民主渠道；作为一种解决纠纷的方法，它是寻求化解矛盾的努力；作为一种参与行为，它是宪法赋予的公民权利。"① 今天的信访制度作为我党创造的特殊权利救济方式，有着深厚的社会历史文化渊源和意识形态基础，在特定的历史时期发挥了巨大作用。通过信访反映民情民意，提出意见、建议和投诉本是正常的社会现象，但当前的问题是信访量持续走高，越级访、集体访、重复访较多，上访秩序混乱，处理信访问题的难度加大，以至于成为社会稳定的威胁，形成所谓的"信访问题"。区分信访和信访问题有重要意义。重视信访，更应该重视信访问题。现实生活中的信访甚至包括了司法意义上的申诉、向纪检监察部门的投诉等各种向国家权力机关寻求公正的行为，这样的运行方式在实践中带来很大弊端，可谓更严重的"信访问题"，甚至可以说是其他"信访问题"的根源。

（二）社会矛盾多发使信访部门成为社会问题的汇集地

20世纪90年代后期以来，我国利益格局调整加快，矛盾冲突甚至激烈冲突增多。社会领域的变化也对传统的、由政府（公共部门）包揽一切的矛盾冲突消解模式提出挑战。改革进入社会结构的全面分化期，社会变迁在社会发展序列上恰好对应着"非稳定状态"的频发阶段。利益和权力在不同主体间重新分配、转移，形成诸多不稳定因素，也就存在形成不同危机的可能。如此广度和深度的剧烈变化在中国这样的后发国家被压缩在较短的时间内，具有更大的风险性。我国信访问题的高峰就发生在这样的大背景下。随着城镇化进程的加快和城市建设的飞速发展以及企业的改制、改组，事业单位的改革，构成了信访热点问题相对集中的几大类问题，以致经济发达地区信访数量高于经济欠发达地区，城市信访超过农村信访量。由此看到，在国家与社会关系、政府与民众关系方面发生深刻调整的过程中，传统的矛盾消解模式受到严峻挑战，面对大量的群体访、重复访和交叉访事件，信访工作人员协调、处理起来往往力不从心，疲于应付，使得原本捉襟见肘的各级信访部门承受着难以承受之重。信访治理陷入伦理困境，其中的深层逻辑是，个体权利的凸显；国家意识形态转型的失衡；中央与地方合法性的失调；专断权力的弱化。专断权力的弱化、信访治理的伦理困境，深刻彰显出

---

① 魏星河等：《当代中国公民有序政治参与研究》，人民出版社2007年版，第284页。

国家转型期意识形态的内在张力。一方面，社会主义体制的特性，要求其兑现对民众的承诺，要"保护好、实现好"民众的权利，担负起无限责任；另一方面，面对来自国内外的人权、人道主义压力，官方日渐丧失了话语权。在应对不合理上访时，显得更加无能为力。①

（三）信访主体的人民内部矛盾本质折射深层次问题

目前的信访内容几乎涵盖了社会生活的各个领域，物质利益矛盾是主要诱因，生计型信访量较多成为主要特征。必须承认，从本质上看，无论信访以怎样激烈的形式出现，其主体性质也多是非政治性的、非对抗性的人民内部矛盾。因为深层的问题是，信访问题背后的不作为、乱作为、腐败、以权谋私、执法犯法、失职、渎职和严重的官僚主义，相对于具体的信访事项，更容易引起公众强烈不满和愤怒，激化矛盾，有引发进一步冲突的可能。一个基本的判断是，信访群众作为相对的弱势群体，不是有困难和冤屈是不会信访的，如果不是信任党和政府也是不会上访的。因此，从宏观层面看，信访问题实质是以人为本和社会可持续发展问题。既是群众切身利益问题，也是社会发展成本问题，人的发展质量问题，更是社会的文明与进步问题乃至基本人权问题。处理不好，将直接影响党和政府的群众威望。

（四）信访问题上行的严峻形势对执政能力和理念构成考验

基层问题要到上层解决，发生在村里的来到中央求决，发生在"神经末梢"的问题到"中枢神经"投诉，敏感时间重要地点信访量多，求决类信访量多，种种情况都说明，信访领域的不和谐已经到了非重视不可的程度。由问题而信访，本身是工作出现问题的表现，再由信访而成信访问题到问题升级不断，初级矛盾又衍生次级矛盾，说明我们工作可能有更大的问题潜在，这就不仅是信访部门而且是政府和全社会都应该思考的问题了。从党和政府角度看，问题的症结是制度问题还是信访定位问题，是政府和民众的利益划分问题还是实际操作问题？要求我们对信访问题必须从总体的大视角

---

① 田先红：《信访治理伦理困境的政治社会学诠解》，《哈尔滨工业大学学报（社会科学版）》2012年第4期，第13—20页。

上全面认识深刻思考。

（五）信访和谐要求亟须加快和谐社会建设

"和谐"一词源远流长。中国古代儒家、道家等学派丰富的和谐思想，为今天建设社会主义和谐社会提供了可资利用的重要思想资源。① 和谐社会是人们在社会发展过程中所希冀达致的一种进步、完善的理想境界，其内涵丰富，工程宏大，涵盖领域极其广泛，从人们日常生活到国家宏观运转，从国内事务到国际关系，从政治经济文化到生态环境，从人际之间到人与自然之间，都有一个和谐的理想追求，各方面和各领域的和谐，都应该是我们为之趋附的目标。

今天，我们把和谐社会的研究放在全面建成小康社会的总体布局之中思考，由此来认识小康社会的"社会"二字，显然其大于社会建设的内涵，是包括经济、政治、文化、生态各个方面的"社会"。将社会建设与经济建设、政治建设、文化建设、生态建设并列，落脚点在"社会"二字，"和谐"在这里是修饰词，"社会"才是问题所指。信访问题的解决，要求加强社会建设，解决与人民幸福安康息息相关的社会问题，特别在经济发展的基础上，要着力保障和改善民生，推进社会体制改革，扩大公共服务，完善社会管理，促进社会公平正义，使全体人民学有所教、劳有所得、病有所医、老有所养、住有所居，推动建设和谐社会。② 这也为我们研究信访问题、化解信访矛盾指明了方向。

基于和谐社会建设的信访和谐，关注和谐，既是关注民生，又离不开社会建设。通过社会建设实现社会和谐，通过民主法治、公平正义、诚信友爱、充满活力、安定有序、人与自然和谐相处，达成社会和谐，信访才能和谐。这就提示我们，信访理论研究要在追求和谐理想的同时，关键是关注社会建设的具体问题。这些具体问题紧密联系着民生，信访问题也紧密联系着民生。信访与民生问题的解决，需要制定和实施有效的公共政策来支持，也需要理论研究的强力支持。理论研究面向社会现实，致力于民生问题的改

---

① 俞祖华：《中国古代的和谐思想》，《光明日报》2005 年 2 月 28 日。

② 胡锦涛：在中国共产党第十七次全国代表大会上的报告《高举中国特色社会主义伟大旗帜　为夺取全面建设小康社会新胜利而奋斗》。

善，是建设和谐社会、实现信访和谐的必然要求。

二、问题的出发点

我国信访问题的研究伴随着信访问题本身的发展变化而不断深入，有着清晰的发展脉络。总体而言，起步于 20 世纪的最后十年，研究成果在新千年不断增加，特别是 2004 年中国遭遇"信访洪峰"，使信访问题受到国内外学者空前关注，相关研究继而出现高潮。对信访问题的研究，国外学者由于国情体制文化等差异，更多从人权、民主等方面来关注，直接研究信访的成果不多。多年来，国内对信访问题的研究主要是在宏观上，更多的是从法学视角审视制度缺陷及其存废，也有学者已在工作层面思考规范和科学化问题。实际工作者在实务层面也作出了积极有效的努力，但与理论工作者尚欠合作，基本在自说自话。具体而言，目前学术界关于信访问题的研究主要体现在以下几个方面。

（一）信访的产生、演进与发展研究

当前，学界出现了一些通过历史视角梳理中国信访问题的研究成果，部分学者以历史的纵向维度来定位近年来我国信访的演进过程，宏观展现信访及其发展一脉相承的逻辑线索。李秋学的《中国信访史论》（中国社会科学出版社 2009 年版）是一部完整梳理中国信访发展史的力作，书中以历史发展为线索，将中国信访的发展历程概括为古代、近现代和新中国三个历史时期，并对每个历史时期内的信访及其制度的发展作了详细的介绍和分析。胡中才的《古代信访史话》（湖北人民出版社 2000 年版），对中国古代的信访及其实践作了历史性的叙述。刁杰成的《人民信访史略 1949—1995》（北京经济学院出版社 1996 年版）一书，以新中国的成立为时间起点，回顾和总结了新中国成立近 50 年来我国信访不断走向成熟的历史进程，也对新中国的信访特点和信访工作方法作了有益探讨。张修成博士的毕业论文《1978年以来信访工作研究》（中央党校出版社 2007 年版），着重探讨了改革开放以来我国信访工作的基本情况和演变历程，并对信访现状和前景作了进一步思考，也是颇具史学味道的信访研究型文章。另外，侧重于从历史发展的宏观角度来梳理信访的文章也有一些。刘顶夫考证了古代中国的信访沿革;[①]吴超考察了新中国 60 年来的信访制度外[②],还提出和讨论了中国信访史研究中的若干基本问题[③]。曾煜东、林大卫对党的第一代领导集体关于人民信访工作的探索研究,对当今信访工作具有重要启示意义[④]。

(二)信访基本问题的阐释和政策性指导

关于信访的概念界定、功能定位、性质辨析等自身基本特质的探讨也是理论界和学术界关注的重要问题之一,这方面研究成果为信访研究的开展打下了坚实基础。中国行政管理学会信访分会在 2005 年编辑出版的《信访学概论》(中国方正出版社 2005 年版),其内容涵盖了从事信访工作所需要了解和掌握的基本常识,可以满足信访工作者了解信访活动的历史发展、增长信访理论知识、掌握从事信访工作的实际工作技能、提高业务素质的要求。王新田的《新时期信访工作创新与实践》(中央编译出版社 2007 年版)是一本反映我国信访工作概论的著作,主要介绍了现阶段我国信访工作的特点、问题与对策,具有很强的务实性。赵威的《信访学》(辽宁大学出版社 2010 年版)对信访学的基础知识作了介绍,内容包括民意表达的基本理论、西方风险社会理论、权利救济制度的基础理论、当前中国信访现象分析、集体上访的处理等。另外,在政府部门的信访指导文件、工作纪实和媒体的相关报道,带有明显的政策性、应用性、普及性和宣传色彩,为这一问题学理性分析提供了丰富的感性材料和实践经验,其中有些观点和思考甚至是发人深省的。

2003 年以来,信访活动多次出现高潮,由此引发了人们对于信访制度的研究和讨论,并就这一制度的政治属性形成了多种看法,其主要包括:行政信访制度是"党与政府联系人民群众的桥梁"[⑤];是"密切联系群众的重

---

① 刘顶夫:《中国古代信访源流考》,《湘潭大学学报(哲学社会科学版)》2005 年第 5 期。
② 吴超:《新中国六十年信访制度的历史考察》,《中共党史研究》2009 年第 11 期。
③ 吴超:《中国当代信访史基本问题探讨》,《当代中国史研究》2011 年第 1 期。
④ 曾煜东、林大卫:《建国后党的第一代领导集体对人民信访工作的探索》,《毛泽东思想研究》2010 年第 3 期。
⑤ 陈昂辉、耿艳苹:《对当前热点信访问题的冷思考——论党和政府联系人民群众"桥梁"的重构设想》,《法制与社会》2010 年第 7 期,第 143 页。

要渠道"①；"信访制度本质应当是收集和传达老百姓民意的一种制度设计，相当于一个秘书的角色。"② 信访是社情民情的"晴雨表"，在社会政治生活中的功能主要在于，显示社情民情实际状况，显示社会生活焦点、难点、重点。为此，"应当把深入了解民情、充分反映民意、广泛集中民智，作为信访工作的方向以保证信访民主渠道的畅通"③；信访制度是实现公民权利，尤其是实现公民权利救济的制度。④ 信访制度是民主政治的有机组成部分，"信访制度不仅是公民的一种权利救济手段，也是其监督、制约国家权力的手段"⑤。同时，信访制度也是通过信访人的权利主张和要求，实现相关公共政策制定和调整的机制。因此，"信访是综合的、建构形态的民主机制"⑥。

（三）具体信访的实践探索

在涉农信访、高校信访、环境信访、司法信访等方面也有大量研究成果产生。"三农"问题在我国社会发展中的重要地位决定了涉农信访的重要性。学界对于信访的研究和延伸还多发源于涉农信访问题，取得了大量富有成效的研究成果。从最初的描述性研究直至今天学理性探索的推进，信访研究的深入始终围绕着农民信访这一线索展开。一是涉农信访主体的研究。即宏观层面农民利益表达的权利和机制考察。周作翰、张英洪指出，"保障当代中国农民的信访权，应该从宏观、中观和微观三个层面进行改革和创新。"⑦ 孙敬林认为，"解决农村信访问题需要建立民意表达机制，民意大会

① 左芷津：《加强信访研究　化解社会矛盾》，载张宗林主编：《首都信访创新与实践》，中国民主法制出版社 2011 年版，第 166 页。
② 魏金广、李建胜、刘佳：《信访制度何去何从》，中国法院网，2005 年 1 月 30 日：http：//www.chinacourt.org/public/detail.php? id=148708。
③ 肖萍、胡汝为：《信访性质辨析》，《法学杂志》2008 年第 4 期，第 66 页。
④ 董鑫：《从信访的权利性看制度定位》，《理论学刊》2006 年第 6 期；李俊：《从公民权利救济角度看我国信访制度改革》，《求索》2007 年第 6 期；周永坤：《关于信访的对话》，中国选举与治理网：http：//www.chinaelections.org/NewsInfo.asp? NewsID=208544。
⑤ 陈红梅：《解读信访制度》，《学术界》2005 年第 6 期，第 61 页。
⑥ 田文利：《信访制度的性质、功能、结构及原则的承接性研究》，《河北法学研究》2011 年第 1 期，第 58 页。
⑦ 周作翰、张英洪：《当代中国农民的信访权》，《当代世界与社会主义》2006 年第 1 期。

不失为信访沟通的有效途径"①。郑卫东认为，当前现存的信访制度难以满足农民利益的表达，"应该通过制度创新来解决农民不断增长的利益表达要求与既有的农民利益表达机制僵化滞后之间的矛盾。"② 针对涉农信访存在的大量问题，梁海磊在分析问题产生原因之后提出了做好农村信访工作的思路与对策③。二是涉农信访主题的研究。涉农信访的利益诉求，多以土地为中心。此外，涉农信访还散见于乡村债务、计划生育、换届选举、农民负担、农民工权益保护等方面。总体而言，相关部门及其工作人员面对实际问题的工作总结和理论思考居多，学界的学术研究欠缺。

　　高校信访也是我国信访的重要组成部分。陆锦冲、丁建生主张"在整合监督资源、强化监督机制、完善网络监督等方面下功夫"，实现高校信访监督机制的创新④。陶伟华等也从"师生利益诉求、限时办结、三统与主办相结合等"方面，探讨了高校信访工作机制的构建与实践⑤。随着环境破坏的加剧和环境治理的加强，环境信访的研究日渐增多。戴炜、周明论述了"信访在中国环境制度保护中的作用"⑥。张兰则以环境纠纷 ADR 解决机制的视野，考察了环境信访制度的价值⑦。关于司法信访的研究，主要是指法院和检察信访。其中检察信访中颇具代表性的是窦秀英对检察信访心理疏导机制的分析和构建⑧。国有企业改革的不断深入，导致有关信访问题的大量涌现，田新军对国有企业的信访工作有初步的探索⑨。另外，学者们还对水利、涉外、组织部门、金融等方面的信访进行了不同程度的探索，本书不再一一列举。

---

① 孙敬林：《民意表达机制的建立与农村信访问题》，《河南师范大学学报（哲学社会科学版）》2009 年第 3 期。

② 郑卫东：《信访制度与农民利益表达》，《山西师范大学学报（社会科学版）》2006 年第 5 期。

③ 梁海磊：《探索农村信访工作的新规律》，《红旗文稿》2010 年第 15 期。

④ 陆锦冲、丁建生：《刍议高校信访监督机制的创新》，《人民论坛》2011 年 3 月（中）。

⑤ 陶伟华、李伶、陈贺婉、张徐兴：《高校信访工作机制的构建与实践》，《国家教育行政学院学报》2010 年第 7 期。

⑥ 戴炜、周明：《论信访在中国环境保护制度构建中的作用——兼谈环境公益诉讼的可行性》，《西北大学学报（哲学社会科学版）》2009 年第 1 期。

⑦ 张兰：《环境纠纷 ADR 解决机制视野下的环境信访制度价值研究》，《求实》2010 年第 5 期。

⑧ 窦秀英：《论检察信访之心理疏导机制》，《法学杂志》2008 年第 3 期。

⑨ 田新军：《国有企业信访工作初探》，《山东社会科学》2009 年第 12 期。

（四）信访基础理论的研究

随着实践探索的不断加深，学界关于信访的学理性探究达到了前所未有的广度和高度。关于信访发生的根源，张泰苏和胡元梓分别从行政诉讼对比选择和冲突解决理论的视角解答了中国民众为何偏好信访的追问，前者给出的答案是民众对行政诉讼的排斥和陌生，后者认为其原因是民意表达不畅和司法效能低下①。学者们善于在政治学的理论框架下分析、探索、解答信访问题。尹利民认为信访的发生发展是以政治限制为临界点、在发现和把握政治机遇过程中完成的，以案例介绍与理论分析相结合的方式，系统论述了我国信访发生的机理、行动和实践的逻辑②。宋协娜以党群关系和社会主义和谐社会建设的宏观视角来审视我国的信访问题，提出"信访和谐"与"和谐信访"的概念，并从基本特征、内容框架、机制体系等几个方面界定了其时代内涵③。陈晋胜也从和谐社会构建需要出发来考察信访制度，认为中国特色的信访制度在和谐社会的构建理念、构建缺失和构建思想方面具有重要的实践意义④。孟新军从加强党的执政能力的高度论述了信访的重要性和紧迫性，并提出了许多具体的建议⑤。在信访实际工作和理论研究中，刘喜祥强调了科学发展观的指导作用⑥。张锡杰将信访工作视为党的群众路线和群众工作的重要组成部分，并积极探索了新形势下信访的规律、途径和方法⑦。信访问题与政府行政，尤其是地方政府的政绩休戚相关，因此，有的学者将二者结合起来分析。戴小明以行政信访问题为主题，阐述了行政信访的概念、特征、原则、作用和程序，分析了行政信访参与各方的责任，探讨

① 张泰苏：《中国人在行政纠纷中为何偏好信访？》，《社会学研究》2009 年第 3 期；胡元梓：《中国民众何以偏好信访——以冲突解决理论为视角》，《华中师范大学学报（人文社会科学版）》2009 年第 2 期。

② 尹利民：《政治机遇与限制：信访发生的机理与行动逻辑——基于两个信访案例的解读》，《华中师范大学学报（人文社会科学版）》2008 年第 5 期。

③ 宋协娜：《社会主义信访和谐问题研究》，《当代世界与社会主义》2009 年第 3 期。

④ 陈晋胜：《中国特色的信访制度与和谐社会之构建》，《中国特色社会主义研究》2008 年第 2 期。

⑤ 孟新军：《信访工作与党的执政能力建设》，《领导科学》2005 年第 15 期。

⑥ 刘喜祥：《用科学发展观指导基层信访》，《党建研究》2010 年第 10 期。

⑦ 张锡杰：《党的群众工作和新形势下的信访工作》，《理论前沿》2007 年第 6 期。

了行政信访未来发展的趋势①。肖萍等人对行政信访范围进行了界定②。陈丹就行政复议与信访的衔接问题进行了探讨③。李蓉蓉则以信访为视角对地方政府治理开展研究，分析了治理能力不足、合法性危机和治理成本高等问题。肖萍等人认为，我国信访是公民政治参与的特殊形式，体现了信访民主。④ 孙大雄从公民权利角度来认识信访的属性，认为信访权既是一种法定权利，又是一种现实权利，具体包括监督权和救济权⑤。学者们希望通过对信访性质的分析，准确把握信访制度的定位、特征和功能。董鑫从权利性质入手分析，将信访制度功能定位在通达舆情、疏导民意和权力监督上⑥。

信访制度功能界定是信访基础理论研究的重要方面。国内学者基本从政治属性和法律属性及其融合⑦两个方面来定位当前我国信访制度的功能。其中，比较集中的观点是将信访视为一种政治上的权利救济。林喆把信访归结为政治权利和救济权利的一项子权利⑧；而王长江则依据现实要求，提出把信访的定位放到社会转型和正在构建的民主政治背景下审视⑨；唐皇凤持有相似观点，主张回归政治缓冲是我国信访制度现阶段功能变迁的理性选择⑩。同时，也有学者以解决实际问题为中心，努力探索我国信访制度的出路及其功能的重构。史嵩宇从诉求表达、民主监督、矛盾协调、权益保障四个方面提出了完善信访制度功能的建议⑪，易虹认为当前信访功能出现严重扭曲与错位，需要在组织、机制、程序等方面进行重构⑫。

另外，成本收益问题是信访制度设计不可回避的重要内容，将经济学的相关理论运用到信访问题的研究是学界破解信访难题的创新性思考。陈丰从

---

① 戴小明：《论行政信访》，《中南民族大学学报（人文社会科学版）》2006 年第 6 期。
② 肖萍、程样国：《行政信访的范围研究》，《求实》2009 年第 3 期。
③ 陈丹：《行政复议与信访衔接问题研究》，《理论探索》2011 年第 3 期。
④ 肖萍、胡汝为：《信访性质辨析》，《法学杂志》2008 年第 4 期。
⑤ 孙大雄：《论信访权的权利属性》，《社会主义研究》2006 年第 1 期。
⑥ 董鑫：《从信访的权利性质看其制度定位》，《理论学刊》2006 年第 6 期。
⑦ 湛中乐、苏宇：《论我国信访制度的功能定位》，《中共中央党校学报》2009 年第 2 期。
⑧ 林喆：《信访制度的功能、属性及其发展趋势》，《中共中央党校学报》2009 年第 1 期。
⑨ 王长江：《民主和法治建构下的信访定位》，《中共中央党校学报》2009 年第 1 期。
⑩ 唐皇凤：《回归政治缓冲：当代中国信访制度功能变迁的理性审视》，《武汉大学学报（哲学社会科学版）》2008 年第 4 期。
⑪ 史嵩宇：《社会利益和谐与信访制度功能的完善》，《理论学刊》2009 年第 2 期。
⑫ 易虹：《宪政体制下我国信访制度功能的重构》，《求索》2007 年第 4 期。

信访主体角度提出了政治成本、经济成本、社会成本在内的"三位一体"的信访制度成本结构，并对现存高昂制度成本的原因及其如何降低成本、提高效率展开思考①。应星的《大河移民上访的故事》（北京三联书店 2001 年版）被视为学理性探究信访问题的标志性著作，文中以"过程——事件"的叙事方式再现了上访事件的整个场景，使我们对这一中国独特的政治现象有了一个初步的把握。张永和、张炜的《临潼信访：中国基层信访问题研究报告》（人民出版社 2009 年版），运用大量调研数据和事实，以小见大，告诉了我们一个真实的中国基层信访状况。倪宇洁从宏观层面回顾了我国信访制度的历史发展，也对当前存在问题进行了审视②。梁超认为，制度性缺陷是现阶段我国信访的突出问题③。余净植认为，信访是信访人的一项基本权利，但是具体制度的设置偏离了权利保障的轨道，模糊了信访行为的合法性，致使信访在实践中陷入困境④。孙悦良认为，信访困境的发生存在着心理、文化、体制三个方面的诱因⑤。邓玮将信访问题的根源归因为"法治不昌"⑥。

（五）信访改革的争论研究

针对当前信访制度的困境和缺陷，学者们积极建言献策，探索我国信访制度的改革方向和出路，形成了百花齐放、百家争鸣的可喜景象。可以说，学界关于信访制度改革完善的研究投入了大量的精力，正以学术争鸣的方式得以推进。目前学界对信访制度的态度存在着三种趋向。其一是强化派，认为应该强化信访，加强信访部门的权力。这种观点主要反映了一线信访工作者和部分学者的心声。康晓光、张彭发认为，现行信访制度存在的主要问题之一就是信访部门权力有限，面对群众的问题，信访部门无能为力；如果要信访部门解决问题，那就要给信访部门相应的权力⑦。其二是弱化派，甚至

① 陈丰：《信访制度成本研究》，华东理工大学博士论文，2010 年 11 月 20 日。

② 倪宇洁：《我国信访制度的历史回顾与现状审视》，《中国行政管理》2010 年第 11 期。

③ 梁超：《制度性缺陷：现阶段我国信访的突出问题》，《中国党政干部论坛》2009 年第 11 期。

④ 余净植：《信访德困境与出路》，《山东社会科学》2010 年第 6 期。

⑤ 孙悦良：《协商民主与信访困境消解之道》，《苏州大学学报（哲学社会科学版）》2010 年第 4 期。

⑥ 邓玮：《信访的困境与出路》，《求实》2005 年第 3 期。

⑦ 赵凌：《信访改革引发争议》，《南方周末》2004 年 11 月 18 日。

是取消论，认为我国现存的信访制度存在诸多的缺陷，无法适应市场经济的环境，在客观上成为国家政治认同性流失的重要渠道，如果不进行彻底的改革，将会产生严重的政治后果①。以于建嵘及其调查报告《信访的制度缺失及其政治后果》为代表。其三是转化派，介于强化派和弱化派之间，但不是二者的折中，也不是中间派。宋协娜等认为，取消和强化都不是真正负责的做法，唯有在社会矛盾化解中实现政府的转型和信访职能的逐步转换，通过加强基层、基础、基本的硬件和软件建设，通过信访的制度化、规范化、标准化、法制化，逐步置换和转换信访职能，实现信访的现代转型，以信访和谐促进社会和谐。

　　大部分学者并不回避问题和矛盾，认为尽管当前中国的信访存在着这样或那样的问题，但其功能和作用仍然是无法替代的。面对"路在何方"的拷问，学者们从机制创新、法律保障、程序规范、技术进步等方面对信访制度进行了深入思考和讨论。宋协娜认为，信访工作机制是一个包括主体机制、目标机制、动力机制、控制机制、保障机制、预警机制的完整体系②，需要信访工作标准化等实际操作层面的创新来推进③。关于信访的制度化、法治化、程序的规范化问题，研究著作相对较多。金国华的《信访制度改革研究》（法律出版社2007年版）是多学科研究信访制度改革的成果，充分运用法学、社会学、政治学、心理学、管理学等学科深入探讨信访制度改革的原则、路径和措施。李宏勃所著《法制现代化进程中的人民信访》（清华大学出版社2007年版）认为，信访是当代中国社会转型过程中法律与政治深度交合的产物，面对这样的问题与现象，中央立法保持适当沉默而鼓励地方立法进行试验与摸索。朱应平的《行政信访若干问题研究》（上海人民出版社2007年版），从行政法学角度对我国行政信访实践中遇到的立法、执法和司法问题进行深入探讨。李微的《涉诉信访：成因及解决》（中国法制

　　① 于建嵘：《中国信访制度批判》《中国改革》2005年第2期；《对信访制度改革争论的反思》，《中国党政干部论坛》2005年第5期。

　　② 宋协娜：《新时期信访工作机制建设要论》，《学习论坛》2009年第2期。

　　③ 宋协娜：《新时期信访工作机制建设要论》，《学习论坛》2009年第2期；《略论信访预警系统建设》，《理论学刊》2007年第2期；《我国信访预警机制的全面整合》，《天津大学学报（社会科学版）》2010年第5期；《新时期信访工作目标机制探析》，《岭南学刊》2009年第4期；《信访工作标准化研究》，《山东社会科学》2010年第3期。

出版社 2009 年版）一书，专门研究涉诉信访的深层原因及其破解之道。张丽霞的《民事涉诉信访制度研究：政治学与法学交叉的视角》（法律出版社 2010 年版）也是专门研究涉诉信访的著作，具体内容包括涉诉信访制度的形成与演进、依据与基础、政治社会功能、现状及其问题、改革的路径选择及具体对策。王丽英等人认为信访法治化目标必须通过完善程序实现[①]，徐敏宁等人致力于"橄榄型"信访结构的构建[②]，丁同民探析了非制度化信访的路径[③]。适应现代科技发展的要求，一些学者提出了利用互联网开发和设计软件应用于信访的大胆构想。

国内有的学者另辟蹊径，拓宽研究视野，将我国的信访与国外的信访进行横向对比，在探寻我国信访内在规律的同时，积极借鉴国外信访的先进经验和成功做法。袁刚认为，虽然我国具有"上书"的历史传统，但就当前的形势而言，与国外相比"我国由政府包办的上书信访制度是一个效率很低的封闭体制，由于没有发泄机制，官民之间缺乏中介与缓冲。"[④] 同时认为，国外的"议会督察员制度"（Ombudsman system）值得借鉴。李俊单就"欧洲监察专员制度对我国的信访制度改革的启示"进行了探讨[⑤]。除此之外，国外信访法规的介绍和比较也是学界的关注点。章晓可在比较中国《信访条例》与日本信访法规的异同之后提出了我国信访良性发展的建议。[⑥]张永红根据自己在国外的见闻，细致描述和记录了英国法院的"信访"体制[⑦]，这为我国涉诉信访及其研究提供了宝贵资料。

（六）国外有关我国信访的研究

信访在国外被称为民愿的表达或民意的表达。由于社会制度、意识形态的差异，我国的信访制度与国外的民意表达制度存在着诸多区别。如加拿大

---

① 王丽英、杨翠芬：《论信访程序的完善》，《河北师范大学学报（哲学社会科学版）》2009 年第 3 期。

② 徐敏宁、李阳：《破解信访问责难题的一种有效方式——论构建橄榄型信访结构》，《长白学刊》2011 年第 1 期。

③ 丁同民：《化解非制度化信访的路径探析》，《红旗文稿》2010 年第 12 期。

④ 袁刚：《中外"上书"的当前启示——谈中国特色的上书信访》，《人民论坛》2010 年 10 月（上）。

⑤ 李俊：《欧洲监察专员制度对我国信访制度改革的启示》，《国家行政学院学报》2009 年第 5 期。

⑥ 章晓可：《中日信访法规比较研究》，《中国行政管理》2006 年第 12 期。

⑦ 张永红：《英国法院的"信访"体制》，《法律适用》2011 年第 3 期。

的公民投诉机制、法国的总统府通信局和共和国协调员制度、韩国的民愿委员会制度等。总体来看，国外学者对中国信访及其制度的研究相对较少，近几年有逐渐上升的趋势。从翻译过来的学术著作看，把信访作为外生变量考虑的居多，如从农民角度来研究农民的抵抗、抗争、维权，与信访特别是信访制度的关联较弱，信访制度更多地被定位为斗争手段和博弈组合。少量论及信访的论文，涉及信访制度释放压力、解决民怨以及抵制地方干部官僚主义的功效，并未看到其正向作用以及在中国政治制度中的位置。将中国信访看作请愿、反抗、抵制、抗议活动，将信访制度看作中国的请愿制度也不符合中国的政治体制。显然，海外学者由于受种种因素的制约，他们对当代中国信访问题的理解存在着一定的偏差，难以作出符合实际的判断。尽管如此，他山之石，可以攻玉。海外学者注重材料考证和微观分析以及实证方法等独特思维，从不同角度阐发了对中国信访问题的理解，这对我们的研究有着重要的启发和借鉴价值。

总体来看，学界对信访及其相关问题的认识在不断加深，信访问题研究有了长足发展，取得了丰硕成果，其中不乏独到见解。研究内容涉及问题的方方面面，关注焦点和研究重点相对比较集中。信访制度的困境及其改革这一具有实际意义的课题成为学者们关注的核心问题，信访基础理论、涉农涉诉信访也是学界关注的热点问题，取得了有价值的研究成果。这些研究成果都对本课题的研究产生了积极的启发作用，并提供了良好基础和丰富资料。

三、核心概念之理论阐释

（一）信访和谐的理论架构

在社会转型期与和谐社会建设大背景下思考信访问题，本书从学科交叉研究视角提出并建构"信访和谐"、"信访预警"、"信访标准"等理论范畴，对信访和谐理念、主体、条件、机制、心理等展开研究。努力探究信访和谐主体、主体间关系与组织化问题，并提出信访和谐系统的基础性机制及其与社会机制链的关系，探索依法按政策处理信访问题、确保政策执行到位、问题处理到位、教育疏导到位的保证措施，发掘防止局部性问题转化为全局性问题、非对抗性矛盾转化为对抗性矛盾的规律。

（二）信访工作标准化体系

从信访工作系统的整体出发，在注重信访系统与服务型政府系统的协调配合基础上，制定信访系统及各环节工作标准，统一整个系统的标准。这是本书的创新点，也是当前我国政府工作中特别需要加强的方面。要求有关部门注重标准化建设，信访部门遵循信访和谐发展、科学发展理念，在人员配备、场所设置、程序规范、语言规范、档案文书等各个方面提升工作质量和规范意识；规范信访工作者和信访人，也规范信访职能和信访职业；按照新标准，改革现行信访考核中重数量、"一票否决"等不科学不合理制度。

（三）信访预警机制模型

信访预警实证性研究的突破、信访预警指标体系与机制设置理论模型和数学模型的完成、信访预警系统软件的开发，对实际应用可提供理论和技术支持。电子政府建设中已引入预警理念和机制，有关工作部门已设置信访预警机制，逐步实现全国信访信息系统的联网和整合。

（四）构建"大信访"治理格局，推动"三基"建设

深入挖掘信访问题治理对象的内生关系：和谐系列——社会和谐、信访和谐、政府和谐、民众和谐、共同和谐；预警系列——信访预警、社会预警；标准系列——信访工作标准、民众信访标准、政府依法行政——标准化、法治化。不纠缠信访存废问题，直面实际问题，在"三基"上下功夫：做好基础、基层、基本信访工作，信访各方主体在基础、基层、基本方面实现和谐，完善基础、基层、基本信访条件，运用科学方法和技术平台武装信访系统硬件和软件，实现现代信访的转型，达成信访和谐、人本信访、科学信访等理想目标，建构起"大信访"的治理格局。

四、信访和谐研究的基础理论

在本书基于社会主义和谐社会建设理论思考信访问题，除了运用传统的

党的群众工作理论和解决人民内部矛盾理论以外，从多种理论视角对信访进行了思考，或者说本书更愿意提出一种建议，希望信访能够得到更多人从多学科运用各种理论来关注，这是一种意愿和倡议，也是一种尝试，希望能得到大家的理解和批评。将这些理论用于信访问题的分析，有助于深化对信访问题的认识。如从信访和谐要求社会和谐的角度看，需要涉及的理论主要有公民社会理论、发展理论、社会冲突理论、社会安全阀理论等。从信访和谐要求政府和谐的角度看，需要涉及的理论主要有宪政理论、治理与善治理论、权利救济理论等；从信访和谐要求民众和谐的角度看，需要涉及的理论主要有合作主义理论、政治参与理论、协商民主理论、社会资本理论等；从信访和谐需要信访预警的角度看，信访研究需要涉及的理论主要有风险社会理论、社会稳定理论、社会转型理论和社会分层理论、社会运行理论、社会控制理论、结构功能理论、耗散结构理论、社会燃烧理论等，以及标准化理论、公共管理伦理、博弈论、统筹学等理论。

五、信访和谐研究涉及的主要关系群

在信访工作中会涉及各种各样的关系，错综复杂、纵横交错，可以从不同层面、不同视角对这些关系进行相应分类，如信访工作中涉及宏观层面的各种关系、中观层面的各种关系以及微观层面的各种关系。宏观层面的关系包括国家与社会的关系、国法与情理的关系、中央与地方的关系；中观层面的关系涵盖信访工作与群众工作的关系、集体访与群体性事件的关系、信访部门与涉及信访事项部门的关系、信访部门与联席会议的关系等；微观层面的关系有信访干部与上访人的关系、对上与对下的关系、属人与属事的关系等；此外，还有技术层面的一些关系，如权利与权力的关系、治标与治本的关系；认知层面的各种关系如人治与法治的关系、民主与法治的关系、法治与德治的关系等；信访形式层面的关系如走访信访与非走访信访的关系、程序与结果的关系；处理信访事项态度层面的关系，如"冷"与"热"、"软"与"硬"、"情""理""法"、"堵"与"疏"，畅通渠道与正常秩序的关系、正常访与非正常访的关系、来信与来访，初访、重复访、积案、个体访、集体访之间的关系等，对这些进行梳理、厘清，把握其内在的辩证关系，将对处理信访事项，规范信访行为，构建信访和谐大格局具有一定的指导意义。

六、信访和谐研究的主要创新

在和谐社会建设的大视阈和中国社会转型的视角下，主要借助于政治社会学等理论，对信访和谐问题进行综合研究。研究兼顾综合学科特点，在战略和价值高度上着眼，全方位透视信访问题，落脚点和切入点在于给出基于信访部门实际需要的建议和可操作性策略。总体而言，本书坚持马克思主义辩证唯物主义和历史唯物主义的立场，坚持历史与逻辑相统一的方法，坚持规范性（理论阐释）研究与经验性（典型案例）实证研究相结合的研究方法，问题研究与对策研究相结合，对具体问题提出可行的解决对策。研究中力求做到实际先于理论，事实先于价值，实验先于方案，以信访问题为主要研究对象，积极利用、吸收先进的相关研究方法和成果，大胆探索的勇气与科学求实的精神并重。

研究内容有多个创新。一是对信访与信访问题的区分有积极意义。二是信访和谐理论体系方面的积极探索。三是信访和谐工作标准的突破，并有信访工作标准实证研究，建立了信访标准体系表，由近百个图表组成，该图表系统基本完善，现在正在聊城市的几个县试点修改完善。四是对信访预警的实证性研究，预警指标体系与机制设置理论模型和数学模型已经完成，随后将进入软件开发和实验阶段。五是对信访基本概念的梳理，整理出近千个信访词条、形成 10 多万字的《信访研究词目》初稿，为继续深入研究打下基础。

信访问题非常复杂。信访和谐有赖于政府和谐、民众和谐以及社会整体的和谐，尚需深入研究的问题还很多。如信访活动中的博弈问题；信访救济的个人低成本问题；人民内部矛盾的演化与信访量波动的关系；以信访量及处置状况、信访环境及信访频度、建议类信访率及信访满意度等为评价指标来构建信访关系和谐度评价模型；等等。期待本课题对信访和谐问题的研究能起到抛砖引玉的作用，更期待尊敬的读者对本书提出宝贵意见。

第 一 章
信访和谐的价值意义

信访问题的产生是复杂的、多因的，其影响也是深远的、广泛的。把握信访问题的实质及特点，必须把信访问题置于中国特色社会主义的广阔和宏大背景中才能看清问题的来龙去脉，找到信访工作摆脱困境之门，发挥信访制度应有的作用。信访和谐是中国特色社会主义的本质要求，是国家富强、民族振兴、人民幸福的具体体现，也是社会和谐的重要表征。

一、信访和谐理念的渊源

不同社会形态的信访活动都与统治集团的需要相联系并受其制约，作用于当时的社会发展。我国古代已有类似今天信访制度的雏形。据《淮南子·主术训》记载，早在原始社会末期，当时的君王为了便于臣民对时政发表意见，"尧置敢谏之鼓，舜立诽谤之木，汤有司直之人，武王立戒慎之靶"[1]，似为最早的信访形式。据《尚书》记载，帝舜曾任命一个叫龙的人做"纳言"官，专司听取臣民意见的职能，似为最早的接待来访的官职。相传夏商朝国家政权机构中，就有了执掌这项工作的官吏。之后，周代设有大仆和大司寇职，其任务之一就是处理上访告状问题。除了建路鼓[2]、肺石[3]制度之外，在唐代还开设了类似于现在"群众信箱"的"函巨之制"，

---

[1] （汉）高诱注：《淮南子笺释》卷九，嘉庆甲子（1804）浒湾爱日堂刻本，第23页。
[2] （汉）郑玄注：《周礼郑氏注》卷九，嘉庆戊寅（1818）士礼居刻本，第6页。
[3] （汉）郑玄注：《周礼郑氏注》卷九，嘉庆戊寅（1818）士礼居刻本，第10页。

专门用来接受臣民上书言事①，意欲达到"申天下之冤滞、达万人情状"②的作用。更值得深思的是，远在公元 3000 年前的西周，就有了我们今天提出的"变上访为下访"的"下访制"。其具体做法是派一些人专门到民间采集歌谣，汇编成集子并层层上报，"乡移于邑，邑移于国，国以闻天子"③。我国第一部诗歌总集《诗经》中的《国风》实际上就是由此而来。正如《汉书·艺文志》所说"故古有采诗之官，王者所以观风俗，知得失，自考证也。"④

鼓院是初级的信访部门，宋初叫做鼓司，明代后期设置了登闻鼓院，清代称登闻鼓厅。而告御状则是从前代延续下来的上访申诉形式。因此，封建社会各级官吏尤其是县令、知府等的主要职责就是断狱，朝廷也以断狱的多少来衡量地方官吏的政绩。

古代社会的信访活动，对于统治阶级了解民情、治理国家、巩固统治而言具有重大意义；对缓和统治阶级矛盾及其内部矛盾，对广开言路、招贤纳谏、处理刑名断狱、纠正徇私舞弊，都起过积极的作用。但是，古代社会的信访活动，它不是人民的民主活动，特别是封建社会的信访活动是封建专制集权制约下得不到保障的自发行为。到了封建社会晚期，一些信访机构成为摆设，并给上访百姓设置障碍。如《清史稿·刑法志》记载："若越本管官司辄赴上司请诉者，笞五十。"这无疑是限制了老百姓上访的权利。司马光在《资治通鉴》中讲道："自古所患者，人君之泽壅而不上达，小民之情郁而不上通，故君勤恤于上而民不怀，民愁于下而君不知，以至于离判危之，凡以此也。"因此，信访与国家兴衰紧密联系，说明政治开明的程度。

中国共产党在建党初期积极鼓励人民用来信、来访等方式表达各种意见。1921 年，安源煤矿的两个工人给毛泽东写信，建议他像关心农民运动一样关心工人运动，毛泽东非常重视。亲自去煤矿了解情况，后来党组织派

① （后晋）刘昫等：《二十四史·旧唐书》，中华书局 1997 年版，第 49 页。
② （后晋）刘昫等：《二十四史·旧唐书》，中华书局 1997 年版，第 486 页。
③ （汉）何休注，（唐）陆德明音义：《春秋公羊传·宣公十五年》卷六，清同治十一年（1872）山东书局刻本，第 23 页。
④ （汉）班固：《二十四史·汉书》，中华书局 1997 年版，第 439 页。

刘少奇去安源开展了工人运动。1938 年，毛泽东还亲自处理了一起伤员要求到延安集体上访的事件。1949 年 8 月，正式成立了中央书记处政治秘书室，负责处理群众来信来访。

新中国成立后，中央人民政府系统成立了 3 个单位受理人民来信来访，即中央人民政府委员会办公厅、中央人民政府政务院秘书厅和总理办公室。此后，全国人大常务委员会办公厅又设置了"人民接待室"，作为专门的信访办事机构。1954 — 1957 年，来信来访的数量猛增，信访机构也得到了进一步的完善。这一时期，信访机构创立了领导接待来访日、县市长定期接见人大代表、与调解委员会合作、对集体上访妥善处理等方法。"文化大革命"开始后，信访机构处于瘫痪与半瘫痪状态。文化大革命结束后，国家又开始恢复信访机构，并制定了相关的法律法规。如 1980 年高院发布的《最高人民法院信访处接待来访工作细则》；1995 年，国务院颁布的《信访条例》等相关规定。2005 年又颁布了新的《信访条例》。

20 世纪末 21 世纪初开始，随着我国经济的快速发展，城镇化进程不断加快。旧城改造、城市规模扩展及企业扩建征地等，触及政府、企业、城市居民和征地农民等多方利益，由于处置不当而引发群众维权上访，形成这一时期的"信访洪峰"；最严重的"信访洪峰"就是当前的各种复杂上访。一是上访内容多。既包括前几次信访洪峰遗留的问题上访，又增加了包括社会保障、农民工工资拖欠、社会治安、民间纠纷、行政执法纠纷等上访新内容。二是对象多。既有农民、企业职工、城镇居民、个体户，又有教师、机关工作人员还有军转人员。三是类型多。既有个人访，又有集体访，特别是近年来群体性事件增多。同时，还有重复访、无理缠访。四是方式激烈。出现了围堵冲击党政机关，堵塞公路、拦截列车的情况。这些信访成为历史上最为复杂的信访洪峰。特别是无序而违法的信访，已成为社会、政府的不堪承受之痛。这次信访洪峰表现出的共性是：一是民主意识增强，但法律维护缺失。二是信访总量持续走高，重复访增多。三是信访诉求方式激烈，群体性事件增多。由此形成本文所说的中国社会转型期的信访问题。

二、信访和谐面临的困难和存在的问题

（一）高风险的社会转型期大背景

社会转型是社会发展的必然过程。这是一个具有特定含义的社会学术语，意指社会从传统型社会向现代社会的转变，或者说由传统型社会向现代社会转型的过程①。社会转型同一般社会变化不同，其重要特征在于强调社会发展经过量的积累达到一定程度时，突破原有的社会模式而发生全方位的革命性转变②。我国正处于社会转型时期，利益格局调整加快、矛盾冲突甚至激烈冲突增多，就成为这一时期的一个重要特征。同时，转型所引致的其他诸多社会领域的变化，也对传统的、由政府（公共部门）包揽一切的矛盾冲突消解模式提出了挑战。"从动态的角度而言，社会转型是一个旧的社会结构分化解体、新的结构要素生成重构的过程。但一般而言，解体速度与生成速度不可能同步进行，这种异步性易在要素分化与结构整合之间出现失衡或失调现象，从而使社会资源配置不均，大量社会冲突因素得以产生，社会稳定难以持续维持。"③普遍的规律是，一个国家和地区发展到人均GDP1000美元—3000美元的阶段，往往对应着人口、资源、环境、效率与公平等社会矛盾较为严重的瓶颈时期，比较容易造成社会失序、经济失调、心理失衡、道德失范等问题，形成一些不稳定的因素。党中央强调坚持科学发展观，正在极力克服发展中的不平衡不和谐问题。但是，应该看到，改革开放已经触及深层次的体制性问题，社会制度系统（经济制度、政治制度、法律制度和家庭制度）都存在着一定程度的制度变迁，在社会发展序列上恰好对应着"非稳定状态"的频发阶段。在这样的变革过程中，利益和权力将在不同的主体之间进行重新分配、转移，形成诸多不稳定的因素，也就存在着形成不同危机的可能。中国社会转型的这些特点不同于西方。西方的市场化转型是一个内生的渐进发展过程，市场经济因素在转型前的自然经济中产生

---

① 李慧敏等：《社会转型时期教育的转型》，《教育探索》2006年第1期。
② 李钢：《社会转型刍议》，《北京邮电大学学报》2001年第1期。
③ 李琼：《政府管理与边界冲突》，新华出版社2007年版，第10页。

并逐渐壮大，从旧制度的内部引发长期的渐进性的社会变革，这种变革对历史传承性的破坏和冲击相对要轻缓与微弱。这种矛盾和冲击在中国这样的后发国家则被压缩到较短的时间内，具有更大的社会风险，出现领域分化、区域分化、阶层分化、组织分化、利益分化①和观念分化②。社会分化动摇传统社会结构的超稳定性，引起社会地位群体③的重新排序；分化瓦解原有的社会规范和社会交换规则；社会分化的非均衡性将导致新的结构性失衡和冲突④。社会分化对整个社会系统的和谐发展提出了更高要求，加大了社会整合的难度。

中国的信访问题就是发生在这样的大背景下。社会转型的大环境，基于利益分配不均衡而产生的弱势群体的权利保障问题得不到解决也是信访数量增加、越级上访、暴力上访、组织化上访、随意化上访的重要原因。应该说，从宏观方面看，这是发展中的问题，也是改革中的问题，正是需要继续改革发展的证明和依据；从微观方面看，改革发展中的问题已经到了不容忽视的状态，也必须通过改革发展来解决，尤其是信访问题，紧迫而重要。因为，我国的信访问题是具有特殊意义的社会问题。

（二）社会系统功能协调问题

从一定意义上讲，社会转型、体制转轨造成了两种迥然不同的社会生活板块。在不同的社会生活板块基础之上，社会成员的价值体系必然会出现紊乱的情形。另外，国外示范效应现象的存在，加上民族传统正处在修复过程中而不能正常地发挥作用，这就难免影响中国民众心理，从而使不少社会成员丢弃原有的行为规范而去简单模仿、照搬西方的行为规范。世俗化过程片面且急速地展开，也会使不少社会成员信奉一种更接近物欲的、拜金主义的行为方式与价值观念，从而加重中国社会价值体系的紊乱程度。价值体系的紊乱会使社会成员缺乏必要的准则和约束，从而诱发许多社会问题。应该说，许多社会问题往往是集团性冲突。从理论上说，集团性冲突是以社会阶

---

① 林理玲：《论我国社会转型期利益群体的分化与整合》，《现代哲学》1998 年第 2 期。
② 文军、朱士群：《社会分化、社会整合和转型期中国社会稳定》，《社会学》2000 年第 8 期。
③ 指人们在社会关系空间上所处的相对位置，或者说，是社会关系之网中的各个纽结。http://wiki. cnki. com. cn/HotWord/2002201. htm 2012-09-26.
④ 张雷、程林胜：《转型与稳定》，学林出版社 1999 年版。

层分化和以阶层利益为单元而发生的冲突，在现代社会，这种冲突一般是经过初级整合后表现出来的，即经过阶层组织体的梳理，因而具有"意见"性、集中性和明确性等特点。信访事件中的许多方面已经带有这样的特征。具有集团性特征的信访问题，首先表现为"意见"冲突，而不是社会的对抗行动，但其实质却反映了社会系统本身的问题。应该说，我国目前阶层的组织化程度比较低，阶层成员表达利益的要求尚不能完全按照组织化渠道来实现，由此带来了政治系统与社会互动的无序性。与此同时，政治系统的功能尚未进行有效的调适，政治系统与社会之间也缺乏"边界"的缓冲环节，因此造成了政治系统与社会的隔离和疏远。由此看来，信访问题绝不是单纯的某些个人的问题，而是与整个社会有关的大问题。

（三）政府及其社会政策问题

中国历来就是一个特殊的国度，不仅地大物博，而且历史悠久。我们的市场经济是中国特色的社会主义市场经济，一直是政府主导型社会。这也是我国社会历史发展的必然选择。在今天中国的现代化进程中，政府依然扮演着非常重要的角色：不但要协调资源的配置、组织社会成员，而且还要直接推动市场经济体制的建立。在当前中国社会发展的特殊阶段上，政府主导是我们改革发展健康运行的要求和保证。但目前我国政府系统在一定程度上表现出一种弱化与紊乱的情形，这是我们应该重视的问题，也往往是其他社会问题产生和一时难以彻底解决的缘由。政府作为我国公共冲突的最主要治理主体，其角色问题是我国公共冲突治理角色问题的一面镜子。近年来，我国发生的诸多冲突的突出特点是个体化的冲突起因、扩大化的冲突后果。在具体的冲突情境之下，政府作为冲突的第三方干预者或者与直接冲突方发生了角色混淆，或者与直接冲突方发生了角色转化。[①]

社会复杂性增加，改革中产生的大量新事物，以及由于西方价值观念、生活方式的涌入，社会难以马上进行合理有效整合。这样，其运行必然表现出许多盲目性，造成一些混乱。而政府的实际调控能力在某种程度上也在减弱。政府权力系统也出现某种非权威性色彩。改革开放，体制调整，将使我

---

① 赵伯艳：《社会组织在公共冲突治理中的作用研究》，人民出版社 2012 年版，第 118 页。

国在社会、经济、科技等方面获得极大发展，每一个人都将从中获益。但是，获益增长的比例不同，先后有别，甚至某些局部方面在一段时间内部分人的利益还可能出现负增长。这样必然会出现对某些改革措施的有意识或无意识、公开或隐蔽的不满，并以各种形式表现出来。政府系统权威性以及控制能力的降低，解决社会问题的力度不尽如人意，面对大量的信访问题，信访工作系统穷于应付，缺乏解决信访问题的全局性和权威性的能力，既难以有效地防止大量信访问题的出现，也难以有效解决、缓解已有的信访问题，更为严重的是，政府公共管理职能的弱化以及社会的紊乱还会直接引发新的信访问题的出现。因此，信访部门作为政府的一个工作部门，它的问题的产生不是孤立的，应该说与政府及其社会政策问题紧密相关。因此，信访问题的解决也要有赖于政府系统问题的整体解决。

信访问题是社会问题的窗口，是观察所在单位和领导存在问题的镜子。基层信访群众表达与沟通渠道的错位与缺失①，表现为基层组织职能扭曲和体制内渠道错位、政府官员政治错位和政绩考核标准扭曲、信访群众代言人缺失和信访群众负向认知、大众媒体冷淡和法律途径无奈，群众有了委屈，常常是"赢了官司，赔了钱"，超出群众的支付能力，司法系统存在有法不依、执法不公等现象。所有这些都使信访群众宁愿上访而不愿寻求法律途径，信访群众信"访"不信"法"。比如为什么会有如此之多的生计型信访产生？这是应当引起我们深思的问题。应该看到，生计型信访的特殊之处在于：当人们还在为生存而奋争时，矛盾的发展往往会在形式上表现得更为激烈。而在这其中，主要领导是在矛盾产生过程中处于重要的位置，有不可推卸的责任。由此可以说，信访问题的实质是领导问题，是鉴别共产党人是否真心为民、领导干部是否是真正的人民公仆的试金石。作为共产党领导下的人民政府，保障人民群众依法提出建议、意见和申诉的权利只是满足了"立党为公、执法为民"的基本要求，更重要的是必须对人民群众的建议、意见和申诉高度重视、积极回应并圆满解决。但目前信访面临的不和谐问题，暴露了有关部门在信访工作中存在的诸多问题。由此，我们在反思信访系统工作绩效的同时，不能不重视领导干部如何对待群众意见和申诉的问题了。

---

① 孙玉娟：《利益冲突视角下的政府和农民非对称博弈》，《当代世界与社会主义》2007 年第 1 期。

（四）信访体制和制度问题

现行信访制度的职能主要有：一是政治参与，即所谓民意上达；二是权利救济，即信访作为一种正常司法救济程序的补充程序，通过行政方式来解决纠纷和实现公民的权利救济。无序成为目前信访体制和制度面临的大问题。魏星河根据"公民参与"和"秩序"两个概念的含义，对"公民有序政治参与"的基本界定是：公民在认同现有政治制度的前提下，为促进国家与社会关系良性互动、为提高政府治理公共事务的能力与绩效而进行的各种有秩序的活动，它包括各种利益表达、利益维护的行动。这种活动是依法的、理性的、自主的、适度的对公共事务或政府决策进行个人或集体意愿表达的行为[①]。在实践中，一方面，信访问题涉及各个方面，出现了信访问题综合症，使信访机构承受了太大的社会责任。特别是对那些进京上访的农民来说，他们经常是作为当地农民的代表而出现在中央信访机构的，他们反映的问题多而复杂，已远远超出了个人的利益诉求，而关系到农村工作的各个方面。尽管信访部门并不具有解决这些问题的实际权力，可信信者却在很大程度上把信访部门当成了解决问题的责任主体，这样信访部门就势必成为信访群众的直接对立面。另一方面，国家的司法救济本是公民权利救济最主要的形式，可在实践中，民众更多地相信信访这一行政救济手段并把其作为最后的希望所在。造成这种状况的原因很多，司法成本过高导致公民不能得到正常的司法救济是其主要原因。由此看来，信访问题的难以遏制和根本解决，从另一个方面揭示出体制和制度需要进一步完善的问题。

目前，地方政府对信访制度进行的一些增量改革，虽然是面临"信访洪峰"的一种被动和回应式的改革，但这种改革可以激发创新者的创新活力，激活现存的制度资源存量，可使地方政府在不损失利益的基础上获得更多的获利机会，也可以使得在地方上求告无门、胜诉无望、走投无路的信访人获得正义之光的普照，从这个意义上讲这种渐进式的增量改革是一种符合帕累托最优原则的改革。然而，渐进的公共政策之目的不在于急速地解决根本性的社会问题，而在于有序地缓和与减少社会问题，因此它不适用于革命

---

① 魏星河：《我国公民有序政治参与的含义、特点及价值》，《政治学研究》2007 年第 2 期。

或者急剧变动的社会①。

（五）认识上的一些误区

大量信访问题的产生，同一些干部的认识误区密切相关。片面的政绩观导致严重的形式主义，片面的发展观导致严重的官僚主义，片面的和谐观导致行为方式的失当。相当多的干部认为和谐、幸福仅仅来自于物质生活的改善，只要群众物质生活改善了，社会就和谐了。在我国一些经济较发达地区，人们的物质生活水平有了很大的提高，但一些人的思想情绪、不平衡心态却相当突出，由此引发了不少社会矛盾和冲突。

还有许多干部认为，社会和谐就是一团和气，不把和谐理解为竞争中的和谐，差异基础上的和谐。因此，对不同意见往往倾向于采取简单粗暴的方法，对群众信访进行压制，对上访人围追堵截，导致群众集体上访、越级赴省进京上访，既增添了上访群众的劳累奔波，又加大了处理上访问题的行政成本。对于干部来说，必须解决片面发展观、片面政绩观和片面和谐观的问题。要建立一种科学、综合的干部考核体系，促使干部处理好经济发展与社会和谐的关系，牢固树立科学、正确的理念。要促使干部树立正确的和谐观，即以竞争和多样性为基础的和谐观，实现社会和人的全面、自由的发展。要切实改变对信访的"傲慢与偏见"，尊重和维护群众的信访权利，要主动"接访"而不是违法"劫访"。信访既是公民参政议政的特殊通道，也是弱势群体维权的有效法宝。信访是民怨的释放通道、民情的反馈渠道、民生的传声筒、民意的"用脚投票"的表达机制。因此，有关部门要善待公众的信访权，要制止有的地方对信访群众进行拦截、阻止甚至辱骂殴打等所谓"劫访"现象。在少数基层官员眼中，"上访"就等于"闹事"，视上访者为"刁民"，错误地将反映问题的上访者视为"不稳定因素"，认为上访从显性层面上讲影响地方政府的形象和当地的社会稳定，从隐性层面上讲影响自己个人的政绩和仕途，个别贪官污吏还有害怕因上访而使自己的腐败问题暴露的阴暗心理，对上访者千方百计地进行阻挠、压制，非法限制甚至剥夺公民的上访权。更有甚者，打着所谓"依法治访"的旗号，以所谓规范

---

① C. E. Lindblom, *The Intelligence of Democracy*, Newyork: The Free Press, 1956, pp. 144-148.

信访秩序的名义，动辄将正当的上访视为非法，个别地方甚至将经常上访的群众作为"严打"整治对象对待。

（六）社会历史文化原因

信访产生在我国，包含有特殊的历史渊源和文化底蕴，既有制度层面的，又有社会层面的，反映到信访人潜意识里就是我国传统文化中的清官情结和人治思想。自古以来，对清官的肯定与认同，已经成为旧时代全社会和全民的一种共同心理和价值取向。似乎民众的福与祸，国家的兴与衰，都系之于像海瑞、包拯这样的"清官"身上。孔子怀抱着"天下有道"、"礼治"的社会理想，孟子憧憬着"仁政"，他们都为这些理想矢志不渝地追寻了一生。金人元好问在《薛明府去思口号诗》中讲道："能吏寻常见，公廉第一难。只从明府到，人信有清官。"由此可见，在古代社会中既能看出清官的难得，也能体现出面对黑暗的社会，没有任何权利的普通劳动者，只能是目光向上，将希望寄托于贤明的统治者。

在我国古代，儒家的"人治"思想，就是重视人的特殊化，重视人可能的道德发展，重视人的同情心，把人当做可以变化并可以有很复杂的选择主动性和有伦理天性的"人"来管理的统治思想。由于儒家相信"人格"有绝对的感召力，提出了"为政在人"、"有治人，无治法"等极端的"人治"主义思想。这一思想对后世的影响很大。虽然统治者始终标榜"王子犯法与庶民同罪"，但是在奴隶社会和封建社会中，统治者才是真正的法。国家的治乱兴衰，社会的安定发展主要依赖于当权者的能力和个人品质，而不是一整套完整确定、行之有效的法令制度，已有的法令制度又大抵出于统治者的主观意志，并依其需要变更、处置。这种治理社会的方式是随意的、主观的，缺乏可预期性和稳定性。

"我们在世界上不同民族中所发现的人类行为只能根据他们各自的文化来解释，而不能求助于'人的感情'或'心理倾向'"[1]，按照社会心理学的观点，生活在不同社会背景下的人，往往具有不同的社会心理和社会行为。因此，信访应该是信访者在特定社会环境下的社会心理和社会行为，是

---

[1] ［美］怀特：《文化科学》，浙江人民出版社 1988 年版，第 133 页。

在特定的文化环境中形成的特定的价值观念。在社会转型期利益格局的调整过程中，会使人的社会地位、政治地位、经济地位发生变化，造成部分民众的心理失衡，民众心理失衡就会寻找诉求表达渠道，就产生了信访。比如，在奴隶社会向封建社会的过渡中，农民比奴隶有了更多的人身自由，也就有了一定的话语权，封建社会的信访活动明显比奴隶社会的信访活动进步，并且促进了社会生产力的发展。再比如在我国的改革开放过程中，随着改革步伐的加快、力度的加大，企业改制，经济利益格局发生变化等，特别是两极分化涉及群众自身利益的一些问题，在法制还不健全、不完善的情况下，多数群众只能通过信访形式引起政府及领导的重视。

应当指出，不少信访问题的产生，同一些群众观念误区也有关系。有上访群众法制意识淡薄的原因，也有相关部门对群众宣传教育疏导力度不够的原因，还有相关法律法规欠缺的原因。从思想观念上分析，非理性上访的根源在于缺乏公正平和的心态和理性的精神，期望值过高、心态失衡，只顾个人利益，不顾国家、社会、他人利益。对于群众（指非理性上访者）来说，必须解决错误的思想观念问题。要宣传、教育、引导群众正确对待发展了的时代，正确对待竞争，正确对待个人和国家、社会、他人的利益关系，以宽容、平和、理性的心态融入现代社会。同时要建立完善相关的法律法规，对极少数不听劝导、扰乱社会正常秩序的非理性上访人员依法进行处理，以维护他人的正当权益和社会的和谐稳定。

我国的信访问题具有特殊意义。从本质上看，信访问题的主体性质多为非政治性，多是弱势群体为寻求社会公平而起，其目的在于对社会公民权和利益的维护。实际上，多样化的信访问题无论以怎样对抗性的形式表现出来都不能改变其非对抗性的人民内部矛盾的本质。深层的问题是，信访问题的背后是一些基层政府官员的腐败，对人民的疾苦、困难麻木不仁等因素是信访问题的根源；所有上访、静坐，所有的群体性聚合事件①，几乎

---

① 群体性聚合事件：由某些社会矛盾引发，特定群体或不特定多数人聚合临时形成的偶合群体，以人民内部矛盾的形式，通过没有合法依据的规模性聚集、对社会造成负面影响的群体活动、发生多数人语言行为或肢体行为上的冲突等群体行为的方式，或表达诉求和主张，或直接争取和维护自身利益，或发泄不满、制造影响，因而对社会秩序和社会稳定造成重大负面影响的各种事件。http：//baike.baidu.com/view/61543.htm 2012-11-02.

都与腐败，或至少与干部的官僚主义相关联；在处理群体性聚合事件过程中官员的失职，渎职和严重的官僚主义更容易引起公众强烈的不满，激起群众的愤怒，激化矛盾，有可能引发进一步的冲突。我们是社会主义国家，人民群众是国家的主人。从这个意义上看，严格说来，我国的信访问题，其性质应该属于人民内部涉及部分社会成员但对整个社会的生产、生活、社会心理等产生严重影响的群体事件；群体事件是公共安全网络需要解决的一种事件或问题。公共安全是社会组织系统的有机组成部分，公共安全网络需要解决的问题是一种社会问题。社会安全网络体系建设及管理的体制障碍，会削弱对群体事件的有效控制，因此，群体事件又往往演化成为公共安全问题。加强社会安全网络和体系建设，将增加政府管理成本，但"成本"与"执政为民"在具体执政过程中又往往容易被官员功利化。

英国著名历史法学家亨利·梅因在其撰写的享誉后世的法学名著《古代法》中以历史的方法研究法律，提出了著名的"从身份到契约"的公式。我国正经历从身份到契约的演变。随着现代化进程的不断推进，"从身份到契约"的历史演进也在加快，社会矛盾凸显，社会矛盾的急剧增加和民众权利意识的觉醒使公众对纠纷解决机制的需求激增，信访制度作为非常规纠纷解决机制，对社会矛盾特别是常规机制无法或暂时不能解决的矛盾的化解推动了信访案件数量上的膨胀。法制环境不够优化和公共信任危机的出现而导致的公众对司法和其他常规纠纷解决机制的不信任感与传统文化中的"清官意识"交织，加剧了信访的规模化发展。因此，信访问题作为一种社会问题，实质是以人为本和社会可持续发展问题。从政治学视角看，信访问题是人民的根本利益问题；从经济学视角看，信访问题是社会发展的成本问题；从社会学视角看，信访问题是人的发展质量问题；从文化学视角看，信访问题是社会的文明与进步问题；从法学视角看，信访问题是人的基本权利问题。

信访及其问题的存在与人民内部矛盾的处理将是长期的过程。中国社会的转型是双重转型，极其困难而艰巨，需要经过一个比较长的过程。目前只能说这一过程刚开始不久。换言之，在比较长的一段时间内，中国目前所面临的特殊时代条件和特定的社会解组现象会持续存在下去，而且，其中的不少因素还会呈加剧的趋势①。由于中国目前的社会分化和整合尚未达到"充分化"的状态，随着中国利益多元化社会形成、新的公民权利意识觉醒时代的到来，中国的社会矛盾呈现鲜明的时代特征，因此，中国的信访问题也将与此长期性、复杂性相伴随。信访人不正确的心态、文化和法律意识欠缺与涉诉信访案件受理、审判、执行、工作程序、处理机制等方面存在的欠缺，使土地征用、城市拆迁、国企改制、企业军转干部、水库移民等几方面问题，成为近年来信访量最大、形式最激烈、解决难度最大的信访突出问题②。它们是社会利益矛盾的"留声机"和"显影液"，从一个侧面反映出当前的社会利益矛盾。群体性信访突出问题集中体现利益失衡；公共权力利益化、资本化是突出信访问题的重要成因；突破"利益共同体"是解决群体性信访问题的主要困难。

三、信访和谐的概念界定

和谐是指在事态发展中的一种相对均衡、统一、协调的状态，是让人与群体、阶层、集团等的关系处于融洽、协调、无根本利害冲突，相互尊重、信任、帮助的良性互动状态。信访是勘察民意和社会热点、难点的一面透镜。信访所反映的问题几乎都属于人民群众迫切需要解决的热点、难点问题，突出反映了人民群众的诉求。漠视信访就是漠视民意，重视信访就是重视民意，老百姓的信访问题得以妥善解决，社会才可能真正和谐起来。

（一）和谐与矛盾

从解字说意的角度看，"和谐"的"和"从"禾"从"口"，意味着人人有饭吃；"谐"从"言"从"皆"，意味着人们可以畅所欲言。因此，和谐就是指建立完善的利益表达机制，协调好社会各群体的利益关系，从而达

---

① 文军等：《社会分化、社会整合与转型期中国社会稳定》，人大复印资料《社会学》2000年第8期。
② 中国共产党十六届六中全会决议指出："着力解决土地征收、城市建设拆迁、环境保护、企业重组改制和破产、涉法涉诉中群众反映强烈的问题，坚持纠正损害群众利益的行为。"胡锦涛同志在六中全会第二次会议上的讲话中提出，"要积极解决劳动就业、社会保障、医疗卫生、教育收费、收入分配、土地征用、房屋拆迁、库区移民、企业改制、安全生产、环境污染和社会治安等方面群众反映的突出问题。

到社会关系上的一种配合适当、协调发展的状态。

和谐，作为一种思想，是中华民族传统文化精神的精髓。"和而不同、求同存异"，其内容博大精深，源远流长。孔子的"君子和而不同，小人同而不和"就是一个生动的比喻。从古希腊到黑格尔都阐述过"对立的东西产生和谐，而不是相同的东西产生和谐"①。

和谐是对矛盾的化解。矛盾的存在是和谐产生的条件和要求。本质上看，和谐也是矛盾的一种特殊表现形式，构建社会主义和谐社会就是一个不断化解社会矛盾的持续过程，社会建设在一定程度上就是通过调节社会结构的矛盾运动而促进整体社会的和谐。在中国特色社会主义社会建设中，"和谐"作为一个重要的概念和实践活动被提升到一个崭新的高度。

和谐是事物之间"配合的适当"②。矛盾的和谐性是矛盾的同一性的一种表现形式。古文化把辩证矛盾中的和谐性关系分为矛盾的和谐性与矛盾的非和谐性。认为矛盾的和谐性是对客观具体事物之间配合的适当性，具有适合、协调的关系。矛盾的和谐性可以分为单方调整的和谐性与双方调整的和谐性。矛盾的非和谐性可以分为因发展引起的非和谐性与因异常状态引起的非和谐性。矛盾和谐性中的"矛盾"是指客观世界中具体事物之间的矛盾关系的概括；矛盾和谐性中的"和谐"是指客观具体事物之间的配合的适当，具有适合、协调的关系。

矛盾的和谐性关系是事物之间对立统一关系的一种具体表现形式，它是对具体客观事物之间某种特定关系的概括。③ 由此可见，信访也可以分为这样两大类：矛盾和谐性信访与矛盾非和谐性信访。这是和谐程度不同的信访。前者，加强基础性工作，可以化解矛盾实现和谐；后者，矛盾有所激化，需要加大力度和运用综合手段才能奏效。

（二）社会和谐与信访和谐

信访和谐是和谐社会建设的重要内容和"晴雨表"，也是党和政府应有

---

① 朱光潜：《西方美学史》，人民文学出版社 1981 年版，第 10 页。
② 《现代汉语词典》，商务印书馆 2005 年版，第 551 页。
③ 古文化：《辩证矛盾中的和谐性关系探究——由构建和谐社会引发的哲学思考》，《理论与现代化》2008 年第 4 期。

的执政理念和执政方式，同时也是检验执政能力和领导艺术的重要标准。构建和谐社会作为一项全面系统工程，包括经济和谐、政治和谐、文化和谐、人际和谐、生态和谐等全方位领域。政治和谐是和谐社会构建的题中应有之意，对整个和谐社会的构建发挥着至关重要的保障与制度供给功能，可谓其核心与关键。信访不仅是物质利益诉求，更重要的是一种政治活动和权利表达，所以信访和谐首先是一种政治和谐。由于信访本身的社会"晴雨表"作用，信访和谐同时是诸方面和谐度的综合反映与检验。和谐社会是否能够真正实现，可以信访是否和谐作为检验和谐程度的指示标或显示器。

对于信访和谐，目前理论界还没有统一明确的定义。本书认为，所谓信访和谐，是指一个社会中信访活动良性运转、信访体系诸因素协调互动、有序共进的状态。信访和谐在现实中表现为公民权利得以保障、利益诉求渠道畅通、信访主体间良性互动、信访活动运转有序、信访关系协调顺畅、信访制度功能协调、信访文化理性宽容、信访秩序动态稳定。

和谐是对多元共生要素实现协调与全面发展的一定社会结构内生性关系的表达，是社会主义基本制度结构内生性关系、系统状态和整体功能综合体现的动态平衡过程。静态地看，信访和谐是指和谐在信访主体、信访活动、信访行为、信访渠道、信访内容和形式等各方面的体现；信访和谐状态是有序、融洽、协调，是信访主体间的良性互动、信访程序的公开公正公平、信访渠道的畅通、信访事项的妥善处理等环节的相应、相恰。动态地看，信访和谐是指矛盾尚在警源、警兆等初级形态便通过相应措施得以化解，防患于未然。和谐不仅是口号，是理想状态，更是过程，是行动（良性互动），是不和谐因素的减少、和谐因素的增加——追求和谐的过程其实就是矛盾预警和及早化解的过程。

（三）信访和谐概念提出的意义

1. 群众利益诉求的时代回应

由于我国社会转型处于加速期，社会结构调整力度加大，人民群众民主意识和公民权利意识不断增强，利益诉求意愿特别强烈。各阶层、各群体都力求通过可能的途径表达意愿。在解决民众的利益纠纷时，司法无疑扮演着重要的角色，它是人类解决纠纷方式从野蛮走向文明的标志。但司法不是万能的。如在瑞典、英国、澳大利亚、法国等国，尽管其法院受理范围非常之广，司法独立性也很强，法院的权威地位也早已确立，但是，这些国家在司法之外均开辟了民众诉愿与利益纷争的解决途径。监察专员、调解专员、申诉专员、冤情大使等都是司法之外的产物。在我国，除了通过人民代表大会制度这一主流渠道进行利益诉求表达外，信访成为进行利益诉求表达的一个重要渠道，特别是信访在一定程度上具有的权利救济功能，使之成为弱势群体在利益受到侵害时寻求保护的重要途径。由此，信访使有关部门职能面临人民群众利益诉求日益增加的挑战，进一步扩大群众利益诉求渠道，健全群众利益诉求机制的要求，急切地呼唤着信访和谐的构建。

2. 党与群众、政府与社会沟通理解、合作共赢的时代要求

信访和谐的构建是基于信访量高位运行与实际解决问题反差较大的现实要求提出的。信访是公民表达诉求和政治参与的一种途径，也是我国宪政制度建设的重点。《世界人权宣言》规定：人人有权享有主张和表达自由。信访作为群众表达自由的一种重要方式，体现的是民众的心声，把人民群众的利益追求作为发展的立足点与出发点，让人民群众从发展中获得最大的好处，就会最大限度地调动人民群众的积极性，为建设美好家园、共享和谐社会提供不竭的动力。这是党委、政府与人民群众的共同愿景，所以，我们不能一般地提"零信访"或者企图消除所有的信访问题，而是应该在追求信访和谐中创造必要环境和条件，让人民群众说话，让群众有地方说话，有人听取群众的意见并及时解决提出的问题。人民群众的信访，可以反映出社会存在的和我们工作中存在的具体问题，也可以反映出总体性问题。这就是我们工作的出发点和落脚点。

3. 信访问题有效化解的现实要求

信访问题的出现往往是发生重大社会问题的信号。经过三十多年的改革与发展，我国的社会建设取得了巨大成就，但仍然存着在一些不很和谐的因素。党政职能不分，以党代政问题还很突出；行政权力对社会的控制仍然很强，自主性公民社会尚未形成，公权侵犯私域现象仍很普遍；政府和市场之间缺位、越位、错位的现象仍然存在；权力运行失范现象还比较严重；利益分配机制有待调整，社会资源分配不公，弱势群体的权益还有待加强制度保障。国民的文化水平亟待提高，现代思想观念诸如民主观念、法治观念、权利观念、理性参与意识等还有待进一步培育；一些中外的糟粕文化需要清理、文化市场需要规范。这些不和谐因素，也在信访领域比较集中地表现出来。也就是说，信访所反映的问题，与上述诸方面有种种联系，更加上在信访事项处置过程中，也存在某些不和谐因素，由此叠加和放大甚至产生"蝴蝶效应"，使信访问题急剧凸显，信访和谐成为信访工作部门和工作人员的重要任务，从构建和谐社会的高度看，这一任务就更为迫切而艰巨了。

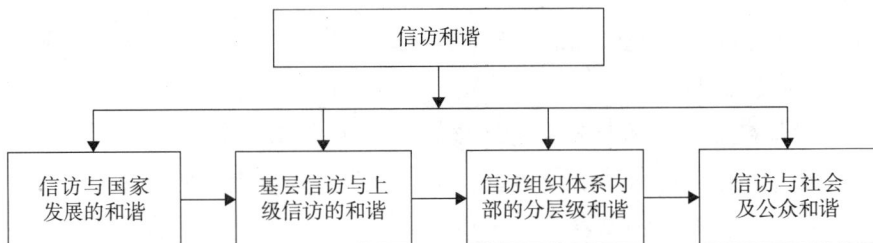

图1　信访和谐的四种类型及结构

四、信访和谐的伦理价值

在和谐社会视野下，学界对信访问题的研究主要强调在追求和谐社会过程中理性主动的制度性、程序性等刚性指标的建构，而很少从信访和谐的价值追求角度作出审视。在广阔的立体性坐标中，伦理价值是不可忽视的基本透视空间。信访和谐建设的各种制度规范和程序模式不应仅是技术性的，更应是人文性的、伦理性的。信访和谐建设有了伦理价值标准支撑、伦理原则规范、伦理理想指引，具有重要的现实意义。

（一）信访产生的伦理视角分析

1. 伦理整合力的缺失是信访的文化根源

"伦理力，即在社会运行中，以主流伦理价值观为导向，指向于社会共同愿景，而协调凝聚、整合出的独特的社会群体动力系统。作为伦理力的整合、设计，是一种隐含着复杂睿智的集合体，它调节各种内部利益关系"①，

---

① 韩承敏、王光森：《伦理力建设与荣辱观教育》，《理论前沿》2006 年第 19 期。

对社会的推动作用是无形的，并促使社会的各种资源使用趋于公正、公平，是一种责任、认同、凝聚与合力，以保障社会正常运行。伦理整合力的构建引导个体与社会在目标上一致，调节人的内在潜能，规范人的行为，赋予个体以生命秩序，同时沟通个体间的内在潜力，使其凝聚为一种集团的或集体的力量，以形成社会生活的秩序。通过具有伦理性的风俗习惯、道德规范、个体良知将社会统一为一个整体，可以形成社会和谐发展的合力。因而，伦理整合力可称之为和谐社会建设的内凝剂。伦理整合力调节各种内部利益关系，达到个体的合理性、公平性和社会利益的现实性、有效性的统一，深入于各种利益关系之中；促使观念性和现实性一致，又反过来引导、调节利益关系，不仅可以调节、达到个体利益和社会利益最大化和合理化，而且得到价值的提升和人性的升华。

目前，我国正处于传统社会向现代社会转变的过程中，传统的伦理价值观被打破，社会尚未形成统一的法治观念，又进入了伦理选择的多元化时代，伦理准则的冲突更加复杂了。社会缺少核心伦理凝聚力，同转型、过渡时期的中国社会相伴随，社会秩序呈现出一种极为复杂的情况。在社会生活多样化的引导下，伦理规范变成了多元结构体系，这无疑从另一方面削弱了伦理整合力的社会适应性，它表明了当代中国社会复杂性发展的不平衡和内在的不统一性。在这种多元秩序中，国家的司法审判制度能否给人们提供公正、迅速、有权威的纠纷解决办法，能否满足人们的期望，就成为判断民间非正式制度存在的必要程度的指标。民间非正式制度具有根植于社会生活中的合理性，因为它们能为社会成员提供的好处多于带来的坏处，而国家的司法审判制度如果缺乏足够的有效性和权威性的话，或者司法体制过于僵化和腐败的话，那么国家的正式制度势必要随着社会发展对自身作出相应的变革，在司法变革适应社会发展前，人们缺乏统一的价值观对法律适用进行解读，导致司法权威缺乏社会理解基础。[①] 司法具有浓厚的行政色彩，并且受制于各种法律之外的权力，以及当前公民、法人和其他社会组织的社会诚信意识尚未普遍形成，当社会和公众的诉求通过诉讼未获满足时，便失去他们对司法的信赖，当法律不能解决纠纷时，权力就直接以各种形态介入纠纷的

---

① 王亚明：《涉法信访的价值、成因及改革设想》，《国家行政学院学报》2005 年第 6 期。

处理，转而寻求法外途径。这种现象就是信访产生的理念本源。

2. 生存伦理是信访的价值基础

詹姆斯·C·斯科特认为，"生存伦理就是根植于农民社会的经济实践和社会交易之中的道德原则和生存权利。"① 生存伦理包含着两条基本原则：主导动机原则是"安全第一"、"极力避免风险"，以及"在同一共同体中，尊重人人都有维持生计的基本权利和道德观念"。在他看来，农民的政治、经济行为是基于道德而不是理性，徘徊于生存边缘的农民家庭很少把传统的新古典经济学所宣称的追求利益最大化作为行动的目的，在避免失败和追逐冒险之间，农民通常选择前者；他们的决策取向是风险规避，缩小最大损失的可能概率。他们是生存伦理至上，践行"安全第一"的原则。在这一原则的支配下，农民所追求的不是收入的最大化，而是较低的风险分配与较高的生存保障。

熊云辉提出了把生存伦理作为群众上访的行动逻辑的三点理由：第一，改革开放三十多年来，绝对贫困正在逐步减少，但相对贫困有增加趋势，如贫富差距拉大。社会矛盾日益突出，再加上社会保障体系不健全或不存在，人们的生存压力不但没减小，反而增大了。第二，虽然上访者不全是农民，但是至少在上访者中占一半左右的比例。虽然"还有相当一部分信访者不是农民"，但也不能得出他们都是"文化程度较高、观念较强的城里人"，退一步说，即使他们都是城里人，如果以生活水平衡量，他们也是与农民生活水平相当的城里人，如下岗工人。因此，信访者中主要是农民或者与农民生活水平相当的人。他们都面临着生存压力，所以，生存伦理完全可以适用于上访群众。第三，上访者反映的问题主要集中在与生存有关的问题，如农民负担、土地纠纷、职工下岗、房屋拆迁补偿等等。② 从经济效益视角看，对公民而言，信访意味着一项简便、经济、有效而全面的救济方式，选择上访途径是因为上访成本一般低于其他途径，而利益或目标的实现程度要高于其他途径。以劳动争议纠纷为例，先仲裁后打官司，至少需支付仲裁费、诉讼费、律师费，并耗时一年以上才能解决。但是如果采取上访的途径，这些

---

① ［美］詹姆斯·C·斯科特：《农民的道义经济学：东南亚的反叛与生存》，译林出版社 2001 年版，第 8 页。

② 熊云辉：《分而治之和谐共存———信访制度与司法制度比较分析》，《法治论坛》第八辑。

花费可免且很可能处理得更快。所以，无论是从经济效益上，还是从正义诉求上，都迫使当事者首选上访之路。

3. 对实质公正和正义的追求是信访的精神原动力

作为中国共产党联系群众的重要方式和制度安排，信访制度的设计及运作方式，有着深远的历史渊源和民众心理背景。信访之中国特色，其意蕴一方面是自古以来中国的德治、礼治和人治之治国方略，形成了官纳言于民、民诉言于官的沟通机制。我国古代虽然也有较为完备的礼制，但却从来没有成为调整社会关系和治理国家的主导力量，主要是依人而治，靠当权者的贤能和权威来治理国家。"清官意识"在人们的内心深处扎根，已进入司法程序的案件，当事人仍希望通过信访来加重其胜诉的筹码。"清官情结"同时也坚定了上访者的意志。再加上媒体舆论的微妙引导，社会上已经形成了"依靠领导是解决问题的便捷途径"这一导向性认识。另一方面，开明的统治者乐于把采集民间的意见和不满作为其统治伦理的重要展示。正是因为对实质公正与正义的追求，才使中国民众在诉讼时有浓重的"清官意识"和"清官情结"。"清官是可亲的，但他们却总在遥远的地方，只有上访才能找到的地方，抽象地存在于人们的生活当中；而身边更多的是贪官污吏，是具体的存在。"[①] 它构成了涉诉信访者的精神原动力。而实践中必然会出现主观认识与客观情况不一致的情形，这时"有错必纠"原则便大行其道。当政府未提供信访人所要求的正义时，信访人就会动用"有错必纠"原则，不断上访、申冤，四处告状，总希望"拨开云雾见青天"。在司法日益走向形式理性的今天，人民群众真实的诉求成了"笼中之鸟"，信访就成了实现实质公正和正义的替代性机制。[②]

（二）信访和谐伦理价值取向的几个基点

1. 信访和谐理念与伦理意识的共融

伦理意识作为价值导向，代表着人们在利益活动中对价值与意义的追求，它赋予社会以价值的导向力，个体行为的调控力与内驱力，社会的自我

---

① 应星：《大河移民上访的故事》，三联书店 2001 年版，第 406 页。

② 熊云辉、邓周和军：《分而治之和谐共存——信访制度与司法制度比较分析》，《法治论坛》第八辑。

组织力，组织的凝聚力。在这些人文力的作用下，它建立起了两种秩序：个体的生命秩序与社会生活的秩序。"理念"即原理、信念、价值观，一种制度在建构和设计中内在的指导思想、原则和哲学基础，它是一系列价值选择的结果，指向某种特定的目标。① 信访理念即指导信访制度设计和信访实际工作的理论基础和主导的价值观，它是基于不同的价值观（意识形态或文化传统）对信访的功能、性质和应然模式的系统思考，是支配人们在信访过程中的思维和行动的意识形态与精神指导。信访活动的实践本性决定了信访本身必然具有道德性，决定着信访是信访工作者与上访人之间的一种对客观规律与主观价值的整合活动。强化信访和谐理念与伦理意识的共融，就要坚持：

（1）人本信访理念。以人为本是科学发展观的核心内容，它要求尊重人、依靠人、塑造人。信访和谐建设坚持以人为本的伦理价值取向，从以人为本伦理意识出发，就是对上访者的政治意识、舆论、道德、信仰、信息等具体情形进行分析与权衡，在尊重人的存在和价值的基础上，寻求一个相对合理的解决方案。同时，要求信访工作的方式方法实现由行政控制向"人性化"治理方向转变。政府工作部门及其公务人员，要深入实际体察群众意愿，把维护和实现最广大人民群众的利益体现在大政方针和各项部署中，落实到社会发展的各个方面。

（2）责任信访理念。责任作为一种基本价值观，最初源于伦理学，开始仅是作为人们对于行为的一种简单的道德评价，尔后法理学的介入，从消极、否定的视角将责任上升为一种强制性规则。"在我们看来这个责任主要体现为对国家和社会生活的积极参与以促进其和谐发展，即政治和社会生活的积极参与不仅是一种权利，更是一种责任。责任主体只有正确认识到某事是自己应该做的和自己应当做的，才能自觉主动地去做，也只有基于这样的认识，当他没有履行应尽的责任时，才能从内心接受社会给予的负担甚至是惩罚。而在现代社会，责任更多的是与法律和政治联系在一起，不仅是因为责任对法治社会具有重要性，而且更重要的是法治可以赋予责任更加丰富的内涵和客观性。就法治国家的角度而言，责任包括公民责任和政府责任两大

---

① 杨凯：《人民陪审制度设计和运行的理论基础分析》，2004 年 11 月 15 日 0：0，法律教育网。

责任类型，构建法治社会，强化政府责任是推进依法行政的关键和首要所在，但公民也必须负起应有的责任。作为现代社会的公民，既拥有神圣不可剥夺的权利，同时又肩负着不可推卸的责任和义务"①。信访工作者积极履行社会义务和职责，承担道德、政治、行政、法律等责任，要从根源上强化信访干部责任伦理，思想上要强化大局意识、责任意识、使命意识，做到政治上对党的事业负责，伦理上对人民群众负责，行为上对法律负责，制度上要健全工作责任制和责任追究制，做到责任主体明确、责任层次清楚、责任内容具体，形成科学合理、层层落实、紧密衔接、奖罚分明的责任体系。

（3）善治信访理念。善治是建立在政府与公民社会合作基础上的社会管理模式。善治理念大力提倡政府与公民对公共生活的合作管理，追求政治国家与公民社会的新型关系。政府与公民之间的良好合作，强调自上而下的管理与自下而上的参与相结合，最终目标是实现公共利益的最大化。信访工作是化解矛盾、解决问题、凝聚人心的工作，信访制度本身就是善治理念的初级表现形态。"信访是我国社会主义公民政治参与的重要渠道，需要政府与公民的广泛合作。以善治为目标推进信访制度改革，是构建社会主义和谐社会的必然要求，是人民群众的迫切愿望，也是政府管理的内在要求，因此是我国信访制度改革的目标和方向"②。信访制度和领域目前面临着多方面挑战，必须在正确认识信访功能的基础上对信访制度及其实务层面进行改革。从总体上，要注重对信访制度准确定位并以善治为标准设计信访改革方案，强调在目的上增进公共利益、满足公众需要，体现"全体人民共同享有"的价值取向。开展信访工作，要强调党委领导、政府负责和公共权力的主导作用，也要重视相关基层自治组织、社会团体、法律援助机构、相关专业人员、社会志愿者的协同作用，发动全社会多部门综合协调共同努力。

［链接］西安市临潼区选聘"和谐使者"

根据临潼区"和谐使者"推荐评选活动的规定，凡志愿协助配合区、乡镇（党委）、政府和村组、社区自治组织，义务担当政策法规宣

---

① 蒋传光：《公民社会与社会转型中法治秩序的构建——以公民责任意识为视角》，《求是学刊》2009 年第 1 期，第 76—84 页。

② 周定财、白现军：《中共南昌市委党校学报》2007 年第 5 卷第 2 期，第 50—53 页。

传、良好风尚传播、民间道德仲裁、基层矛盾排解、信访工作服务、社情民意反馈、群众疾苦调查及与和谐社会构建相关工作的临潼区农村村组和城市社区成员，从即日起，即可参加评选活动。"和谐使者"实行聘任制，每个行政村和社区聘任一名。采取个人自愿报名、群众民主评选与村组、社区推荐相结合的办法，通过审查、初选、公示后，对符合条件的正式颁发聘任书、证件及徽章，聘期为一届五年。每年进行评选，对工作优秀的和谐使者颁发"石榴花奖章"，累计 10 次获得"石榴花奖章"或连续 20 年担任和谐使者的，区委区政府将授予"终身和谐使者"荣誉称号，并给予奖励。《西安日报》2007 年 12 月 4 日 10：15）

2. 信访和谐模式与伦理关怀的调适

关怀属于涉及关注、责任、能力和反应为特征的现代美德范畴。在伦理学框架中，它被引申为人与人之间更富有人性意味的伦理关系范畴，是对人的人性所提出来的一种全新的人际关系的德性要求。伦理关怀就是从伦理的角度对人的生存状况的关注，对人的尊严和符合人性的生活条件的肯定，对人类的解放和自由的追求①。伦理关怀的原则：其一，要求关怀方与被关怀方的地位平等，尊重差异；其二，双方要善于设身处地、互换角色地思考问题。伦理关怀的目的就是要尊重人的生命、尊严，保障人的生命权和发展权。因此可以说，伦理关怀是在当代人际之间建立和谐化关系的一种道德模式。将伦理关怀引入信访，使得信访工作模式也出现了新的变化：从利益诉求型向公共参与型转变；从政府主导型向社会治理型转变；从政策调整型向法律规范型转变；从被动防范型向超前预警型转变；从浅层治标型向源头治本型转变；从控制管理型向公共服务型转变等。由于传统信访工作模式的运行从刚性约束机制角度切入得多，从柔性伦理关怀角度切入得少，从而使信访和谐成为问题。因此，伦理关怀之于信访，理应是信访工作模式创新过程中确立和体现的核心理念，并且应把伦理关怀投射到信访工作的方方面面中去。

---

① 孟凡平：《伦理关怀：弱势群体问题的现代视角》，《齐鲁学刊》2006 年第 6 期。

"和谐社会建设的今天，对弱势群体进行伦理关怀显得尤为重要。一方面，它关涉到弱势群体的自由、和谐、全面发展，是弱势群体真正摆脱弱势地位，融入主流社会的保障；另一方面，也是促进弱势群体与其他社会群体之间的良性互动，实现社会和谐的必要条件。"[1] 关怀伦理的道德哲学基础为关怀伦理学。关怀伦理学（Care Ethics）由心理学家 C. 吉利根所创立，是 20 世纪下半叶由女权主义者建立的一系列规范伦理学理论。与功利主义和道义论的伦理理论强调普遍标准和公平不同，关怀伦理学抛弃抽象的和普遍的原则，强调体验和关心人们的欲望、需要和情感，对待他人要仁慈，要富有同情心，强调关系的重要性。关怀伦理只给原则留下微小的空间。人道主义原则是伦理关怀遵循的重要原则。在信访工作中应用人道主义原则，要求信访工作人员对信访人要体现高尚的伦理关怀，体现真、善、美的追求，重视人的价值，维护人的尊严，保障人人平等，关注社会弱势群体。此外，实践证明，律师参与信访、信访代理等工作模式可为处于弱势地位的信访人提供维权平台，提供知识、智力支持和道义上的支持，因而应大力提倡和应用。

3. 信访和谐机制与伦理规范的同构

伦理规范是指从道德意义上考虑的、由社会向人们提出并应当遵守的行为准则，它通过社会公众舆论规范人们的行为。包括是非界限、善恶标准和荣辱观念等。[2] 信访工作部门在为信访人解决矛盾问题时，其中协调利益关系是首要前提。一方面，要使当事人的利益关系得到明确的认定；另一方面，还要提供符合伦理原则和道德要求的工作方式和机制，避免价值理想追求消融在缺乏程序伦理的运作过程中，这意味着信访必须将伦理原则和道德要求制度化、规范化，以一种道义强制性形式规范信访工作机制的合理性。因此，要对信访工作机制实行有效的控制，还必须同时构建具有内在道德的规范运行机制即使伦理道德规范化具体化在信访过程中。

（1）信访活动中的道德立法。道德立法是指用立法形式确认和保障的

---

① 梁德友：《转型期中国弱势群体伦理关怀研究》，《南京理工大学》，2010 年学位论文。

② 《安徽工业大学管理学院》综合课件，《管理学》第三章《管理环境》。wenku. baidu. com/view/9bcb58135527072…2011-12-12。

道德价值准则①。信访活动中的道德与法律，看似一对矛盾，它们作为两种不同的规范体系，在维护社会秩序、规范人们行为上起着不同的作用。但实际上二者又不可分离，道德追求的自律与法律强调的他律，相辅相成。用强制性手段来规范、约束人们的行为，通过法律事实，维护道德风尚，培育道德意识，最终还是要依靠内心信念和社会舆论来发挥作用。信访工作者的社会公德应该有具体要求并制度化、法律化，信访工作部门的权力伦理、制度伦理以及道德调控机制的建设应该是目前的工作重点。

（2）信访职业者的道德垂范。对信访工作者实行进入资格要求，实行职业化管理。职业化是基于共同知识的专门化、公众服务与基于独立利益的自治的形成过程。一个有这样特征的工作，社会可以给予它的奖励就是合法授予它成为一个自治的职业组织。② 职业具有特权地位，因为职业以诚信责任为本。没有禁入就没有约束。③ 这是对职业主义制度所蕴涵的道德理念和价值追求的肯定。职业主义被社会学家共同描述为一套复杂的角色特征，据此，我们认为信访工作者的职业特征包括：第一，专门化的知识和训练。专业人员的训练要兼有智能和技能，或者说既有理论背景又有实践背景的专门技能（expertise）。文凭主义和精英主义是这一标准背后的必然反应。第二，献身公共服务。服务于卓越的价值，致力于提供最好的服务质量，而不仅仅为了经济报酬。第三，自治权。在那个领域对公众利益的一种道德承诺，也就是职业必须对赋予它们的重要权利和责任产生合理的道德感。这三个特征被大部分人公认为与职业主义联系在一起，至少被任何职业自身的声明所提及④。职业主义制度坚持服务于公众利益等卓越价值，不仅仅因为经济报酬的意识形态是一种利他的伦理。

应该坚持政治文化强调的政治主体修养这一积极方面。在行为规范上应

① 钱光荣：《关于制度伦理与伦理制度建设问题的几点思考》，安徽师范法院学院教学课件。

② LisaH. Newton：Professionalization：The Intractable Plurality of Values，PeterY. Windt Peter C. Appleby Margaret P. Battin Leslie P. Francis. Bruce M. Landesman （Eds.）：Eghical Issues In The Professions.

③ Kaarle Norde nstreng：Professional Ethics：Between Fortress Journalism and Cosmopolitan Democracy，Kees BrantsJokeHermes and Liesbet van Zoo.

　nen （Eds.）：The Media in Question，SAGE Publications，1998. pp125－126，pp125－126，pp202，pp225－126，pp125－126.

④ 商娜红：《职业主义与英美新闻业》，《新闻大学》2005 年（春），第38—42 页。

坚持合理的传统道德标准，强调信访机构及其工作人员的思想作风建设的极端重要性。伦理指导是一种隐性导引，管理者为政清廉、品德高尚，知识、能力、忘我奉献、率先垂范等非权力性因素，无形中为人们所接受并成为自觉行为，产生积极影响和带动作用。由此，必须对信访工作者的道德观念和道德行为进行明确规范和制约，才能使其具有垂范效应。

（3）信访工作的权力、权利伦理建设。权力伦理是指公职人员在依法行使公权力的过程中不仅要遵守法律规定，而且要遵守相应的伦理规范。信访工作体现"权为民所用，利为民所谋，情为民所系"的权力伦理观，就是对所有信访工作人员行使权力的道德要求。为群众排忧解难、化解矛盾，是信访工作的天职和最高伦理。善待信访群众，是改善权力运作方式、提高权力质量、清洁权力环境、塑造权力伦理的最好切入点。同时也要加强权利伦理建设。信访是广大群众对社会正义的伦理诉求，也是公民知情权、表达权、参与权和监督权权利意识的觉醒，是培养良好公民权利伦理的契机。信访行为在表达伦理正义诉求的同时，也彰显法律正义诉求和权利行为能力。靠技术和法律限制的信访权滥用是有限的，信访活动的健康良性发展必须培养信访群众的权利伦理意识，在主张权利的同时加强道德自律，避免出现以伦理正义僭越法律、以权利滥用侵害其他公民权利的现象。通过思想教育、心理疏导、法制宣讲、道德伦理教育，用道德自律限制信访权利的滥用，从而使信访工作转化为教育、疏导、感化、调处为一体的多元、双向、互动式的信访工作新形式。

联合国教科文组织提出"21 世纪是应用伦理的世纪"，现代社会对于伦理问题的研究已突破传统伦理的框架，使应用伦理研究具有广阔前景。对信访和谐的伦理价值追求是从伦理的角度来审视信访，即从内在逻辑上将伦理与信访和谐建设联系起来，汲取符合时代要求的道德观念和伦理意识，使人们把外在刚性的制度约束与内在柔性的道德自律有机地结合起来。因此，在信访和谐建设中，信访理念、信访机制、信访和谐发展的推动力等可以被赋予法治基础上的伦理价值取向，使之在伦理人文视野中寻找动力之源。

（三）现代信访和谐应该具有的基本特征

信访和谐是对信访工作过程理想状况的预期和追求。和谐的信访所提倡的标准、规范、目标、任务，是把宽容、正义、人本、法治、协调等要素融入其中的。具体而言，作为社会文明发展的一种先进形态和信访工作的理想境界，现代信访和谐应该具有以下基本特征。

1. 正义的伦理基准

正义是现代社会和谐的伦理之维。"正义是各种社会制度的首要美德，如同真理是思想体系中的首要美德一样。"[1] 通过社会正义原则来规导社会制度的具体安排与实践，进而规范与指导参与社会合作的每一个公民个人的利益选择，通过自身的正义品德对制度运行的结果进行评价，起到监督和促进制度正义的作用，实现经济人与制度的良性契合。[2] 公正性是信访和谐的核心特征。信访和谐如果离开了公正性就会成为无本之木，成为"和稀泥"。

信访和谐的公正性体现为信访程序和结果的公正性。现代社会条件下信访和谐应以符合正义、体现正义、保障正义为基准。早在古希腊时代，哲学家们就把正义与和谐联系在一起。公平正义作为人类所追求的基本价值，是和谐社会的应有特征，更是信访和谐的根本原则。正义原则要求所有的社会价值——自由和机会、收入和财富、自尊的基础——都要公平地分配，除非对其中的一种价值或所有价值的一种不公平分配合乎每一个人的利益。信访工作运行遵循正义的基本准则，就是在社会价值和社会利益的分配过程中，对没有按照公正、公平、合理原则协调各利益阶层关系而出现的矛盾和问题，通过信访工作来照顾信访人的利益，把社会利益差距调整到合理的限度内，实现社会和谐。

2. 宽容的精神品格

宽容与妥协是现代社会和谐的天然品格。宽容要求尊重差异、容忍不同。没有异就没有同、无差别则无和谐。现代社会的一大特征就是多元化，即多元的社会阶层、多元的价值观念、多元的行为模式、多元的利益诉求。现代社会和谐不仅不应排斥多元，反而应鼓励多元、提倡竞争、尊重差异，并于多元博弈中寻求共识与合作。宽容要求理性地审视社会冲突。适度的冲

---

① ［美］约翰·罗尔斯：《正义论》，谢延光译，中国社会科学出版社 1988 年版，第 1 页。
② 李琼：《政府管理与边界冲突》，新华出版社 2007 年版，第 307 页。

突对社会也有正功能。因此，构建信访和谐，不是要压制信访、消除矛盾，而是要建立高效的社会安全阀机制，迅速回应社会问题、缓解社会压力、整合社会矛盾，把冲突控制在秩序的范围之内。总之，在多元中寻求共识、在冲突中寻求平衡、在竞争中寻求妥协、在分歧中寻求合作，才是现代信访和谐的精髓。

3. 人本的终极关怀

众所周知，以人为本，以人为目的，以人为根本，是相对于"神本"、"物本"而言的，同时又区别于"君本"、"官本"、"民本"。从古希腊哲学家普罗泰戈拉"人是万物的尺度"，到文艺复兴时期人文主义思潮，再到马克思、恩格斯提出的共产主义社会要彻底实现"人类的解放"，可以说一部人类历史就是人类孜孜不倦探索获得自身完善和解放的历程。信访工作的以人为本，也必须尊重信访人，充分保障和实践信访人的人权；完善信访人，促进信访人的发展，要提供必要的生存发展条件；"解放"信访人，就是破除束缚信访人思想与个性的桎梏，使信访人的愿景与社会发展愿景相协调，因此，"管理就是解放人"[1]，通过社会管理的创新，才能"使每个人的自由发展成为一切人自由发展的条件"[2]。可见，以践行党的宗旨为出发点的信访工作，不仅应认真践行以人为本，而且还应以实现信访人的彻底解放为旨归。

4. 法治的信访秩序

法治是人类文明的结晶，是和谐社会的基石，也是信访和谐的内在要求。人类对理想秩序的探索由来已久。法治给全体人民带来的最大幸福就是自由和平等。"为了使人民有避免自身的和社会的权利遭受公共权力的侵害，公民参与权的创设和行使就成为一种制衡的力量，使之成为制约和监督公共权力不当行使的利器。"[3] 庞德认为，权利这个词被用于六种意义：一是权利是指利益，就像在关于自然权利的很多讨论里所使用的那样；二是权利指法律上得到承认和被划定界限的利益；三是权利指通过政治组织社会的

---

① 王军：《管理就是解放人》，《江苏教育》2009 年第 35 期。

② 《马克思恩格斯选集》第 1 卷，人民出版社 1995 年版，第 294 页。

③ 朱未易：《地方法治建设中公民参与的法理分析与制度进路》，《南京社会科学》2010 年第 10 期，第 106—114 页。

强力，来强制另一个人或所有其他人去从事某一行为或不从事某一行为的能力；四是权利指设立、改变或剥夺各种狭义法律权利从而设立或改变各种义务的能力；五是权利指某些可以说是法律上不过问的情况，也就是某些对自然能力在法律上不加限制的情况；六是权利还被用在纯伦理意义上来指什么是正义的。[①] 信访和谐客观要求信访行为、信访关系、利益分配等都以法律来调节和规范，保证社会运行的公平、公正与规范有序。规范性是信访和谐的重要特征。倡导信访和谐应当确保信访程序规范合法。一是信访程序规范有序、依法进行，信访过程公开、透明，当事人平等地行使信访权利，履行信访义务，遵守信访秩序，确保信访活动顺利而紧凑。二是在信访中当事人规范地维护权利。言行规范，程序正当，内容与形式合法，以及规范合法的信访程序可以减弱或消除当事人对信访结果公正性的怀疑和不满，为信访和谐打牢基础。

5. 协调的信访关系

协调性首先是指信访的有序性，信访人在信访中为维护自身利益时，要规范信访行为，依法信访，共同推动信访程序顺利进行。其次，信访主客体之间要协调沟通，尽可能通过调解化解矛盾纠纷。信访工作者和社会工作者也应当加强与信访人的沟通，了解信访人的真实信访意见，便于引导双方协商解决。对于信访责任相关部门来说，协调还包括各个环节有机衔接、配合制约，为信访人提供信访便利。由于信访人的经济条件、教育程度、社会关系、法律水平等个体差异，信访人参加信访的能力存在着差距。一些弱势群体可能因无力支付信访费用，无法通过信访程序保护自身合法权益。一些农村信访人在有理有据的情况下，可能因文化水平较低、对信访程序不熟悉，而丧失诉求权利。诸如此类的情况，只有在信访过程中加强对弱势信访人的救济和援助，强化信访引导、提示、释明工作，信访公正才能得以真正实现。

五、信访和谐的功能追求

系统论认为，任何社会的发展进程和运行状态，都是由其内在的运行机

---

① ［美］庞德：《通过法律的社会控制》，商务印书馆1984年版，第42—43页。

制决定的。机制不仅涉及系统的要素，而且涉及系统各要素之间的连接方式、相互制约关系及其调节方式，同时也包含使事物有机体各要素相互适应、相互制约、自行调节的组织能力。系统是由各种要素以一定的方式构成的有机整体。系统各部分在整体制约下相互联系、相互作用、相互影响和相互转化。部分按着系统整体的目标，发挥各自的作用。系统整体是由物质、能量、信息构成的综合体，整体的内在结构是由要素、层次、中介构成的。系统整体与部分都处于运动发展变化中。信访工作作为一项复杂的系统工程，具有一般系统的基本特征：整体性、结构性、层次性、开放性。信访工作新机制更应该具有执政、改革开放和社会转型等条件下的信访所独有的特征。

（一）目标前馈

目标前馈是提高系统精度、减少动态滞后的一种很好方法，富有预见性，更具有适应性意义。信访工作的目标或价值趋向是个目标体系。从总体上看，信访工作的理想目标是充分调动和发挥人民群众历史主体、社会财富创造者和自身利益实现者的伟大作用和强大内驱力，最大限度地满足人民群众的经济、政治、文化需要，实现人的全面发展和社会的全面进步。信访工作的现实目标是领导和支持人民当家作主，实现人民群众的社会主体地位和共产党执政的本质；信访工作的具体目标是和执政党的社会功能、历史任务紧密相连的，是社会功能和历史任务的展开和具体化，就是解决群众的信访问题。围绕满足人民群众多方面的需要和现实困难的解决来建设信访工作新机制，这种前馈性决定了信访工作运行机制的运行方向，规定了信访工作应该达到的目标和结果，其中体现的主要特征是责任、保障、服务。

（二）运行规律

信访工作的运行体现出规律性特征，信访工作任务体现明显的阶段性特征，是特定时代和社会背景的反映。因此，信访工作运行机制是在一定时代和社会历史条件下产生的，必然要受到社会经济基础、政治体制、社会制度、社会结构和社会群体条件等制约。信访工作运行机制还要受到执政党的宗旨、纲领、路线以及执政理念、政党制度、政党运行机制和执政方式等的制约。同时，信访工作运行机制还要受到信访自身构成因素的制约。这就要求新形势下的信访工作运行机制，必须体现社会发展的一般规律、执政党执政的规律和与群众工作相适应的信访本身的一般规律。

（三）机能整合

信访工作运行机制实质上就是对信访所涉及的各种要素，按照一定的结构和方式进行整合，使之相互衔接、良性互动、协调发展的过程。在社会转型时期，与群众工作相适应的信访工作运行机制的整合性特点尤其突出，社会发展迫切需要党和政府通过与群众工作相适应的信访工作运行机制所具有的整合性能，来整合各种社会力量、整合各种社会资源和社会环境，整合执政党的执政基础、执政环境、执政资源和执政方式等，使之纳入构建社会主义和谐社会的轨道，纳入密切执政党和人民群众血肉联系的轨道，纳入巩固党的执政基础和群众基础的轨道。

（四）状态互动

人民群众的主动性、自觉性、选择性体现在与群众工作相适应的信访中，表现为执政党与政府的执政理念，从而使得信访工作运行机制具有自我约束、自我发展、自我调整、自我完善的自觉性和主动性，这也是信访工作运行机制最富特色的特征和性能。信访群众是人民群众中有困难或弱势的一部分。信访工作的能动性，既是人民群众主体能动性充分发挥的集中表现，同时也是执政党执政功能充分发挥的集中体现。因为，执政党执政功能能否充分发挥，最根本的就是看能否最大限度地调动人民群众的主体能动性，在这里，就是如何使信访群众与党委和政府良性互动，成为和谐社会的建设者，实现信访和谐，共建和谐社会。

六、信访和谐的内容结构

对于信访和谐的内容，目前理论界还没有统一明确的界定。我们的研究试图从信访和谐的定义出发，推导出信访和谐理想状态下的应然内容。我们可以预期并加以设计的内容至少应包括以下几个方面。

（一）信访主体和谐

在本体论上，"主体"指的是运动、变化和发展的物质，即世界本源和基础；而从认识论的角度，指的是与客体相对应的认知者；在历史观中，"主体"则是指推动和构成社会发展的人。信访主体结构的新变化，决定了信访工作的新特点新发展。信访人是信访活动的权利主体，党和政府及其工作部门是信访活动的义务主体。按照"权利本位"理念，党和政府及其部门在接到群众来信来访的那一刻开始就处于履行义务的状态。由此可见，信访主体是一个主体组合，从发生学意义看，主要由三方面构成：一是信访具体责任方；二是党和政府及其有关部门、信访工作者群体和机构；三是信访人。以上三方面又可以归为两类：一是以信访责任方、信访工作者群体和机构为主体的各级党委和政府及其工作机构，广义上还包括人大等国家机关及其信访工作机构；二是以信访行为主体。由此看来，信访主体之间的关系实质上是党和政府与人民群众的关系，信访主体的关系定位实际上就是党和政府与人民群众之间的关系定位。

撇开形形色色信访事项的具体内容，我们可以将信访涉及的权利义务主体抽象为政府、责任方、信访群众三大方面。信访问题协调解决工作部门、信访问题直接责任方、信访群众构成了一个三角形的关系。必须使工作部门、问题责任方、信访群众都成为构建和谐社会的参与力量，才能实现信访和谐格局。首先，信访群众自主有序信访；其次，基层部门积极化解矛盾；最后，权力机关积极回应群众需要。按照"信访有理推定"群众工作原则，如果能够切实改进基层单位和各级行政机关的工作，那么，相当一部分信访问题和过激行为都可以预防或化解在萌芽状态。总之，信访主体间良性互动的实现，有赖于主体之间的双向平等交流，双向平等交流不仅标志着平等关系的真正确立，而且标志着平等沟通动力的形成，标志着共同协商成为可能，这是构建平等交流机制的关键环节。同时，实现主体权利和义务的对等，社会成员基本权利和基本义务的平等，社会成员的付出和社会所得的对等，不同意志、不同利益、不同个性、不同思想、不同步调社会成员协调共处、互补共赢、携手前进，不仅是信访和谐格局形成的关键，更是巩固党的执政基础、扩大党的群众基础的必然要求。

（二）信访制度和谐

信访制度和谐是信访和谐的关键。其内容包括：一是制度设计与经济基础之间的和谐。经济体制改革和社会主义市场经济的每一步推进，都对信访体制改革和信访制度的供给提出要求。这就需要一系列具体制度如公共权力的监督与制约制度、人权保障制度、所有权保障制度、选举制度、社会平衡机制、疏导机制、缓冲机制等都必须及时地发展和完善，以适应经济的发展，推动社会的进步。二是信访制度不同层次之间的和谐。信访制度根据层次可分为基本信访制度、具体信访制度和信访运行机制。信访制度各层次之间的和谐就是具体信访制度的设计和架构都要围绕着根本制度来进行，体现其价值理念，并有效地为之服务。针对我国当前利益矛盾的特点，信访制度应具备四项功能：诉求表达、民主监督、矛盾协调和权益保障。诉求表达功能是信访制度的基础功能；民主监督功能为信访制度明确权利；矛盾协调功能为信访工作提供了大有可为的空间；权益保障是信访制度必不可少、间接实现的功能。信访制度和谐就是各种功能有效发挥，而最终更多地体现为民主监督功能。

应该看到，信访制度和谐，"并不在于行政信访制度的废立去留或者信访机构权能的分割转移，而在于发展完善我国根本和基本政治制度的同时，从建构国家与社会、政府与公民的理性与和谐互动关系着眼，从实现政治民主、治理民主与社会民生的有机结合着力，从执政党执政方式转变和国家治理多维价值的包容协调和均衡达成的体制机制改进完善和复合建构着手，不断完善和发展这一制度。"①

（三）信访功能和谐

在社会进行利益结构调整的过程中，群众的利益诉求意愿特别强烈。各个阶层、群体都力求通过可能的途径表达自己的利益诉求，除通过人民代表大会制度这一主流渠道进行利益诉求表达外，信访成为进行利益诉求表达的

---

① 王浦劬：《以治理民主实现社会民生——我国行政信访制度政治属性解读》，《北京大学学报》（哲学社会科学版）2011 年第 6 期，第 81—91 页。

一个重要渠道，特别是信访在一定程度上具有的权利救济功能，使之成为弱势群体在利益受到侵害时寻求保护的重要途径。

信访制度的功能定位是多元的、发展的。自新中国成立初期信访工作机构建立以来，随着时代的发展，信访制度的功能和作用也在不断地变化和更新，传统的密切联系群众、反映社情民意等功能一直存在，同时又不断地拓展出新的功能。信访制度的功能不是单一的而是混合的，只是在不同历史时期侧重点有所不同。目前存在的问题是，在现实的信访活动中形成了批评建议权相对失语与申诉、控告、检举权相对活跃的失衡状况。这种失衡的状况，在相当程度上异化了信访的民主性质和民主功能的定位。但是，我们不应当就此淡化信访的民主功能，而将信访视同公民告状的第二渠道。[①]

发挥信访密切联系群众、反映社情民意等功能，其密切联系群众的重点是广大的弱势群体，要特别注意他们的呼声、需求和生存状态，重视民生问题，将以人为本的重点放到保证改革成果的共享，改善他们的生存环境，保证他们的基本生活，维护他们的合法权益，尊重他们的人格尊严。"应该认识到，群众来信来访反映生产生活中遇到的困难和问题，既是对党和政府的信任，也是在帮助我们改进工作。要树立抓好经济发展是政绩，做好信访工作、促进社会和谐也是政绩的理念，聚全社会之力，更多地解决群众最关心、最直接、最现实的利益问题，更多地办好顺应民意、化解民忧、为民谋利的实事，更多地帮助群众解决实际困难、发展生产、改善生活。唯有如此，才能从根本上减少和解决信访问题。[②] 当前要以信访制度面对的最突出问题为切入点，确定其主要功能，突出重点，带动其他功能，以使信访制度更好地发挥作用。突出信访问题反映了社会利益失衡的现实，促进群体利益均衡是信访制度的特有使命。

（四）信访关系和谐

信访关系是指在特定的信访体系中信访主体之间在信访活动中基于某种利益而形成的相互作用、相互影响的关系。信访关系是信访工作的本质内

---

① 刘永华：《信访制度的法治思考》，《浙江人大》2004 年第 1 期。

② 《做好信访工作　维护群众利益》，载《人民日报》社论，2007 年 3 月 29 日。

容，信访关系包括信访人之间、信访工作部门之间、政府与信访群众之间、信访群众与具体责任部门之间、信访相关部门与具体责任人之间的关系等。信访关系和谐包括：党群关系和谐；党政关系和谐；政府部门关系和谐；信访部门关系和谐；信访人与接访人关系和谐；信访人与信访部门关系和谐；群众关系和谐；劳资关系和谐；权利义务关系和谐；还有信访工作中一些具体的关系；等等。应该说，信访关系是最为敏感的关系之一，也是最难处理的关系之一，如在"导论"中所列举的关系群。这恰恰是信访工作改革发展的重点所在。然而实际上，信访工作部门的位置处于矛盾的焦点，发挥协调作用乏力甚至有些尴尬，但信访关系和谐是做好信访工作的必需，因此，这也是信访和谐发展的难点所在。

（五）信访秩序和谐

信访秩序是对信访主体的调控方式和信访活动的运行状态。和谐社会的信访秩序必然是法治秩序、宪政秩序。法治秩序要求信访主体的行为被纳入制度化、规范化、程序化、法制化的轨道；各种信访关系都凭借法律、法规来规范和调节；形成一种以发展、和谐为取向的动态性、开放性的稳定局面，整个社会才能秩序井然、运行有序。只有在现代法治秩序框架内，才能实现全面、协调、可持续发展的和谐社会。其中，规范信访流程、畅通信访渠道是信访秩序和谐的重要方面。传统的信访流程以层层转批为特点。信访渠道是信访人表达利益诉求、意见、要求和建议的相关途径和方式。畅通群众合理交往的渠道，使群众的各种诉求、意见、要求和建议得以及时、准确的反映，是有效化解利益矛盾冲突、促进社会稳定和谐的重要条件。信访秩序和谐，要求信访工作必须实行规范化、标准化管理，目前信访工作标准化建设在一些地方才刚刚起步，各地各部门的信访工作虽然有《信访条例》在规范，但缺乏具体的执行标准，在操作过程中人为因素多、随意性大，由此而来的失范和无序更期待信访工作标准化的推行和应用。

（六）信访文化和谐

信访文化深具中国特色，对于它的深入研究尚较贫乏。综合各家观点，信访文化可以认为是人们从事信访活动所具有的特定认知、情感和价值观。

从主流看，我国现阶段的信访文化是在倡导和谐建设，但实践中主要表现的"闹事"文化、"清官"文化、"上访"文化、"管、制"文化、"堵、截"文化，应该承认，这种复杂的文化样态，背后折射的是我国民众的精神、心理状况，也是我国文化传统、党政治理体制和能力、公务员队伍素质在文化层面上的反映。

作为一种无形的精神力量，信访文化具有指导信访行为、塑造信访角色的巨大作用。新时期的信访工作，必须在变革传统信访文化、建设新型信访文化方面有所突破，文化建设是实现信访和谐、人本信访、法治信访、责任信访、诚信信访、效益信访、善治信访，真正解决信访问题的最有效也是最后的法宝。信访文化和谐首先表现为，与现代社会发展相契合的信访群众维权主体意识的普遍确立。经济的现代化相应地要求信访文化的现代化，即：民主法治意识、权利意识、自主意识、参与意识等现代观念在社会普遍确立；信访群众信访情感和行为理性；主导信访文化能够随社会实践的变迁而与时俱进，其引导、论证、动员、整合的正面功能得到有效发挥。其次，不同层次的信访文化之间的关系和谐。信访文化领域具有的包容精神和氛围，信访文化之间广泛地开展对话与交流，相互借鉴、取长补短。

只有在和谐的信访文化环境中，才能真正地构建起信访和谐。尤其对于信访工作者来说，还要进行信访精神的塑造。信访精神主要指信访工作者在信访工作中所遵循的道德规范、职业伦理、价值标准、思想作风、传统习惯的集中体现，是信访工作者所必须具有的精神状态、所秉持的精神血脉、所展示的精神力量、所共享的精神文化。各地在打造信访精神、塑造信访理念、培育信访伦理上都大致遵循同样的路数，即以社会主义核心价值体系引导信访官员，以社会主义荣辱观熏陶信访干部，以模范人物的典型事迹激励干部，以身先士卒、率先垂范、敢为人先的领导作风影响干部。在培育先进信访理念和良好精神的做法上，南京市信访系统和青岛市信访局的举措引人深思也具有较强的借鉴意义。

南京市信访局为应对日益严峻的信访形势，紧紧围绕落实科学发展观和构建和谐社会的大局，全面建设"和谐信访"，充分发挥信访工作在构建和谐社会中的基础性作用，将培育信访文化、创建工作理念作为化解信访难题的有效措施进行强力推进。① 青岛市在建设先进的来访接待场所的同时，注重信访文化的培育和信访理念的塑造，以先进的文化内涵赋予接待场所更多的意蕴和色彩。该市为了凝聚信访干部的向心力、创造力和奉献精神，努力打造"信通访和"的优质服务品牌，提出"信通访和"的核心理念是"畅通渠道、联系群众、解决问题、促进和谐"，服务理念是"以人为本、以法为度、方便快捷、诚信公正"，工作理念是"服务大局、协调到位、强化责任、彰显绩效"，为了将抽象的理念具体化，枯燥的概念形象化，呆滞的口号人性化，该局专门设计了品牌标志、徽章、宣传手册、宣传牌、工作人员桌牌、群众服务手册等，使得"信通访和"的信访文化和信访理念具有鲜明的时代特色，并且围绕塑造信访文化，采取种种措施和办法。②

标识中起飞的信鸽由"信访"首字母"X、F"变形而来，标识中绿色代表畅通、和谐，
黄色代表阳光、温暖，桔色代表热情、积极，蓝色代表高效、秩序、廉洁、理性
图 2　青岛市信访局机关服务品牌

青岛市信访局着力于构建信访工作机关文化体系。把品牌建设作为构建文化体系的重心，确立了"信通访和"作为机关服务品牌，专门设计制作了品牌标识、群众服务手册等，严格按照品牌理念办事。组织开展了争创"文明处室"、"文明信访窗口"和"文明标兵"创建活动，积极开展"四个一"读书学习活动和"每月一讲"专题业务知识讲座活动。全面丰富机

---

① 南京市信访局、南京市社科院编：《构建和谐社会的"前哨"南京市信访工作实践与理论创新文集》，苏新出准印 JS-A070 号，2006 年 12 月，第 22 页。

② 夏国洪：《以人为本打造温馨和谐的接待场所》，《人民信访》2006 年第 10 期，第 10 页。

关文化建设内容，建立了"一模一园一廊一栏"文化宣传交流阵地，即在市信访局的门户网站，设置专门的文化宣传模块；在电子政务网站的信访网站上开辟"学习园地"；在信访机关建立"文化走廊"；设置"文化宣传栏"。依托信访学会，创办了《青岛信访》杂志，相继推出了《和谐之路》、《信通访和》、《新条例、新理念、新起点》、《青岛市信访工作年鉴》等理论与实践研讨文集。

着力于优化服务意识、提高服务技能、增强服务质量。狠抓了"四服务"、"五一样"、"五注意"形象服务工程，推行了以"永不说不、马上就办、郑重承诺、限时服务"为主要内容的真诚服务理念。在群众来访场所普遍实行了"一证两卡"制度，要求所有接访人员必须持人民群众来访接待工作证上岗；随时发放便民卡和联系卡，塑造了信访干部诚信文明的形象。同时，树立"抓管理，练内功，创特色"的意识，推出了一批有特色、有创造的优秀服务团队，并在全市信访系统进行命名和表彰、推广；树立"抓岗位，练绝活，出能手"的意识，开展绝活展示活动，推出了一批信访业务能手；树立"抓业务，提素质，强服务"的意识，推行《信访条例》一口准、有关政策要求一口准、信访数字一口准，全面提高和拓展了为信访群众服务的技能和本领。[①]

七、信访和谐的构建原则

（一）以人为本原则

以人为本就是把人作为社会的主体，以人的需要和发展为目标，在社会发展中强调以满足人的需要、提升人的素质、实现人的全面发展为目标，回答的是在我们生活的这个世界上，什么最重要、什么最根本、什么最值得我们关注的问题。马克思主义认为："全部人类历史的第一个前提无疑是有生命的个人的存在。"[②] 信访工作的以人为本，就是引导群众以理性合法的形

[①]　青岛市委市政府信访局全国信访系统先进集体，http：//www. qingdaonews. com/gb/content/2007-08/20/content_ 18495. htm。

[②]　《马克思恩格斯选集》第1卷，人民出版社1995年版，第67页。

式表达利益诉求的过程，也是我们党密切同人民群众的血肉联系、获得群众广泛支持和拥挤的过程。在我国，人民群众行使宪法和法律赋予的民主权利，通过各种途径，表达了自己的利益诉求。同时，人民群众的利益表达也还存在一些问题，如有些正当的群众利益诉求得不到很好的表达；有的群众不能以正确、恰当的形式表达利益诉求；有些组织机构、法律法规、制度机制不能适应新形势下群众利益表达的新情况；有的领导干部不能正确认识和对待群众的利益表达行为；等等。这些都不利于正确处理各种利益关系，有的甚至会激化社会矛盾，损害党群关系。只有规范、畅通群众的利益表达方式和渠道，才能进一步密切党群联系，巩固党的执政基础。[①] 现在是社会矛盾多发期和活跃期，提起信访诉求的大多是利益受损的弱势群体，要把贯彻以人为本的重点放在让弱势群体共享社会发展的成果上、放在改善他们的弱势处境上，保障弱势群体的基本生活，维护他们的基本权益，尊重他们的人格尊严，努力使目前的信访诉求从一种物质层面的利益表达转换为权利表达。

和谐社会的建设要紧紧依靠人民，调动一切积极因素，形成社会和谐人人有责、和谐社会人人共享的局面。在信访工作领域，从出发点到归宿来看，都要以信访群众的利益为本，以信访群众反映的信访问题为抓手，就是要倡导全心全意为信访群众服务的理念，在信访工作的各个层面和过程中始终贯穿和体现以信访人为本的精神即人民本位原则。

（二）群众满意原则

诺贝尔奖得主埃迪亚斯·卡内提对群众有经典的研究。他认为，"群众"有四个主要特性：一是群众要永远增长；二是在群众内部平等占据统治地位；三是群众喜好紧密地聚在一起；四是群众需要导向。四种特性的不同程度，可以得出对群众的不同分类。与群众的增长有关，可以区分开放的群众与封闭的群众；与平等和紧密度有关，可以区分为韵律的群众与停滞的群众；与目标类型有关，可以区分缓性的群众与激进的群众。目标的遥遥无

[①]　吴辉：《和谐社会构建中的群众工作》，湖南人民出版社 2007 年版，第 97 页。

期属于缓性的群众①，与此相反，目标的实现不在很远的地方，在就近可能解决问题，可能解脱困境得以解放，属于激进的群众。这一理论告诉我们，对于不同类型的群众，特别是信访群众，我们应该注意到他们需求的重点。

信访工作必须牢记"群众利益无小事"，将解决信访群众的合理诉求作为信访工作的第一要务，努力提高信访群众的幸福感和满意度，使社会各方面的利益关系得到妥善处理，使社会公平正义得以充分体现。群众观点、群众路线是我们党根本的工作路线，也是我们根本的领导作风和工作方法。新时期贯彻群众路线具有新的内容，还要加上为群众服务和群众满意原则，以人民群众高兴不高兴、答应不答应、满意不满意为我们的工作目标和评价标准。作为党的群众工作重要组成部分的信访工作，面临新形势、新情况、新问题，坚持群众工作原则，以群众工作理念统领信访工作，解决信访群众的困难和问题，收集群众的意见和建议，接受群众的批评和监督，是新形势下信访工作完善和发展的必由之路，也是保证党同群众血肉联系、保障各项事业顺利发展的重要基础。

（三）党委主导、政府负责、社会与公众共同参与原则

从中国社会转型和中国特色社会主义基本国情出发，建设新时期的责任政府和信访工作机制，必须发挥党委和政府的主导作用。中国的发展离不开党的政治领导和政府主导作用的发挥。党委和政府工作应该转变传统群众工作观念，优化信访工作的社会环境及运行机制，根据我国国情和现实情况制定有效的宏观决策，并根据实际情况适时调整，形成党委政府为主导、有关部门各司其职、社会各种力量积极参与的信访工作机制，从而为和谐社会的构建提供坚实的群众基础和稳定的社会环境。共同参与原则的一个重要区别是主体的多元化，就是要使企业、公民、民间机构和有关群体广泛参与，与各级政府机构进行合作，实现对社会的共管共治。共治是当代社会发展的必然要求，也是促进社会良性运行、实现善治的前提条件。我国三十多年的改革针对政府部门自身的推进甚微。尽管在转变政府职能、权力下放、基层自治等方面的改革在一定程度上朝共治的方向迈进，但迈进力度和速度都远远

---

① ［德］埃迪亚斯·卡内提：《群众与权力》，中央编译出版社 2003 年版，第 13、21 页。

不够，形成共识，更没有把它作为一个明确的目标。有些时候，政府部门在一些领域的放权、让权甚至给人以"甩包袱"的印象。改善公共治理，必须明确地以共治为基本原则，通过持续不断的努力，逐步构建一个政府部门与各个非政府主体共管共治的体制。在基层，则要着力发挥干部、党员、群众参与社会管理的作用。特别是要以"社会和谐人人有责、和谐社会人人共享"为目标，激发镇、村两级干部、党员、群众参与社会管理的内在动力。采取组团式服务，把更多人力、物力、财力、投向基层，真正做到人往基层走、劲往基层使、钱往基层花。根据存在的薄弱环节，梳理出亟须解决的问题，研究提出并实施一批社会管理创新项目，实现社会管理成本的最低化、管理效益的最大化。

（四）科学信访原则

信访工作要发挥统筹协调利益关系、妥善化解社会矛盾的重要作用，必须破除因循守旧、墨守成规、循规蹈矩的思想桎梏，增强改革创新意识，树立科学信访工作理念：科学信访理念强调信访工作要遵循规律，加强信访理论研究；综合信访理念，强调构筑大信访格局；人本信访理念，着重为民解忧；法治信访理念，强调成立本土法治特色的解纷机构；诚信信访理念，强调以诚相待打造诚信政府；有限信访理念，强调界定信访范围，做好信访本职工作；透明信访理念，强调公开公正信访操作程序规范；责任信访理念，强调以科学的考核指标和机制激励信访工作；效益信访理念，强调信访成本意识，建设节约型信访。在具体工作层面，已有许多地方提出要把科学发展观贯彻到信访工作中去，坚持以科学发展观指导信访工作实践，促进信访工作科学发展，提出很多科学信访、和谐信访的对策。如江苏连云港海州区胸阳街道党工委、办事处，提出科学信访的"十种方法"，这"十种方法"是政策宣传法、组织结构法、真情帮扶法、协同作战法、畅通渠道法、亲情化解法、以访息访法、民主听证法、起诉仲裁法、集中学习法。[①] 河南高等法院在《人民法院报》提出，要推进信访问题的科学解决，必须始终坚持用

---

① 《江苏连云港海州区胸阳街道：科学信访的"十种方法"》，2009年6月2日11:03，来源：中国共产党新闻网。

法治的思维和法治的方法，把法治作为破解信访问题的最佳模式，坚守法律底线，坚守社会公平正义，确保每一个信访具体问题的妥善解决。① 浙江省委提出，要牢固树立全局观念，始终站稳群众立场，更加注重标本兼治，有效整合各种力量资源，努力提高信访工作科学化水平②。

综上所述，信访工作有其特有的规律性，这种规律性是在党的群众理念根本要求指导下，运用各种有效的方式方法宣传、组织、引导群众有序政治参与、民主监督。从广义上说，公民有序政治参与包括两部分行为：依法的政治参与行为和有秩序的参与行为。从事物发展的趋势与立法过程来看，任何的法律制度都是在现实需求之后订立的。因此，所有的政治参与行为，在没有确立法律之前，都是没有直接法律依据的行为，但没有法律依据的政治参与行为并不等于无价值的参与。所以，公民有序政治参与行为，有法律容许的参与形式，也有法律尚未规范的行为。但有秩序的、理性的、自主的、适度的是公民有序政治参与的四个基本特征。③

从信访工作角度看，信访工作规律必须遵循党的群众工作规律，把维护信访群众的利益作为工作的全部要求和任务，综合运用以民主和法治为核心的各种群众工作方法、途径，实现信访工作功能上的管理社会与服务群众的统一；信访工作任务上的组织和调动人民群众积极性、创造性，整合和凝聚社会力量与改革和完善社会主义制度，推进社会文明发展的统一；信访工作过程上的提高群众觉悟与提高行政能力和水平的统一；等等。适应我国经济社会发展和改革开放中各种矛盾和问题突发的新情况、新问题，必须不断进行信访工作理论和方法的研究创新，不断加强信访工作的信息化、公开化、民主化、程序化建设，探索更有效的方法和途径增强信访工作的适应性和实效性。

信访制度在信访工作的有效推动下，必然随着政治经济社会的发展不断完善，随着人民群众政治参与积极性的提高，信访的未来发展也必定是向着民主化、法治化、标准化、和谐化和目标化发展。和谐的信访，有积极意义的信访，建设性的信访，成为社会和谐发展的表征和要求，从而实现以信访和谐促进社会和谐的理想目标。

---

① 郭保振：《法治是科学解决信访问题的最佳模式》，《人民法院报》，2012年12月16日22：54：40。
② 金波：《努力提高信访工作科学化水平》，《浙江日报（杭州）》，2012年7月17日06：18：00。
③ 魏星河：《我国公民有序政治参与的含义、特点及价值》，《政治学研究》2007年第2期。

第 二 章

信访和谐主体的多维扫描

从人的现实活动中去考察人与对象世界的关系，就出现了"主体"与"客体"两个哲学范畴。什么是主体？《现代汉语词典》的解释是：①事物的主要部分；②有意识的人。《辞海》的解释是：①事物的主要部分；②为属性所依附的实体。两组解释中，我们以为分别两组的后者②是妥当的。人类面临越来越多的主体间或主体际的问题，需要我们更多地运用"主体—主体"或"主体—中介—主体"的模式。现代西方哲学中的"主体间性"、"互主体性"概念及其理论，主要内容是研究一个主体怎样与另一个主体相互作用的问题，这无疑是对主体性问题的深层次研究。科学理解人们的"主体间性"问题，也是我们研究信访主体良性互动、建设信访和谐格局的理论指导。

一、信访和谐与主体和谐

和谐是全面的、广泛的、深入的系统工程，构建和谐社会要涉及社会各方面、各结构、各层次的和谐。以建设信访和谐格局为根本出发点和最终归宿的科学、合理、有效的信访运行机制，寻求信访主体与客体和谐、信访主体之间和谐，能为社会和谐创造动力。在现阶段，信访和谐程度决定着社会的和谐程度，影响社会稳定发展，体现社会发展方向，是社会和谐建设重点。

信访主体和谐是信访和谐的关键。信访主体都成为"和谐人"是其本质要求。从和谐理论来看，所谓"和谐人"主要包含理性人、经济人、政治人、文化人、能力人和伦理人在内的"完整的人"。和谐人注重人与自然、人与社会、人与组织、人与他人、人与自我意识的和谐共进、共赢、共生。具体而言，和谐人强调"天人和谐"、"群己和谐"、"关系和谐"、"人际和谐"、"身心和谐"。从信访和谐看，信访的"和谐人"是一个组合，是信访各方面主体的和谐，也包括主体间的和谐、主体内在的和谐。主体和主体间和谐，主要体现为人的个体和群体的和谐，是主体间良性互动的根本保证。

信访主体是信访活动的主要承载者，决定了信访机制运行的整体状况。信访活动的主体和客体是相对而存在的。在现实的信访过程中，信访的主体和客体地位也是交错存在的，体现互为主客的特征，但从信访工作的性质和方向来看，我们应当从整体上确立以信访群众为主体的信访运行新机制，确立信访群众社会主体地位、信访权利与利益诉求的主体地位。

图1　信访主体正从个体走向群体

在我国，信访具有特别的政治意义。信访人向信访机关反映问题，而不直接与信访事项责任人发生碰撞，这是一种替代型冲突。如果信访机关态度热情，信访人往往会"气消了一半"，这样信访人情绪稳定，对于问题的最终解决是有益的；如果信访人的要求不合理或理由不充分，信访机关耐心解释，动之以情、晓之以理，信访人往往会心服口服地放弃原来的主张；如果信访人的要求既合法又合情合理，信访机关帮助他解决了问题，则矛盾会彻底消除。长期以来，由于受传统体制的影响，我们总习惯于以全输全赢的思维模式来认识社会冲突，以粗糙甚至粗暴的方式来处理信访事项和信访问题，对弱势群体的感受和心理诉求缺乏关照。我国当前社会快速转型时期的信访问题，大多是人民内部矛盾在不同时期的一种彰显，化解的方法绝不能用泛政治化的模式定性，而应站在双赢的角度通过谈判、协商、互谅互让的妥协达到共赢的状态。刘少奇曾明确指出："人民内部的事情应该缓和，应该妥协解决。"① 特别是在社会分工日益向精细化、复杂化和多元化转型的时期，如果冲突各方采取正和博弈②取向，都能各自作出让步，最大限度包容不同观点，相互尊重，那么，即使在不一致中也能寻求到相互的关联，再通过精细的考量和细密的安排，就能化矛盾为合作，化冲突为和谐。

二、信访主体确认的意义

从传统群众工作模式的功能结构来看，基层群众是我国社会的基础性主体，在该机制运作过程中，既是被领导和教育的对象客体，又是国家和社会生活的主宰和主体要素。党的领导人和党员干部是社会生活中的主导性主体，是该机制的核心要素，具有先进性、权威性、导向性和服务性等特质，通过对广大人民群众的政治领导、思想领导和组织领导发挥其职能，而以信访群众为主体的信访主体是新时期信访工作存在的基础。

信访主体组合，按照主体关系特征来看，可分为信访权利——诉求主体和信访义务——回应主体；信访权利——诉求主体对应的是信访群众，信访义务——回应主体对应的是信访责任和工作部门，即提出信访事项的主体和与信访事项责任以及处理有关的主体。提出信访事项的主体主要指信访人，处理信访事项的主体主要是各信访部门及相关的职能部门，具体可以是信访工作者和相关部门。由此看来，信访主体之间的关系实质上是党和政府与人

①　《刘少奇选集》下卷，人民出版社 1985 年版，第 308 页。
②　正和博弈亦称为合作博弈，是指博弈双方的利益都有所增加，或者至少是一方的利益增加，而另一方的利益不受损害，因而整个社会的利益有所增加。http://baike. baidu. com/view/3090175. htm 2012-08-24。

民群众的关系，信访主体的关系定位实际上就是党和政府与人民群众关系的定位。

　　信访主体确认具有重要意义。信访工作是构建社会主义和谐社会的基础性工作。新时期群众工作主体及其要求发生很大变化，需要重新塑造与新时期群众工作相适应的新型信访主体，这主要是针对信访工作系统而言的，即对信访工作系统按照新时期群众工作要求进行创新。只有明确信访主体的人民本位性，才能对人民群众承担责任，才能构成信访工作发展的微观基础和体制保障。重塑信访主体成为不得不思考的理论和现实问题。过去相当一个时期以来，人们往往忽略关于信访主体的思考。从和谐社会建设视角来看，必须把"信访群众主体"理念贯彻到信访过程中去，"以人的精神归依和理想人格为终极关怀"，是新形势下信访主体确认的必然要求。

（一）信访主体确认基于群众信访权的合法性质

　　信访权是一种通俗的说法，它在《宪法》中的权利表现是批评权、建议权、控告权、申诉权。来信来访只是行使上述《宪法》权利的形式。根据现行《宪法》，信访权可以分为两大类，一类是批评建议的权利，另一类是控告、申诉、检举的权利。批评建议的权利是公民参与社会与国家管理的权力，它当然可以直接向相关单位与部门提出；控告、申诉、检举的权利又可以分为两方面，一是对于国家机关、社会管理机关、社会自治机关（例如农村的村民委员会）及其工作人员实行监督的权利，二是为保护自身的权利向国家机关陈情与寻求救济的权利。陈情的权利可以向有权的机关提起，救济的权利可以向司法机关提起，当然，必要时候也可以向人民代表大会提出。由此可知，我国的信访权具有双重的意义。首先，它是重要的公权利，是公民民主管理国家的权利。这一民主性的权利在中国具有特殊的重要性，因为我国的选举制度与各种民主决策的制度不完备，公民向国家机关反映情况与诉苦的权利就是中国公民的民主权利，起码在现阶段是如此；信访权具有保障私权的性质，公民通过信访权的行使，主张私权利的存在并寻求司法救济。信访权的义务主体是国家机关，国家机关当然有义务接受公民的来信、来访，并将此类要求转达于相应部门裁决。信访权的宪法性质决定了国家机关接待信访的合法性与义务性。因此，信访主体确认，就是要明确信访群众与国家机关的主体关系，是权利——诉求和义务——回应关系，信访权利——诉求主体是信访群众，信访义务——回应主体是国家机关及其工作部门。

（二）信访主体确认是对信访工作模式的重构

党和政府与人民群众的关系问题在理论上早已解决。马克思主义阐明了人民的主体地位，我国宪法和党章明确规定了人民群众的主人翁地位，共产党在本质上就是为人民群众当家做主而奋斗的先锋队组织。所以，从总体上、本质上、宏观上看，人民群众历史主体地位毋庸置疑，问题是在具体的微观操作层面，情况就变得异常复杂，往往出现主体缺位或主体地位模糊甚至倒置现象。人民，作为抽象的政治概念，其群体主体的地位在社会运行中要通过个体主体来体现。相对而言，单一的个体主体在遇到困难和问题时，要面对的势力往往是强大的，正如，信访往往是针对问题而来，从中国古代历史看，信访就与诉怨、告状、打官司等相联系，信访群众主体要面对的往往是强势力、恶势力甚至是国家机器。在民主体制下，国家机器是人民意志的体现，但由于体制和机制的问题，国家机器、人民政府体现人民意志时，由于种种原因，也会产生某种梗阻甚至异化，甚至适得其反，人民群众和主体地位会被淡化、消解甚至颠覆。

必须重新确认人民主体地位。肯定信访群众主体地位，必须承认信访群众信访行为的合情、合理、合法性：首先，不管信访群众为什么信访，信访群众有法定的信访权利；其次，信访群众肯定是有意见和建议需要表达和提出，或者遇到了困难和问题需要救助才去信访；再次，群众有事情就去找党和政府，是一种极大的信任；党和政府应该十分珍惜这种信任，也有责任和义务、千方百计地去解决信访群众的问题；最后，信访群众往往是人民群众中的困难群体和弱势群体，其基本权利保障应该得到特别重视。因此，确认信访群众信访主体地位，也就是明确了党和政府及其管理部门的责任、义务和回应主体地位。但从社会运行和信访工作角度看，党和政府及其管理部门又具有工作主体地位，其相对应的客体就是信访群众及其困难和问题。因此，信访过程决定了信访主体的复杂性，具有重叠的主客体关系，在实际运行中，党和政府及其管理部门和信访群众又是互为主客体。主体与客体、主体与主体、客体与客体之间相互协调、相互统一，良性互动、和谐发展，是真正贯彻"信访群众主体"理念的要求。

尽管信访主体的复杂性会对信访工作产生多方面的影响，但信访问题处理得怎样，直接关系到党群关系、干群关系，关系到人民群众对共产党和人民政府的信任和拥护，因此，信访工作也是党的群众工作的重要部分，是构建和谐社会的基础性工作。信访主体和谐互动，是和谐社会的客观要求。我们已经创造了很多行之有效的主体互动机制，如群众积极参与民主政治，建言献策，有序信访；政府问计于民、问政于民、问策于民，领导干部主动下访、主动接访；具体部门严格信访评估和信访听证；等等，如此慎重对待各项工作和群众意见，都从为了群众、依靠群众出发想事情、做工作，信访主体和谐达成应该没有问题。实践证明，信访工作在消除不和谐因素，增加和谐因素方面已经发挥了积极作用。我们目前在各项工作中都在贯彻科学发展观，以人为本，执政为民，和谐发展，科学发展，持续发展，都是我们的指导方针和基本理念，相信我们所追求的信访和谐局面与和谐社会一定会实现。

三、信访主体的法律地位和责任

我国《信访条例》第 6 章用了 9 个条文对信访法律责任进行了规范。其中把信访法律责任分为信访刑事责任和信访行政责任。如何担当信访法律责任，关系到信访法律制度的实施、功能的发挥以及价值的实现等诸多方面。因此，完善我国的信访主体法律责任显得尤其重要。

《信访条例》明确规定，解决信访问题的主体是有权处理的有关单位。但现实中，无论是从思想上，还是工作习惯上，许多人仍把信访部门当做解决问题的主体。发生信访问题被通报的、受责备的是信访部门，责任单位却成了旁观者。这样的结果出现了惹祸的没事，帮忙的有事，惹祸者指责帮忙者的怪现象。由此可见，信访主体的法律责任界定显得尤为重要。现实中，信访问题出现上急下不急，信访部门急而相关部门不急，上访群众急而责任单位不急的现象，分析其主要原因也是因为责任主体不明确。

通常意义上理解信访主体的法律责任，是通过纠正信访主体的违法行为

图2　《信访条例》规定了信访主体的责任

造成的不利结果，使其正确地履行法律责任，以保障法律目的的实现。与道德、行政、政治等责任不同，法律责任的特点是由国家强制力保证实施，且只能由法律授权的国家机关依照法律程序予以追究。"程序是法律的生命。"① "合理而公正的程序是区分健全的民主制度与偏执的群众专政的分水岭。因为民主的真正价值显然不是取决于多数人的偏好，而是取决于多数人的理性。在众口难调的状况下，程序可以实现和保障理性。"② 一般而言，所谓法律程序就是按照既定的规则所要求的顺序、方式和手续来做出具有法律意义的决定的相互关系的各个环节和方面的总和。③《信访条例》明确法律责任的目的，在于保持各级人民政府同广大人民群众的密切联系，保护信访人的合法权利，维护正常的信访秩序，力求做到执法有保障，有权必有责，用权受监督，违法受追究。

　　《信访条例》规定了信访事项的引发责任、受理责任、办理责任、督办责任、重大紧急信访事项信息报告的责任、透露信访人检举揭发信息的责

① 《马克思恩格斯全集》第1卷，人民出版社1965年版，第179页。
② 季卫东：《法治程序的建构》，中国政法大学出版社1999年版，第51页。
③ 姚建宗：《法治的生态环境》，山东人民出版社2003年版，第289页。

任、打击报复迫害信访人的责任以及扰乱信访秩序的责任等，并规定了相应的责任形式，将法律责任贯穿于信访事项从发生到办结的全过程，从而形成了比较完整的责任体系，完善了责任结构，做到了密无疏漏、责罚相当，真是非常及时和必要的。

信访责任主体包括人民政府信访工作机构、人民政府职能部门及其信访工作人员和信访人。人民信访工作机构是本级人民政府负责处理信访问题的行政机关，负有沟通党委、政府与人民群众的联系，反映社情民意，及时化解矛盾，促进信访问题的解决的职能；负有对信访事项依法进行登记、转送、交办、督办的责任。人民政府职能部门及其信访工作人员承担着处理信访事项的责任，其处理信访事项的质量和效率直接关系到人民群众的正当利益能否得到有效保护，关系到党和政府在群众中的形象。信访主体法律责任涉及各个主体的权利与义务、权力与责任。这其中的相互关系构成了信访主体的法律责任要件。信访主体的法律责任涉及很多方面，为了便于我们进行分类研究和分类实施，特将信访主体法律责任分类如下。

（一）信访事项的引发责任

《信访条例》为了督促人民政府及其工作部门依法行政，强化信访监督和纠正违法或不当行政行为功能，防止常规救济机制失灵而导致侵害信访人合法权益问题的发生，减少重复信访，设定了特定信访事项的引发责任。信访事项的引发责任是特定行政工作人员因某些违法行为严重侵害相对人或信访人的合法权益，且未能通过行政复议、行政诉讼、行政赔偿等常规救济渠道予以纠正而导致信访事项发生，或者拒不执行支持信访请求行政意见导致信访事项再次发生而应承担的法律责任。构成信访事项引发责任的违法情形主要有：超越或者滥用职权，侵害信访人合法权益；行政机关应当作为而不作为，侵害信访人合法权益；适用法律法规错误或者违反法定程序，侵害信访人合法权益；拒不执行有权处理信访事项的行政机关作出的支持信访事项请求的意见。

（二）信访事项的受理责任

根据《信访条例》第六条第二款第一项，县级以上人民政府信访工作

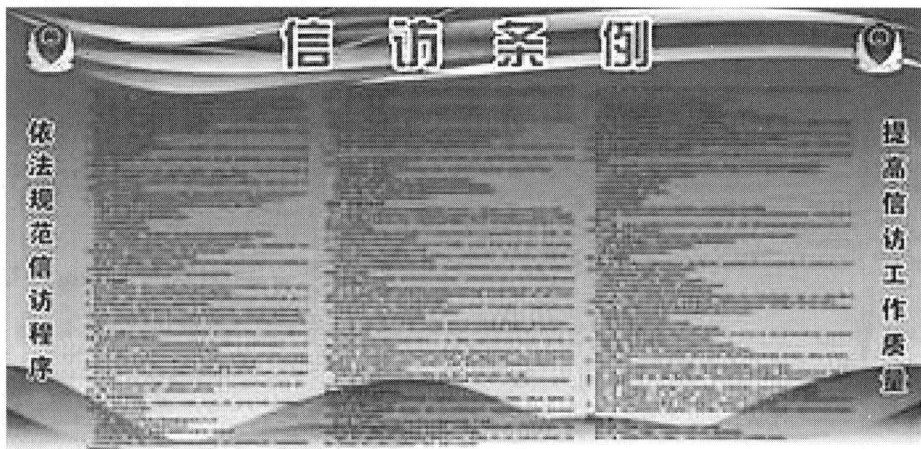

图3　《信访条例》宣传展板

机构是本级人民政府负责信访工作的行政机构，负有受理、交办、转送信访人提出的信访事项的职责。同时，第二十一条规定了信访工作机构在接收信访事项过程中的职责。如果信访工作机构违背上述规定，怠于履行职责，应当按照第四十一条的规定承担相应的行政责任，其工作人员应当受到相应的行政处分。信访事项的受理责任按照信访责任主体的不同，可分为信访工作机构的受理责任和有关行政机关的受理责任。信访工作机构的受理责任涉及未按规定进行登记、未按规定进行转送、未按规定进行交办等方面。有关行政机关的受理责任涉及不按规定进行登记、违法不予受理、不适当履行告知义务和行政机关工作人员在受理信访事项过程中的作风粗暴导致的严重后果。

（三）信访事项的办理责任

信访事项的办理责任是指有权处理信访事项的行政机关及其相关工作人员违反《信访条例》第五章关于办理信访事项的规定，并实施了第四十三条、第四十四条第二款规定的违法行政行为应承担的行政责任。构成信访事项办理责任的要件主要有：推诿、敷衍、拖延信访事项办理或者未按法定程序、未在法定期限内办结信访事项；对事实清楚、法律依据充分的投诉请求未予支持；拒不执行有权处理信访事项的行政机关作出的支持信访请求的意见；行政机关工作人员在信访事项办理过程中，作风简单粗暴，激化矛盾并造成严重后果。

（四）信访人的责任

信访人的责任，是指信访人违反法律、法规的规定，扰乱信访工作秩序或者是诬告陷害他人而应承担的法律责任。扰乱信访秩序的责任，是指信访人采用走访形式提出信访事项，不到有关机关设立或者指定的接待场所提出；多人走访不推选代表或推选代表人数不合规定；在国家机关办公场所周围、公共场所非法聚集，围堵、冲击国家机关，拦截公务车辆，或者堵塞、阻断交通；携带危险物品、管制器具；侮辱、殴打、威胁国家机关工作人员，或者非法限制他人人身自由；在信访接待场所滞留、滋事，或者将生活不能自理的人弃留在信访接待场所；煽动、串联、胁迫、以财物诱使、幕后操纵他人信访或者以信访为名借机敛财；扰乱公共秩序、妨害国家和公共安全的其他行为。诬告陷害他人的责任，是指信访人捏造歪曲事实，诬告陷害他人，并造成一定后果的违法行为，由公安机关依据有关法律和行政法规，分别追究其行政责任或法律责任。

（五）信访工作机构的督办责任

信访工作机构的督办责任是指县级以上各级人民政府信访工作机构不履行《信访条例》规定的对本级和下级人民政府有关行政机关督促检查信访事项的处理职责而应承担的行政责任。亦即县级以上各级人民政府信访工作机构不履行《信访条例》第六条第二款第四项和第三十六条规定职责，应当按照第四十一条的规定由其上级行政机关追究其及相关工作人员的行政责任。构成要件为：县级以上各级人民政府信访工作机构及其相关工作人员是督办责任的主体；县级以上各级人民政府信访工作机构具有违背条例规定不履行或不适当履行督办职责的情形。

（六）重大紧急信访事项、信息的报告责任

重大、紧急信访事项和信访信息的报告责任是指行政机关工作人员违反

《信访条例》规定对重大、紧急信访事项和信访信息隐瞒、谎报、缓报应承担的行政责任或刑事责任，亦即行政机关及其工作人员违反《信访条例》第二十六条规定，应根据第四十五条追究其相应法律责任。责任构成分为：行为主体是行政机关及其工作人员；违反报告程序；报告内容必须是重大、紧急信访事项和信访信息；隐瞒、谎报、缓报或者授意他人隐瞒、谎报、缓报；后果严重。追究行政机关相关人员的法律责任，上述条件必须同时具备，缺一不可。

四、信访主体特性与要素

一般来说，主体性是与主体有关的某种性质，它的一般特征是自觉能动性，包括自主性、自为性、选择性和创造性。因为信访主体是多元化的主体，其特殊特征需要作特别说明。

（一）信访群众主体特性与要素

和谐社会的发展需要培育和谐的信访主体。信访群众主体是需要性的存在，是匮乏性的存在。这一性质决定了信访群众主体必须不断与外界进行物质、能量和信息的交换才能生存下去。需要的多维性在其自身层面上就已确立了需要的承担者与需要对象的关系结构。需要的承担者即是需要主体，需要所指向的对象即是需要客体，主体与客体的矛盾关系结构在需要这一层面上开始建立起来了。从需要的种类来说，现阶段信访群众的需要主要与生活、生产以及物质利益直接相关，以物质层面的需要为主，精神层面的需要次之。从需要所指向的具体对象来看，信访群众的需要所指向的具体对象往往是政府和领导干部。从需要的实现方式来看，信访群众的需要往往通过党和政府领导干部关注、批示才能解决。这是信访群众与其他群众需要之间的一个根本区别。这种区别的存在，表明了信访工作与党和政府既有体制上的联系又有机制上的区别。在主体性上，信访群众与人民群众在历史地位上的联系意味着信访群众的主体性并不是凭空产生的，而是在政治文明的基础和机制之上形成的。社会主义的本质要求"以人的精神归依和理想人格为终极关怀"，这就要求社会主义条件下的主体确认。在信访工作系统中，信访群众是完整意义上的主体，只有存在于满足广大人民群众这一系统中的需要才标示着主体性的真正开始。

群众信访的原因或目标是复杂的也是多方面的，主要可以分为求决和申诉两大类。他们的权益维护、民主监督、有序政治参与、权利救济、善治诉求、利益表达等主体利益，有内在的逻辑关系和需要性特征，只有在信访工作中才能得到满足，由此也形成与信访工作机制相应的信访群众主体要素。

1. 群众信访的权益维护

信访制度作为一种特殊的权利救济体制是有其法定依据的。《宪法》第四十一条作了明确规定，信访制度本身就是为了密切人民群众和党的关系，维护广大人民的合法权益而设立的。《信访条例》的核心原则就是"保护信访人的合法权益"，包括信访人有获知相关信息的权利，可以要求行政机关公开相关的信息；信访人有权查询信访事项的办理情况，信访部门要为信访人查询提供方便；有关行政机关在收到信访事项后，要书面告知信访人是否受理以及信访人对行政机关作出的处理意见如果不服，可以请求原办理行政机关的上一级行政机关进行复查，如果对复查结果还不服，可以向复查机关的再上一级行政机关请求复核。同时"不得压制、打击报复、迫害信访人"被提升到总则中。这有利于保护人民合法权益。

2. 群众信访的民主监督

监督制度是以监督行政机关以及其他国家机关依法行使职权为目标，纠正违法行为，制裁违法者，给予相应处罚的一种体制。信访工作是党和政府发扬民主和接受群众监督的重要渠道。一项制度执行得好除了实体和执行程序的完善之外，还依靠有效的监督机制。信访举报是人民群众表达意愿、提出要求、参政议政的重要渠道。信访举报所反映的大量人民内部矛盾问题其产生的原因是多方面的，但这些问题产生的主要原因是由少数党员干部的思想作风和行为引起的。所以要建立健全以党员领导干部为重点的信访监督机制，实施强有力的监督。群众信访的民主与监督既有利于信访制度的完善，也对有效遏制官员腐败起到积极作用。因此，与新时期群众工作相适应的信访工作需要建立一种民主与监督的有效机制，从依法行政、廉政建设、党群关系等多方面考量，充分发挥信访工作在维护社会稳定中的重要作用。

3. 群众信访的政治参与

信访问题不仅仅只是一个认识问题，更是一个政治问题。在利益主体多元化的今天，人民尤其是弱势群体的利益表达和政治参与已经成为一个不可避免的问题。亨廷顿指出：政治现代化过程中，在社会转型时期人民民主意识的增强会促使人们向政府提出各种要求，并导致政治参与的扩大以满足这些要求。但是转型过程中国家的政治制度化程度较低，制度匮乏，公民对政府提出的要求很难得以表达或不可能通过合法渠道予以表达，也很难在政治体制的框架内得以协调和整合。就有可能引发"参与危机"或"参与爆炸"①。随着利益主体多元化的分化与重构，群众利益表达问题特别是弱势群体的利益表达问题已是一个无法回避的问题。弱势群体在社会发展中没有话语权，他们在追逐和保护自己的利益方面处于无力状态。弱势群体在政治构架中缺少利益代表，尤其缺少表达自己利益的制度化方式。信访工作为群众利益表达提供这样的机制：民意调查制度、听证会制度、协商谈判制度、民主评议行风制度等，在广泛征集群众意见，主动接受社会公民的利益诉求方面发挥有效作用。政府层面实行政务公开，建立起政府与民众的良性互动关系，使人民群众的知情权、发言权、监督权得到有力保障。只有把信访作为人民政治参与、利益表达的渠道之一，使公民与政府处于一种和谐的关系状态下，才能维护社会稳定，加快社会主义和谐社会的构建。

4. 群众信访的权利救济

权利救济制度以维护公民、法人和其他组织的合法权益为目标。因此，应当设置某种投诉的个案处理制度以及受理结果的告知制度及反馈制度等一系列配套体制。但是我国目前诉讼、仲裁、行政复议等多种手段在现实运用中存在权利救济途径不畅、成本过高等问题。许多行政相对人并不是不敢或不愿去寻求救济，而是更习惯或更乐于通过信访手段来实现救济，信访对于行政相对人的权利救济实践来说具有某种特别的意义。更由于诉讼救济的程序相当复杂，对原告要求相当的专业知识；而信访救济是较为简便的救济方式，进入门槛甚低②，所以从一定意义上说，客观上需要信访权利救济机制

---

① ［美］塞缪尔·P. 亨廷顿：《变化社会中的政治秩序》，三联书店 1989 年版，第 51 页。

② 应星：《作为特殊行政救济的信访救济》，《法学研究》2004 年第 3 期。

来化解民怨，缓和社会矛盾。

图4　领导干部下访活动

5. 群众信访的善治诉求

善治，既是目标，也是一个不断变革、不断提升的过程。信访工作化解矛盾、解决问题、凝聚人心、巩固执政基础，本身就是善治理念的初级表现形态，信访制度的改革能否达到善治的标准也是对中国共产党执政能力的具体考验。善治也包括引导对政府工作有意见的信访人员严格遵守《信访条例》的规定，理性、有序地行使信访权利。《信访条例》对不予受理的事项、可以组织听证的信访事项、必须禁止的行为都作出了明确的规定。把善治理念具体体现在信访工作上应为：一是要进一步畅通政治沟通的渠道，保障人民群众依法提出建议、意见和申诉的权利、把执政党和"一府两院"及其基层组织完全置身于人民的监督之下。二是要创新工作机制，提高处理信访事项的效率和水平，形成标本兼治，各负其责、齐抓共管的信访工作格局。三是要强化各级政府、有关部门对人民负责的意识，依法、及时、公开、合理地解决群众的合法权益受到侵害的问题。四是要加强私权利与公权力协调合作的宣传，引导群众以理性、合法、有序的方式反映意见和建议，自觉维护正常的社会秩序，确保社会的和谐稳定。

（二）信访工作主体特性与要素

党和政府、信访机构作为公共服务承担者，其工作主体地位的确立，实现了公共部门责任意识的转型。从"信访群众主体"理念出发，从事公共服务的公共部门，党和政府信访机构的基本职能和要求是为信访群众服务，因此，新的责任机制应体现"责任立方体"的复合性公共责任。传统的管理主义责任机制是由一系列单向的"命令—服从"的关系链条所组成。这种责任概念采取的是"命令与控制"的定义方式，所包含的是外部监督、辩护、服从、惩罚与控制等方面的意义，责任是通过法规、命令和正式的程序、监督与强制、避免违法、避免不当行为以及采取完善的管理等方式实现的。在当代，这种以单向的"命令—控制"关系为核心而建立起来的责任理念已经为"责任—服务"、"义务—回应"关系为核心而建立起来的责任理念所取代。应当看到，转型社会的复杂性使得目前我国政府所遵循的公共责任机制具有时空交叠的特点，即传统的管理主义责任机制与现代的新公共管理责任机制在同一时空下共同起作用：命令—控制机制还有待健全，又必须同时建设民主行政，加强政府的回应性。这是转型时期我国政府公共责任所特有的难题。而党和政府部门所面对的信访群众主体不再是相对单一的同质性的群体，而是呈现多元分化的特点，这也就意味着党和政府工作部门必须同时满足各种不同的甚至是互相冲突的期望，这是政府履行公共责任的基本环境。当代公共管理任务日益复杂化、专业化、技术化等趋势，无疑对政府部门及其工作人员的专业知识与技能提出了尖锐的挑战。在以法治、民主为核心的社会主义政治文明建设过程中，加强以法治为原则的责任机制建设，强化人大、政协、司法以及社会舆论对政府行为及其过程的监督与控制，同时依法强化政府部门的自我约束和内部控制，是政府公共责任的法治维度。在发生严重事件的时候，政府部门要准确分析、迅速查明事件的原因与真相，明确责任类型，即明确究竟是管理责任、技术责任、法律责任还是政治责任等，以便将问责制落到实处，这也是公共服务的工作责任。在信访事项提出后，政府部门要有"人民群众无小事"的态度去认真对待，只有及时有效处理了"小事"，才不会有严重事件发生。因此，必须建设符合民主法治精神的透明化机制，如信访听证与评估机制的设置，使行政部门的责任成为真正的"公共责任"，这也是行政部门对所有利害关系人负责、向全社会负责的义务。

社会制度结构的形式包括正式制度、非正式制度和实施机制。实施机制是保障正式制度、非正式制度发挥功效的必要制度要素和制度设计。从内容看，包括文化、法律和组织机构三个层面的内容。在新制度经济学中，制度与组织、规则与机构是没有差别区分的概念。所以，思考我国信访制度问题，就不能离开组织机构来谈制度和规则，制度的改革是信访组织机构的变革，信访工作主体要素就应当包括信访机构、流程、责任、渠道、精神、文化等许多方面。

1. 信访机构的整合

信访组织机构的整合是理顺公民信访参与渠道，提高行政效率和提升政府能力的重要举措。从物理层面对信访机构进行整合并明确关系、理顺职责，便成为一些地方应对信访问题、维护社会稳定、构建和谐社会的理性选择。其主要方案有建立大信访格局、实行信访联席会议制度统领、建立党政合一的群众工作部等。具体说，就是整合党政信访组织体系，建立信访工作联动机制；健全党委领导、政府负责、社会协同、公众参与的社会管理格局，健全基层社会管理体制；形成各部门上下联动、齐抓共管、各负其责的良好信访工作局面。同时，改变人大信访机构直接处理信访事项的行政化模式，探索以人大代表为信访处理主体的新机制；建立监督专员机制，强化利益表达和法律监督功能。然而单纯的机构整合效果并不理想，应该在职能与效果方面多探讨。

2. 信访流程的再造

改革信访流程就要规范信访程序，建立有效解决机制。目前各地均在探索。可以引进上访人举证和申辩机制，面向广大群众实行公开的听证和审议制度，在交办—催办—解决环节中建立有效的责任制，及时、切实解决问题。根据基层单位的实践，目前在这方面的成功实践主要有领导干部变群众上访为主动下访制度、疑难信访案件的听证制度、律师参与信访接待制度、社区信访代理制度等。这些制度的实行也具有时代性和特殊性，因此也难免有相应的负作用。怎样扬善除弊是今后适应群众工作要求的完善方向。

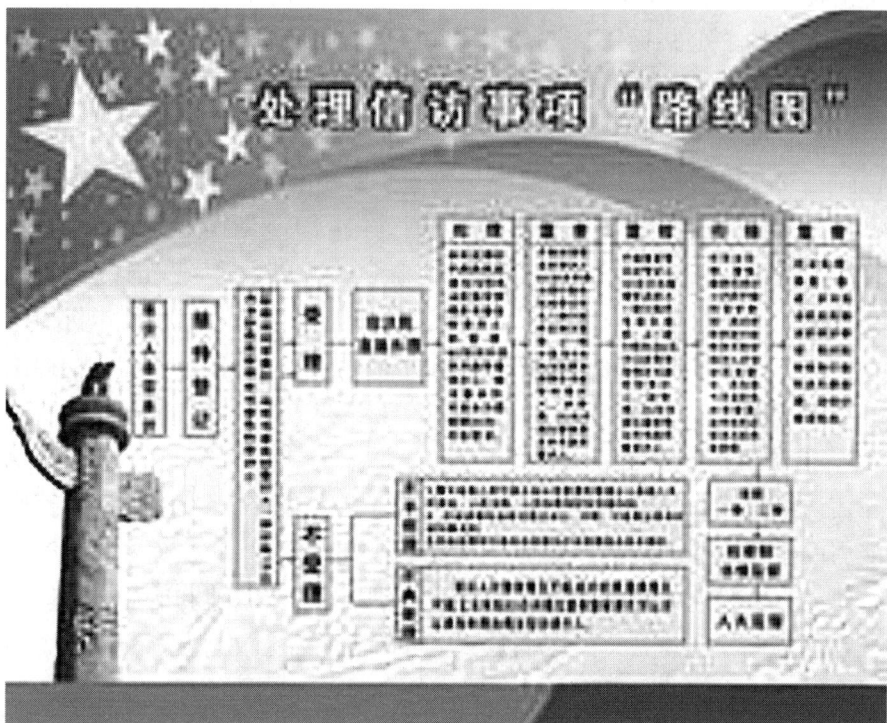

图 5　信访事项"路线图"

3. 信访责任的强化

在责任制度上，应当从强调公民责任向同时强调公民与政府责任转变。信访是公民的合法权利。公共管理机关对于信访群众负有政治责任、伦理责任、道德责任、行政责任和法律责任。从责任政府和群众主体的理念出发，领导干部要强化大局意识、责任意识、使命意识，做到政治上对党的事业负责，伦理上对民众的福利负责，行为上对法律法规负责。在信访实践中，各地政府也创造了不同形式的信访责任制，主要包括三大类：信访领导责任制、信访工作责任制、信访责任追究制。信访工作者应树立高度的责任心，树立全心全意为人民服务、对群众负责的思想，培养热情的工作精神、认真的工作态度，认真对待和处理每一个群众信访案件，认真受理，及时上报、下达、转交、督办，切实履行其工作职责。为严格执行处理信访突出问题及群体性事件工作责任制，切实落实领导责任，维护信访工作秩序，保护信访人合法权益，促进社会和谐稳定，我国的相关法律对于相关责任人的权利与义务以及有关处理都作出了明确的规定。党和国家机关、人民团体、企业、事业单位中对信访工作决策违反法律法规和政策，严重损害群众利益，引发信访突出问题或群体性事件的；主要领导不及时处理重要来信、来访或不及时研究解决信访突出问题，导致矛盾激化，造成严重后果的；对疑难复杂的信访问题，未按有关规定落实领导专办责任，久拖不决，造成严重后果的负有领导责任的人员和其他直接责任人，都作出了依法严肃处理的规定。

4. 信访渠道的畅通

信访渠道是信访人表达利益诉求、意见、要求和建议的相关途径和方式。哈贝马斯曾深刻指出现代资本主义的根本危机在于交往的危机——缺乏合理交往的渠道。这一理论其实也适用于走向法治的我国。改革开放过程中，许多利益矛盾和冲突因利益表达渠道的缺失而最终以信访潮的形式显露出来。尤其是弱势群体，以广大农民为代表，他们缺乏有效的利益表达途径，加之农村地区法律意识、法治秩序的缺乏等问题导致的参政议政、监督政府能力相对薄弱，使得民意、民情的表达渠道受阻。社会利益表达渠道的缺失，导致信访成为民众利益表达的主渠道。因此，畅通群众合理交往的渠道，使群众各种诉求、意见、要求和建议及时、准确地得以反映，是有效化解利益矛盾冲突、促进社会稳定和谐的重要条件。从信访工作建设角度来说，各级人民政府、县级以上人民政府工作部门应当畅通信访渠道，为信访人采用《信访条例》规定的形式反映情况，为其提出建议、意见或者投诉请求提供便利条件。建立畅通的信访渠道应从以下几方面入手：建立政务信息网络系统，推进政务公开；设立信访接待日制度；完善有效的纠纷解决工作机制；在基本制度上建立健全地方政府与民众之间的沟通机制，加强社会、群众对政府权力的监督和制约；县级以上人民政府设立的信访工作机构要有相应的场所和人员配备；县级以上人民政府工作部门及乡、镇人民政府应当按照有利工作、方便信访人的原则，确定负责信访工作的机构或者人员，具体负责信访工作；发挥人大与群众沟通桥梁的作用，建立民意沟通制度。信访沟通技术属于制度中的器物层面，新兴的信访沟通技术如市长热线、电子邮件信访、网络对话、微博和政府信访信息系统的应用，都对提高信访诉求处理的效果、效能和效率有极大帮助。

图 6　信访文化口号

五、信访主体行为规范

　　行为规范是用以调节人际交往，实现社会控制，维持社会秩序的工具，它来自于主体和客体相互作用的交往经验，是人们说话、做事所依据的标准，也就是社会成员都应遵守的行为。在社会活动中，个人与群体的关系、个人与个人之间的关系，实质上是一种利益关系。正确处理人与人及个人与群体的利益关系就需要行为规范来发挥协调作用。行为规范没有强制力或强制力相对很弱，它针对的往往是特定的人群或特定的个人。尽管如此，信访和谐要求对信访人和接访人这一对主体实现"双规范"。

（一）信访人应有的行为规范

正确处理人与人及个人与群体的利益关系就需要行为规范的发挥协调作用。信访活动中的利益关系是信访人与信访部门就信访事项所涉及责任方而构成的利益关系。在其中，信访人应有的规范是：

一要依法行使信访权利，遵守信访法律法规。在信访前，作为公民、法人或其他组织必须了解信访法律、法规、规章、信访事项的处理程序，特别是《信访条例》的有关规定，明确作为信访人具有哪些权利，应履行的义务，自己的信访事项应该找谁反映，走哪条信访渠道，采取什么形式反映等。要依法行使信访权利，遵守信访法律法规。

二要纠正信访失范行为，防止过激行为。近年来，少数群众信访失范行为比较突出，集体上访规模有所扩大，重复上访明显增多，跨地区跨部门串联越级上访增多，组织化倾向明显。此外，少数信访群众情绪激烈，不到指定场所反映问题，聚集围堵党政机关和交通要道等非正常上访现象时有发生。无理缠访甚至恶意缠访不断，个别人打着上访的旗号，从事危害妨碍公共秩序、社会秩序的活动等。这些现象干扰了正常的信访秩序，影响了其他人的信访活动，也不利于信访事项的及时有效处理。应当说，公民的建议权和申诉权受法律保护，但公民在行使自己权利的同时，也有遵守法律法规的义务，不得损害国家、社会、集体的利益和其他公民的合法权利。建立并维护正常的信访秩序，是畅通信访渠道，保障信访群众合法权益的必然要求。因此，信访人必须走正常信访渠道，依法规范信访行为，不能实施《信访条例》规定的禁止行为，自觉维护社会公共秩序和信访秩序，促进信访和谐与社会和谐稳定。

三要合理进行利益诉求。上访人大多有利益诉求，如为了获得房屋拆迁补偿、征地补偿、涉军人员为了要安置工作补偿、要同机关事业单位相同的待遇，部分民办教师要退休待遇，有些农民争要耕地，有的落选或卸任农村干部要工资、借款、集资款等。其中部分上访群众的利益要求不符合有关政策规定，有的要求过高，超过政策极限；有的按政策解决了，坚持无理要求，甚至制造事端，想用闹事来达到无理要求。这种利益诉求不合理，信访部门和其他职能部门是不可能给予解决的。

图7　信访法治宣传活动

[采访手记]

基层信访干部："信访中涉及各方的行为不能得到有效及时的矫正，久而久之，错误的行为就得到认可，比如云南的一名高干带领12名群众上访，社会调查赞成与反对的比例近10∶1。如果我们从为民服务讲，应该提倡；但是，这种行为违反了现行的规定，党员干部不能参加集体上访，上访要到指定接待场所，集体来访要选五名代表等等。有理违规的事情是经常的，一名党的高级干部都如此，而更多的人也认可，有规定大家都不遵守，我们的依法治国实践会多难，我们的工作有多难，也就可想而知了。"①

————————

① 干部"陪访"，涉嫌违反《信访条例》http：//www. 360doc. com/content/090627/22/37874_4054954. html。《信访条例》第十条规定："县级以上人民政府及其工作部门负责人或者其指定的人员，可以就信访人反映突出的问题到信访人居住地与信访人面谈沟通。"请注意是"信访人居住地"。第四十七条规定："违反本条例第十八条、第二十条规定的，有关国家机关工作人员应当对信访人进行劝阻、批评或者教育。"这里的"劝阻"正是"陪访"的一种形式，但是，前提是上访人违反法律法规。可见，《信访条例》并没有赋予基层干部"控访"、"截访"的权力，法律也没有赋予干部"陪访"、"领访"的权力。

四要克服思想观念上的误区。革除信"上"不信"下"。有问题不找基层政府和具体部门，认为只有往上走到上级机关，找上面的大部门、大领导才能解决问题。因而频繁进省城或进京上访，信访人增加了经济负担，又使各级行政机关就同一信访事项重复处理，加重了社会管理成本；革除信"多"不信"少"。其一是认为不论什么事，多找几个部门和领导反映总不会错，多多益善。其二是认为参与信访的人越多问题解决得就越快。认为上访的人数越多越能加大党政领导的压力，引起领导和有关部门的重视，加快问题的解决；革除信"闹"不信"理"。认为不管有理没理，只要闹就能得到一定的利益。在群众中形成了有了问题"小闹小解决，大闹大解决，不闹不解决"的错误认识，动辄集体上访，越级上访，缠访、闹访，使信访工作陷入恶性循环的怪圈；革除信"访"不信"法"。认为上访可以很快引起领导重视并获解决，而通过诉讼等法律途径解决问题麻烦，自身法律知识、诉讼知识懂得少，又要花钱，所以在信访人中涉法涉诉的有不少。即使是典型的涉法问题，人们也倾向到政府部门上访解决。

（二）接访人和有关部门应有的行为规范

作为接访人特别是政府信访机构及其工作人员，这一主体在促进信访和谐中应遵循的行为规范有：

一要责权相称。目前我们把信访的责任主要加在信访部门身上，而信访机构责重权轻，缺乏解决问题的有效资源和实际权力，而信访的指向往往是掌握党政司法权力的官员，却让没有权力的信访部门出面处理，把信访部门当成了主要的责任主体，出现权责错位。由于权力不大，对产生信访事项的机关督促的力度不够，工作效率、效能低。对因行政不作为或侵犯群众利益引发的越级信访的行政行为缺乏明确的责任追究机制。因此，有多大责任就要有多大权力，要适当加大信访部门的权力，使其责权相应相称。

二要坚持"以人为本"，"爱民、亲民、便民、勤民、利民"的同时，更要办事公平、提高办事效率。公正是搭建和谐社会的直接砖石，信访工作是主持正义，化解纠纷的前沿阵地，如果办事不公正，合法权益得不到救助和保护，非法权益得不到打击和处理，那么就会导致各级政府公信力的丧失。信访工作部门的工作必须始终体现到公平正义这一点，这样才能真正发挥信访工作部门化解社会矛盾，维护社会稳定的作用，才能以公平求和谐。同时信访工作部门要提高工作效率，效率本身就是公正的一个重要价值指标，迟到的正义不是正义。虽然效率不是信访工作的最终目标，但在公正的前提下，效率也显得特别重要。信访和谐也应该讲究成本问题。出现信访特别是上访，一方面使信访人经济负担增加。另一方面，各级行政机关就同一信访事项重复处理，各级工作人员接待所发生的费用，加大了社会管理成本。因此，从信访成本角度来看，各级党委政府要高度重视解决好群众初信初访，将信访问题解决在基层，矛盾化解在初始阶段，既能达到解决信访问题的难度小、成本小、影响小的效果，又利于社会稳定，赢得民心，节约成本，减少信访人、相关党政机关等各方面的损失。

图8　信访大厅宣传展板

　　三要不断提高自身素质，增强工作责任心。信访工作人员素质高低、责任心强弱直接关系着信访工作的效率、效能高低。信访工作是了解社情民意，为民排忧解难的有效途径。要做好新时期的信访工作，培养和建设一支政治素质好，政策水平高，廉洁奉公，务实高效，有强烈事业心和责任感的信访干部队伍非常重要。一是信访工作者必须自觉加强政治理论学习，不断提高思想素质和政治理论素养，真正从思想上重视信访工作，明确信访工作的重要性，增强使命感、责任感；二是要不断提高业务素质，不断更新各种专业知识，经常学习并熟练掌握党和国家的方针政策和法律法规，特别是《信访条例》以及与基层群众利益密切相关的法律法规。以使自己在工作中能得心应手地解答信访群众的信访咨询，及时有效地处理他们的信访事项，同时在排查调处群众的矛盾纠纷中也能发挥应有的作用。要不断提高自己的政策水平，提高发现问题、分析问题、处理问题的能力，提高综合协调、化解矛盾和理论政策研究的能力。要具备善于利用各种渠道倾听群众的呼声，正确把握上访人的思想脉搏，及时发现和掌握可能出现的新情况、新问题，随时防止突发事件和集体上访、越级上访现象。现实中，有些地方和部门正是因为有一些国家政策和法律知识掌握得好、社会知识丰富的信访干部在尽心尽力地工作，所以，民间矛盾纠纷能够就地化解消弥，信访事项发生率较低，处结率和结服率较高。

四要依法按政策处理信访事项、增强依法行政意识，维护群众的合法权益和根本利益。在这里，最主要的是遵循《信访条例》。2005 年 5 月 1 日正式施行的《信访条例》，是信访工作进一步走上法制化、规范化轨道的重要标志，为依法及时处理信访问题，有效规范信访行为，维护信访秩序，加强和改进新形势下的信访工作提供了法律依据。2007 年 6 月，党中央、国务院又制定下发了《关于进一步加强新时期信访工作的意见》，进一步明确了新时期信访工作的指导思想、目标任务、工作措施，成为新中国成立以来第一个以党中央、国务院名义对信访工作全面安排部署的纲领性文件。《条例》和《意见》在推进信访工作制度化、规范化、法制化建设方面迈出了重要步伐，推动形成了"统一领导、部门协调，统筹兼顾、标本兼治，各负其责、齐抓共管"的信访工作新格局。信访部门应严格遵循《信访条例》的要求，强化宗旨意识，依法处理信访事项，维护信访人的合法权益，满足其合理要求，防止和纠正各种损害群众利益的行为。信访部门收到信访事项后，要书面告知信访人是否受理；对依法不予受理的，应当告知信访人依照有关法律、行政法规、规定程序向有关机关提出。信访事项的处理决定、复查意见和复核意见均要以书面形式答复信访人。各级行政机关及其工作人员要增强依法行政意识，规范施政行为，切实做到科学决策、民主决策，不断提高执法水平，实现好、维护好人民群众的根本利益，以减少信访事件的发生。

五要认真做好日常信访接待。充分尊重和保护人民群众的信访权利，对群众来信要认真负责办理，对群众来访要坚持文明热情接待。对待上访群众，要换位思考，带着感情做工作，要从解决信访人的思想问题入手，处理一个信访问题，要向信访人讲明一个方面的政策，阐明应该遵循的原则。尤其是对那些要求过高、不了解或不熟悉政策的上访人员，更要深入细致地做好释疑解惑工作。一是态度要亲和，要热情相待，切忌简单粗暴；二是耐心倾听信访人的诉求和咨询，不厌其烦，认真解答；三是及时答复，该受理的依法受理，不该受理的说明理由，涉法涉诉的指明应去哪个司法部门解决。要通过认真、耐心、热情的信访接待工作，使怒气冲冲变得高高兴兴，心平气和。

图9　领导带案下访活动

六要改革创新，努力实现"三个转变"。一是变群众上访为干部下访。各级领导干部要经常深入基层、深入群众、深入实际，调查了解群众信访反映的问题，密切关注群众的思想动向，掌握第一手材料，有针对性地解决好群众信访反映的问题，从而实现变群众上访反映问题为领导干部主动下基层为群众解决实际问题。二是变被动应付为主动预防。各职能部门、基层单位，尤其是信访部门，要充分发挥桥梁和纽带作用，拓宽信息渠道，了解社情民意，及时获得预警性、超前性、深层次的上访信息。在此基础上，客观分析问题，制定工作预案。要建立矛盾纠纷排查调处机制。在信访工作中，要想将大量矛盾纠纷化解在基层和萌芽状态，就要坚持"四前"工作法。即组织建设走在预测前；预测工作走在预防前；预防工作走在调解前；调解工作走在激化前。实现信访工作的重心从事后的处理转移到事前排查化解上来，做到发现得早、化解得了、控制得住、处理得好。实践证明，凡是信访稳定工作做得好的地方都是民间矛盾纠纷排查调处好的地方。三是变单纯信访为综合治理。大多数信访是反映某个部门、单位或某几个部门、单位的问题，这些问题最终还要靠这些部门和单位来解决，只有各部门充分发挥主导作用，认真履行职责，才能真正解决群众的信访问题。

六、信访主体互动

（一）信访主体良性互动就是建设信访工作长效机制

长效机制是能够保持相当一段时期的、相对稳定的机制。信访工作长效机制是解决信访问题的科学、系统的制度规范和有效机制。机制要管得长久，就必须系统配套，各要素之间必须相互衔接和协调。不仅要有一个有机统一的制度体系，还应有相应落实制度的办法措施、执行制度的责任主体，以及保障制度得以实行的环境条件等。构建和谐社会并不是短期就可以实现的目标，信访和谐也需要长期不断地发展才能实现。当然，长效不等于一成不变。长效机制是开放式的，是根据实践的发展变化而不断创新的，体现出与时俱进的特点。若干个长效机制形成一套内部结构科学、互动有序、行之有效的循环链条即长效机制链。我们要遵循和谐社会的建设和管理规律，形成信访和谐建设最佳运行的长效机制链。发挥机制的功能还应建立与时俱进的发展机制，做好日常的、正常的接防工作，夯实建构信访和谐发展战略保障机制的基础。如何贯穿信访和谐长效机制的各项机制，其核心是形成一种完善创新的机制，以确保各种长效机制成为面向和谐社会建设的开放系统，随着社会的发展和形势的变化而不断加以改进和完善。

图 10　信访主体互动

　　构建信访和谐的长效机制是与时俱进的、是发展的、不断完善的过程。具体实施时要结合实际，保障各项机制的不断完善，把机制创新落实到各项工作的流程中去，通过反馈、分析形成更为优化的机制，促进各项机制的创新和完善。这就要求在构建信访和谐最佳运行的长效机制的过程中，要结合实践，研究新情况、解决新问题、揭示规律性，探索出新思路、新方法、新途径，不断补充、改进和完善构建信访和谐最佳运行的长效机制链的理论与实践。

（二）信访主体良性互动是信访和谐格局形成的关键

　　信访制度是中国公民参与政治、表达权益和实行监督的制度化途径。

"民主制度作为一项决策制度是效率不高的，但是，它的非政治性的副作用足以证明它是合理的。如果我们想要社会充满活力和兴旺发达，普遍参与政治生活是我们必须支付的代价；除此之外，别无选择。"[1] 信访作为一种公民普遍参与政治生活的途径，它同时承载着百姓的利益表达和对公权力机构及其人员的监督的职能。在这样一个公民与国家之间的互动过程中，国家实现了一种广泛的政治参与，从而形成了一种国家与社会之间的互动机制，这也是当代宪政思想的一个重要方面。[2] 同时，国家的相关机构还会动用相应的信访配套措施让信访群众明白国家的政策取向，这样也在信访制度沟通功能中实现了一种社会动员。

1. 信访群众自主有序信访

按照《信访条例》，信访人是以自主的方式参与公共事务管理。作为权利主体，信访人直接表达的可能是对个人权利的主张或诉求，但是，作为义务方的信访部门必须意识到，信访中反映出来的问题，多数是决策失误或者行政行为失当造成的。当信访人以提出问题、要求解决的方式指出政府工作中的欠缺时，其客观上已经成为社会治理的参与力量；为政府决策提供参考意见的参与类信访，更是社会治理的可贵参与者。至于民众在参与社会治理的过程中出现过激行为，则不能予以迁就。无论是合法或者非法的要求都绝对不能允许用非法的手段去谋取。社会治理理论支持的是有序参与，对于民众的参与要积极引导、在沟通协商中予以规范。对于利用国家赋予的信访权利进行违法犯罪活动的人也要予以揭露，防止其利用群众的情绪进行非法活动。

在现实的政治过程中，来自公民参与时间、愿望和能力以及政府基于体制要求和可控能力两方面的考虑，规定了公民参与形式的选择，要依靠公民参与的条件，引进合适的公民参与形式。公民参与可以分为低度参与和高度参与，现代低度公民参与形式主要有：①关键公众接触。关键公众接触面向专家、民间精英，适用于技术化、专业化要求较高的政策议题。②公民调查。③回应公民投诉。公民投诉是指公民针对某项政策或服务给个人带来的

---

① ［美］埃尔斯特：《宪政与民主：理性与社会变迁研究》，潘勤等译，三联书店1997年版，第114页。

② 董炯：《国家、公民与行政法》，北京大学出版社2001年版，第126页。

利益损害进行申诉。④执法听证。现代高度公民参与形式有：①公民会议。②自愿组织。③决策听证。④公民陪审。① 现实政治发展中，政府要以多种形式的参与制增强对民众要求的回应，要推进公民参与条件的成熟和参与水平的提高，并循序渐进地推进公民参与由低度参与向高度参与发展，并采取相应的回应措施对公众提出的问题和要求及时作出负责的处置和反应。信访作为公民参与的方式之一，无论对于政治国家，还是对于公民社会，都是实现善治的必要条件。其实，所有民主的价值和意义，只有通过公民参与才能真正实现。换言之，信访也是公民参与政治的方式，这种公民参与促使民主政治真正运转起来。可以说，没有公民参与，就没有民主政治。② 因此，有序的公民参与是有益的应该支持的。

2. 相关部门积极化解矛盾

构建和谐社会不是空洞的口号，必须用脚踏实地的努力，通过一个一个具体问题的解决去实现。鉴于目前求决类信访占据我国信访总量的多数，反映出人民群众急切希望社会资源的配置能够合理化、公开化，为社会成员提供公平的参与竞争的机会。当然，通过信访途径反映的此类呼声不可能是理论形态，而只能是以呼唤实际问题的解决为直接目标，有相当一部分求决类信访还对基层政权或者企事业单位的工作提出了尖锐的批评。按照《信访条例》规定，信访中提出的问题，多数是按照正常途径在基层未能解决，但最终还是要在基层单位解决的。信访问题是由哪个部门、哪个地方产生的，就由哪个部门、哪个地方或其上级机关和政府负责解决，对不负责任、推诿塞责、激化矛盾的，要进行责任追究，建立信访问题处理责任制和责任追究制。同时，各级各部门都负有对群众宣传、教育、引导的责任，倡导理性、有序、依法信访，对涉法事项要引导其走司法渠道。

3. 权力机关积极回应群众需要

按照社会治理理论，治理的要素之一是回应，即公共管理人员和管理机构必须对公民的要求作出及时和负责的反应，并付诸行动，解决问题，不得无故拖延或没有下文。还应当定期地、主动地向公民征询意见、解释政策和

---

① 孙柏瑛：《公民参与形式的类型及其适用性分析》，《中国人民大学学报》2005 年第 5 期。

② 俞可平：《公民参与的几个理论问题》，人民网，2006 年 12 月 20 日 10：30。

图 11　依法信访宣传

回答问题。作为信访工作机构，是代表党委和政府处理信访问题的，按照构建社会主义和谐社会的要求，必须强化以下职能：一是畅通和拓宽信访渠道。确保群众诉求渠道的畅通无阻，确保群众合理诉求的及时有效解决。同时要尽快建立开通全国信访信息系统，方便群众投诉、查询和方便领导及时掌握全面情况。二是强化监督。明确监督职能，树立监督权威，创新监督手段，提高监督效能。三是加强协调指导。对涉及多部门、跨地区的信访事项，信访工作机构要加强协调，明确各方责任，指导、监督信访事项的妥善处理。就信访中反映的问题而言，具体问题的解决不可能由国家信访局承担，基层单位应当是解决具体问题的组织者和实施者。现实的困难是，不少具体问题都涉及基层工作的失误，基层当权者口头上接受上级的批评，心底里不愿意否定自己的过去，问题的解决被懈怠所拖延，有的甚至对上有意识地推诿，对下有意识地刁难。当治理的力量之一变成"隐性梗阻"的力量时，重复访、群体访、越级访事件便不断发生。按照"信访有理推定"群众工作原则，如果能够切实改进基层单位和各级行政机关的工作，那么，相当一部分信访问题和过激行为都是可以预防或者化解在萌芽状态的。

图 12 地方举行信访大调解活动

总之，信访主体良性互动的实现，有赖于主体之间的平等双向交流。双向交流不仅标志着平等关系的真正确立，而且标志着平等沟通动力的形成，标志着共同协商成为可能，这是构建平等交流机制的关键环节。同时，实现主体权利和义务的对等，社会成员基本权利和基本义务的平等，社会成员的付出和社会所得的对等，不同意志、不同利益、不同个性、不同思想、不同步调社会成员协调共处、互补共赢、携手前进，不仅是信访和谐格局形成的关键，更是巩固党的执政基础、扩大党的群众基础的必然要求。在此之中，党委与政府应该革新自我，率先垂范。

第 三 章

信访和谐的支撑条件

信访和谐、社会和谐是一定条件下社会文明整体功能优化的表现。正是在这个意义上，通过制度选择营造一个有利于优化人们心态的环境，对于我国目前构建社会主义和谐社会至关重要。邓小平指出，制度"更带有根本性、全局性、稳定性和长期性"。① 美国著名经济史学家道格拉斯·诺思和罗伯特·托马斯认为，社会发展的关键在于"制度因素"②。在一个社会的道德伦理水平达到一个底线的时候，制度的出现有助于控制和保持一种最低限度，防止或限制道德水准的滑坡。因为制度具有激励和约束功能。所谓制度，就是有一套实力和观念支持的持久的、不断在重复实践的、人们可以对之有合理预期的规则。③ 制度固然是由人的活动构成，但"制度本身的伦理"强调的是对制度的总体判断，是综合了所有人的活动的，且着眼的是那种规律性的实践。

马克思在《政治经济学批判》"序言"中谈道："人类始终只提出自己能够解决的任务，因为只要仔细考察就可以发现，任务本身，只有在解决它的物质条件已经存在或者至少是在生成过程中的时候才会产生。"④ 历史唯物主义的一个最重要的推理就是马克思提出的："人是什么样的，取决于他们进行生产的物质条件。"⑤ 事物是什么样的，取决于它们的存在条件。由

---

① 《邓小平文选》第二卷，人民出版社 1994 年版，第 293 页。
② ［美］道格拉斯·诺思、罗伯特·托马斯：《西方世界的崛起》，华夏出版社 1999 年版，第 102 页。
③ 何怀宏：《政治家的责任伦理》，《伦理学研究》2005 年第 1 期。
④ 《马克思恩格斯选集》第 2 卷，人民出版社 1972 年版，第 33 页。
⑤ 《马克思恩格斯选集》第 2 卷，人民出版社 1972 年版，第 82 页。

此来看，信访问题的产生、发展和解决都有其相应的条件。信访和谐有赖于政府和谐、社会和谐、民众和谐，信访和谐状态的达成，需要很多相应条件的支持。

一、信访和谐的政治条件

稳定、和谐、秩序是社会良性运行的重要标志。塞缪尔·亨廷顿曾说："首要的问题不是自由，而是建立一个合法的公共秩序。人当然可以有秩序而无自由，但不能有自由而无秩序"①。任何社会都不希望冲突频繁发生而陷入政治混乱与社会动荡，然而矛盾与冲突又是政治生活中无法避免的客观事实。因此，如何在矛盾与冲突中寻找稳定、和谐、秩序，就成为政治的最高目标。应当看到，"政治稳定的根本秘诀是政府的适应能力，而如何达成'适应'并没有固定的答案，更没有唯一的答案。"② 在信访实践过程中，"体制吸纳问题"③ 并不等于全部吸纳了问题，而是吸纳了重要的、危险的、迫切的问题，这对社会来说，降低了风险值，在一个个问题被吸纳的时候，实际上间接释放了问题的累积和恶化程度，提高了社会整体的安全度，从这个意义上讲，"体制吸纳问题"比"非体制吸纳问题"有它独特的优势。所以我们应该清醒地认识和对待信访问题，更多从体制上思考信访问题的解决。事实上是，信访带来的问题是一个综合性问题，现实中信访的治理模式主要是所谓"综合治理"，重点应放在推进政治体制改革，而不是在信访系统之内修修补补。

（一）从国家政治制度大视角改革信访，贯彻为民惠民执政理念

从治理的角度看，目前信访反映的问题已触及改革发展中的深层次问题，问题本身有一定的复杂性、多因性和普遍性，有的根本不是信访部门能处理的，需要综合"调控"，需要各级各口、各个层次各个部门相互配合，通力合作，上下左右联动，形成齐抓共管的信访大格局。美国社会学家戴

---

① ［美］塞缪尔·亨廷顿：《变革社会中的政治秩序》，华夏出版社 1988 年版，第 7 页。
② 康晓光：《90 年代中国大陆政治稳定性研究》，《二十一世纪（香港）》2002 年第 8 期。
③ 徐家良：《"体制吸纳问题"：社区组织动员的功能》，《中国行政管理》2007 年第 9 期。

维·波普诺认为，"合作是指这样一种互动形式，即由于有共同的利益或目标对于单独行动的人或群体来说很难或不能达到，于是人们或者群体联合起来一致行动。正如功能主义者所强调的那样，在广义上讲，所有社会生活都是以合作为基础的，如果没有合作，社会不可能存在。"①

信访制度与执政党的执政理念、执政方式、执政能力和国家的总体政治体制紧密联系在一起。如果不改革政治体制，不改革其他相关的体制，仅在现行制度环境中改革信访制度，都难以真正解决信访问题。从宏观层面上进行改革，就是要从执政党理念、执政方略和国家政治制度上实行变革。从中观层面上进行改革，就是要对现有的信访权进行分解，相应地拓宽公民参政和维权的渠道，保障公民通过多元化的制度管道行使和维护宪法规定的各项权利。从微观层面上进行改革，就是单独针对政府的公共管理活动，改革和创新监察制度。通过对纷繁复杂的信访活动进行宏观和中观的分析和剥离，所剩下的狭义上的信访活动即只单独针对各级政府公共管理活动的信访活动就相对容易解决了。

政治体制改革应该首先在基层推行比较稳妥可行，或者在纵向理顺上着力。具体说，改革政府职能和体制，建立科学、民主、法治的制度和机制，真正解决中国特色的信访问题，要求政府管理突出社会公众的意志；突出以社会公众的需求为依归；突出为社会公众提供公共服务的服务性作用；突出对社会公众负责，建立和发展广泛的社会公共责任制。这一切意味着，政府职能从重政治统治向重社会管理和公共服务的转换。与此适应，信访部门作为党和政府联系人民群众的工作部门，体制改革势在必行。根据中国的国情，充分利用信访渠道的民意表达功能，并加以法治化的改造，是我国信访制度改革的出路。在体制上能够形成上下垂直式领导，主要突出监督功能，与目前我国政治体制中立法、司法部门形成权力制衡关系，可能会大大推进我国政治文明的发展进程。在目前情况下，只有信访系统内部和外部所有机制的有效实施和有序运行，才能使信访问题在不同层面得以化解。

民主政治的本质就是为大量的民众于其中发挥作用创造特殊条件。但是，关键在于民主政治在允许冲突与竞争的同时，也为冲突和竞争提供了制

---

① ［美］戴维·波普诺：《社会学》，李强译，中国人民出版社 1999 版，第 156 页。

度框架，建构了制度性的冲突运行和调适机制。政治稳定与否相当程度上依赖于社会能否产生容纳持续变迁的制度框架，能否孕育出一些解决冲突的方法和机制。信访领域依靠行政权力采取压制的方式是难以解决问题的，强制性地压抑和"堵"控，不可能发挥调控功能，只能求助于行之有效的外部机制和自身免疫机制。信访既要重视事中"调"，更要做好事前"控"。

信访和谐需要有序的公民政治参与。民主政治之所以能够较好地实现和维持着社会和谐稳定，关键在于它为公众的政治参与和利益诉求提供了制度性渠道，它架起了公民的利益诉求、意见呼声与决策者之间沟通交流的桥梁。同时，应该看到，"一个社会的政治发展在很大程度上取决于人本身的政治发展。"① 公民是构建和谐社会的主体，而我国公民在整体民主素养较低的状况下，难以进行理性正确的选择，往往容易产生政治情绪急躁、政治盲从和政治冷淡，从而发展为无序政治参与。正如塞缪尔·亨廷顿所言："事实上，现代性产生稳定性，而现代化却产生不稳定性。产生政治混乱并非由于没有现代性，而是由于要实现这种现代性而进行的努力。"② 由此，便产生了一个政治参与的恒定公式：政治参与的扩大化/政治制度化水平 = 政治稳定。信访制度是中国公民参与政治、表达权益和实行监督的制度化途径。"民主制度作为一项决策制度是效率不高的，但是，它的非政治性的副作用足以证明它是合理的。如果我们想要社会充满活力和兴旺发达，普遍参与政治生活是我们必须支付的代价；除此之外，别无选择。"③ 信访作为一种公民普遍参与政治生活的途径，它同时承载着百姓的利益表达和对公权力机构及其人员的监督的职能。在信访渠道中，人民群众同国家官僚体制上层甚至是高层进行直接的接触，而官僚上层往往会对信访者所反映的合理问题以回信、回电或批复的方式予以解决，对于信访者所反映的不合法或不合理的意见或要求，也会采取说服、解释等方式向他们进行政策宣传，或者是建议通过其他的渠道进行反映。在这样一个公民与国家之间的互动过程中，国家实现了一种广泛的政治参与，从而形成了一种国家与社会之间的互动机

---

① 王沪宁：《当代中国村落家族文化》，人民出版社 1998 年版，第 259 页。
② ［美］塞缪尔·亨廷顿：《变动社会中的政治秩序》，上海译文出版社 1989 年版，第 45 页。
③ ［美］埃尔斯特：《宪政与民主：理性与社会变迁研究》，潘勤等译，三联书店 1997 年版，第 114 页。

制，这也是当代宪政思想的一个重要方面。[①] 同时，国家的相关机构还会动用相应的信访配套措施让信访群众明白国家的政策取向，这样也在信访制度沟通功能中实现了一种社会动员。

政治参与本身对于社会稳定而言是一柄"双刃剑"，一定范围的政治参与既可能是社会和谐稳定的缓冲器，但也可能是政治动乱的催化剂。而决定政治参与和政治秩序之间关系的关键在于政治参与的制度化与否。要实现社会稳定，就要实现政治参与的制度化，而民主政治运行机制当中的选举制度、舆论反馈制度、决策制度等恰好为公众的政治参与提供了制度化的渠道来表达利益需要与释放不满情绪，为持异议的公众表示不满并继续追求其目标畅通了渠道，提供了可以积极地、公开地、体面地投诉的制度性渠道，他们对自己所受的不公正待遇具有申诉的机会，因此避免了暴力。

"一个社会的政治发展在很大程度上取决于人本身的政治发展。"[②] 建设信访和谐，应该在政治领域建设有效的调控机制和制度化的协商谈判机制、促进有序的公民政治参与。如果我们把上访、告状视为社会不和谐的表现，或者说，把"无访"、"绝访"、"零上访"视为社会和谐的象征，那么这样的和谐社会则是十分可怕的，因为它不是真正的和谐社会。我国无论在构建和谐社会的法律制定抑或实施方面，都十分注重作为"国家"的安全稳定与作为"公民"的权益保障两方面的有机统一。使"冲突总是在一个有约束力的规范空间内展开，并且执行它自己的限制和调节规范"[③]。由此，我们选择渐进的改革路线，在整个社会体制改革的背景下，采取渐进方式实现并以法治为内容，从比较容易改革的司法行政体制入手，树立审判的最终权威，进而推进整个民主法制的进程，这是中国信访走出制度困境的根本出路和归宿。

（二）在信访问题治理上贯彻"统筹"理念

"洞见或透识隐藏于深处的棘手问题是艰难的，因为如果只是把握这一棘手问题的表层，它就会维持原状，仍然得不到解决。因此，必须把它

---

① 董炯：《国家、公民与行政法》，北京大学出版社 2001 年版，第 126 页。
② 王沪宁：《当代中国村落家族文化》，人民出版社 1998 年版，第 259 页。
③ 马作武：《中国古代法律文化》，暨南大学出版社 1985 年版，第 164 页。

'连根拔起'，使它彻底地暴露出来；这就要求我们开始以一种新的思维方式来思考。"①"统筹"治理如中医辩证调理，通过分析社会主义基本制度结构内生性关系、系统状态和整体功能综合体现状况，使信访这个复杂多变的问题获得有价值、能匹配、少后患的解决。从党和政府总体思考，全面整合，从问题生成机制破解，从对外管制思维转为内省思维，以"服务群众"为核心价值导向，对党与政府在体制、领导、战略、系统、关系、主体、管理、过程、效果等各方面加以统筹。

一是党的群众工作与信访工作机制有机统筹与衔接。多元的、复杂的信访问题的解决需要经济政治文化社会建设多方推进、政府主导和社会各主体的良性互动，不是信访一个部门可以胜任；信访工作——群众工作——社会工作——维稳工作在各个部门和层面协同，才能促成科学管理模式。群众工作、社会工作对信访工作的助推，将有利于矛盾化解、关口前移。目前，信访系统最新经验是"以群众工作统揽信访工作"，现仍停留在"概念"层面和信访领域，非常需要扩大视野，从党与政府总体战略统筹着眼，以群众工作、信访工作与社会工作有机结合构建群众工作网络，在各组织中全面实行绩效管理，整合各主体及相关力量，有助于形成信访问题有效解决机制和治理模式。

二是跳出信访论信访，从"源"和"兆"提前化解。对这一问题的解决需要从五条路径来推动：一是法治之路，完善法制，依法行政、以法治国；加强双规范；实行信访工作标准化；企业和公共服务部门追求卓越绩效和社会责任；二是群众路线，通过群众工作网络来化解矛盾、管理社会；三是发育社会，通过社会工作，培育社会工作者和志愿者，创新社会管理模式，发育社会支持网络；四是国家层面的体制改革，建立县级政治分权，保障公民有序政治参与，实现信访局面的根本转变；五是信访考核体系的全面革新，实现信访的现代转型。

三是在基层构建中国特色社会管理模式，与基本国情、政治体制、政府行政职能和行政的时空条件与环境有机联系，实现政治体制与"治道"的重大变革。大目标是坚持以人为本，建设和谐社会，具体目标是通过群众工

①　皮埃尔·布迪厄：《反思社会学导引》，李猛等译，中央编译出版社2004年，第1页。

作——信访工作——社会工作有机结合和全面贯彻，密切党群关系、管理社会、治理国家，在党与群众、政府与社会多元主体之间建立相互尊重、平等协商、合作互动、同构共赢的关系模式，形成共识、判断与评价（执政合法性）统一的社会条件和基础。

四是厘清概念，实现信访治理观念创新。人的观念更新是最困难的更新，它涉及一系列的利益权利和权利之间的冲突。因此，我们的工作应该最先是器具更新，其次是制度更新，最后才是观念更新。贯彻"统筹"治理理念①，必须用工作机制来保证，在信访活动中通过各种器具性的形式和方法呈现出来，这些有形的规范可最终引导产生有序的信访活动与信访和谐文化。目前应该厘清党委政府已有信访机制系统的现状和问题，包括与信访有关的基本概念和观念；信访问题与中国社会转型、政治体制改革与信访制度创新、政府管理体制与信访问题解决途径的内生性关系及内在机理；信访警源、警兆、信访事项与信访升级原因之间的相互关系及内在机理；信访问题解决机制与社会相关机制的相互关系及内在机理等。

五是建立信访工作卓越绩效管理框架。"政治秩序是需要用心建设的公共物品"，"成功的社会必然要求某种保证政治秩序的途径"②，即内生或建构起行之有效的调控机制。信访领域反映出来的一系列矛盾与问题，说明我们的制度、政策在设计时的不足，需要加以弥补与修复，这也是社会自我完善的过程。一个成功的社会应该善于化解冲突，而不是杜绝冲突。对待冲突应该像大禹治水，宜疏不宜堵。越是冲突凸显时期，就越是需要政治智慧。信访过程中时有出现的对信访群众"围、追、堵、截"，虽然简便迅捷，然而问题非但不能得到缓解，反而会使冲突能量累积酿成大祸。因此，必须系统研究信访工作的具体要求，按照卓越绩效管理要求，包括在建立远见卓识

---

①　以治理技术为纬度，可以把国家的信访治理分为三类，即所谓的"柔性治理"、"刚性治理"以及"刚柔并济"的治理。当然，"柔性治理"与"刚性治理"只是治理的两种理想方式，实际上，为了更有效地实现治理目标又不至于引起国家与民众之间更大的碰撞和冲突，两种治理策略往往交替使用，即所谓的"刚柔并济"的治理策略，正式权力通过非正式的方式来行使，则是另外一种国家治理常用的策略。（参见尹利民：《分类治理：国家信访治理中的偏好及其限度》，《湖北行政学院学报》2011年第3期，第48—52页。）

②　［美］道格拉斯·C.诺斯等：《秩序、无序和经济变化：拉美对北美》，载［美］布鲁克·布恩诺·德·梅斯奎塔，希尔顿·L.鲁特：《繁荣的治理之道》，中国人民大学出版社2007年版，第18—19页。

的领导和战略、以群众权益为中心追求卓越、建立信访职业队伍和从业资格标准、尊重内部公务人员和合作伙伴、关注未来、促进创新的管理和基于事实的管理、系统的视野等各个方面具体化；创新信访工作卓越绩效管理模式及其评价标准、制度化及其良性运行机制；构建信访卓越绩效管理与政府卓越绩效管理的整合模型，以这些具体措施构筑信访和谐的大厦。

总之，"社会民生的实现，重要途径之一在于治理民主的实现，而治理民主的运行，又恰恰是社会民生触发、促成和推进的，并且最终落实为社会民生的实现。政治权力的良政善治与公民权利的维护、实现和救济的相互联动、彼此转变和辩证结合，正是中国特色社会主义民主政治与民生政治互为因果、互动联系、互相转变的治理逻辑和实现特点。"①

二、信访和谐的经济条件

（一）经济发展与信访和谐的关系

毫无疑问，没有经济的较快较好的发展，在"一穷二白"的物质条件基础上是建不成信访和谐的。经济发展水平不能满足人民群众日益增长的物质文化生活的需要，是当前信访问题不断增多的原因之一。经济发展了，人民的生活富裕了，群众的利益才会得到根本保护。经济发展水平、经济发展状况是一个社会发展的基石、基础。经济发展滞后，民生不安，百姓不富，矛盾增多。"不发展生产力。不提高人民的生活水平，不能说是符合社会主义要求的"②。信访和谐最终依靠的是经济和社会的协调发展。在实践工作中发现，经济基础发展较好的农村，相对稳定。如在 20 世纪 90 年代前后的乡村，打架斗殴、邻里纠纷多而闻名。穷则思变。经过农业产业结构调整，村民有事做了，收入增加了，一心一意发展经济，村风村貌发生了变化，人们的精神面貌有了新气象。

但是，我们也看到在经济发展背后所伴随的种种社会矛盾，以及与这些

---

① 王浦劬：《以治理民主实现社会民生——我国行政信访制度政治属性解读》，《北京大学学报（哲学社会科学版）》2011 年第 6 期，第 81—91 页。

② 《邓小平文选》第三卷，人民出版社 1993 年版，第 244 页。

矛盾相伴随的各类信访事件。甚至会出现一个不正常的现象，即经济越发达，信访问题越多。诸如广东省这类经济发达地区由于农村城市化的加速和经济的快速发展，劳资纠纷、土地征用等信访问题尤为突出，其原因之一是这些地区在经济发展与制度变革发生断裂时所产生的结构性现象。这种结构性缺陷不解决，经济发达地区势必会遭遇信访综合症，作为结构性问题，经济发达地区信访问题的解决是一个系统工程。① 经济发达地区的信访问题往往是由于其在经济发展和体制改革上"先行一步"引发的，人们的需求由过去的简单、低级向复杂多样、高级化方向转变，具体表现为基本生存需求基本得到满足，吃饭穿衣等不再是头号难题，但是，人们的基本需求标准却越来越高，人们更加看重的是发展性、享受性、权利性的需求，表现为新的民生问题突出。不同群体和不同代际之间社会需求差异较大。传统的服务和管理方式已不能很好地满足新的社会需求，一些地方的群众不再简单地满足于民生改善，开始追求民主权利，要求实现知情权、表达权、参与权和监督权。② 所以经济发达地区今天的问题有可能是欠发达地区明天要面临的问题。

当前，我国正处于社会转型期，经济社会生活中经济利益格局发生了深刻变化，每家每户已经成为独立核算的经济主体，人民群众比以往任何时候都更加关注和注重维护自己的经济利益。经济利益问题是群众关注的重点，民生型或生计型信访是目前信访分类中的主要部分。

1. 利益分化与利益格局的重新调整，造成一些群众相对剥夺感增强

经济利益矛盾是影响其他矛盾的主导性矛盾。近年来，社会分配体制下的差异造成我国城市中各行业收入差距日益扩大，造成城市居民贫穷分化趋势。当面对贫富差距进一步扩大的现实时，社会的弱势群体和低收入阶层的心里充满恐慌和不满情绪。尤其是面对以权谋私和用非法手段致富的现象时，看到自己的生活和处境与之形成鲜明的对比，心里更是愤恨不平，往往会寻求某种形式来发泄自己心中的不满情绪，一旦诱发，极易形成信访事件。

---

① 《解决经济发达地区信访问题重点在实现观念转变、加强法制以及重构政府权威》，参见 http://wz.wen.oeeee.com/Content/84149.htm。

② 龚维斌：《正确判断社会形势科学推进社会管理》，《行政管理改革》2012 年第 11 期。

2. 贫富差距扩大

按照国际惯例，基尼系数在 0.2 以下，表示居民之间收入分配"高度平均"，0.2—0.3 表示"相对平均"，0.3—0.4 为"比较合理"，同时，国际上通常把 0.4 作为收入分配贫富差距的"警戒线"，认为 0.4—0.6 为"差距偏大"，0.6 以上为"高度不平均"。我国居民的基尼系数，从 1984 年的 0.24 到 2005 年的 0.47，20 年间翻了一番，足以表明随着我国 GDP 的快速增长，贫富差距逐渐扩大的趋势①。同时，城乡二元经济结构长期存在导致城乡发展不协调、农民增收缓慢等问题明显。

3. 农村资源的短缺及分配的不公是农民上访的经济因素

我国农村资源存在稀缺性，人均占有量少，资源分散到户。资源的短缺使其难以满足农民不断增长的物质生活需要。乡镇企业停产后因企业占地归属问题引发土地纠纷；部分村集体经济组织盲目占地搞开发区引发土地纠纷；部分村集体经济组织变相出租农村集体土地引发土地纠纷。② 村级财务管理混乱、不规范。有的村级财务多年不清理、不公开，即使有的清理和公开往往流于形式，有的财务制度不健全，或有财务制度但没有认真执行，形同虚设。这些都是导致农民上访的经济原因。

4. 经济体制改革不到位

以财政改革为例，第一，公共财政改革缓慢。2003 年以前的财政体制改革主要是改革收入，但是支出改革几乎没有涉及。带来经济发展与社会发展"一条腿长、一条腿短"的问题，导致一些重大民生问题长期得不到很好解决，致使就业、收入分配、教育、公共卫生、社会保障等方面的问题突出。第二，中央财政与地方财政财力与事权不匹配，地方政府尤其是县乡两级政府承担了过多的支出责任。1994 年以来，随着经济的持续发展和财税体制改革的不断深化，财政收入快速增长，中央对地方的转移支付规模逐年加大。但是，由于县域经济发展不均衡、县乡政府税基增长有限，加上上级政府出台的减收增支政策较多、超出县乡财政承受能力，在省以下财政体制调整不到位、地区间财力差距进一步扩大的背景下，部分地区县乡财政仍然

---

① 张晓维：《浅析影响和谐社会发展的经济制约因素》，《经济师》2008 年第 5 期。
② 吕昌勇：《引发当前农民上访的经济因素分析》，《理论学刊》2003 年第 11 期。

较为困难。因此，造成人民群众的一些诉求无法满足。

[采访手记]

基层信访干部："我刚到信访局任局长时，接触两位老人，反映修路时拆了他们的房子，现场没了，他们要求 17 万元，并在市区建四间房子（他们家在县城里），到我接访时，他们已上访近 10 年了，什么资料也没有，我考虑两位老人都 70 多岁，如何能解决老有所养是关键，而老人态度是，不解决问题就非要上访。实际工作中，市区建房不符合政策，17 万元诉求没有依据，联系养老院，老人不去，最后，用积案化解资金 16 万元解决了，老人还给当地党委政府和信访部门送了锦旗，但是，没过半年，两位老人又来上访，反映其他问题（也是没有任何依据），对老人的说服教育也没有任何作用，依法处置又如何面对两位老人？

还有信访群众反映，多年前办了私立学校，因市体育馆建设拆迁，提出赔偿 100 万元的要求，有关部门说房子是租赁公房，拆迁是无偿的，时隔多年，没有任何文字依据，成为信访积案，闹了多年，责任部门讲，不是没有钱，问题是如果给了，会有更多的人闹。"

（二）制约信访和谐的经济因素

在社会转型时期，各种社会矛盾和冲突不断增加，并且新旧矛盾常常交织在一起，显然，要构建和谐社会就必须有效化解这些矛盾，信访可以起到社会"安全阀"作用。信访制度运行会产生政治成本、经济成本和社会成本。不同的信访主体承担的成本是有差异的，一般而言，中央和地方政府对于政治成本和社会成本十分重视，而老百姓则更多地关心信访的经济成本。[①] 政府对信访制度的社会成本、政治成本重视的程度要远远大于经济成本，如果为了维护社会秩序的和谐、稳定，或是提升政府形象、增加政府公信力，政府常常宁愿投入更多的经济成本，特别是在当前处于转型时期的中

---

① 陈丰：《信访制度成本：一个中国式社会问题》，《东南学术》2010 年第 6 期。

国社会，政府在信访工作中投入大量的人力、物力、财力，其目的就是为了保证国家的长治久安和社会经济的健康发展，所以不同社会时期对于信访制度成本的关注重点是不一样的。

1. 信访主体的"理性经济人"假定

根据经济学"理性经济人"假定，经济主体具有自利、理性、自我偏好和追求利益最大化或财富最大化等四个方面的要素，那么，在经济制度影响下的信访制度，其主体同样具有以上特点。[①] 作为理性经济人，信访人在寻求信访事项解决的过程中，可运用成本—收益法比较分析收益和成本，以谋求利益的最大化。目前，大量信访者期冀通过这个方式解决自身利益诉求，清华大学课题组的研究表明，近年的信访和"维稳"冲突，以征地、拆迁、农民工工资拖欠、劳工权益、养老保障为主，基本属于利益之争。[②] 当然，随着社会的发展及经济现象的复杂化，"经济人"假说不断得到发展与完善，其重要表现之一便是将个体追求的利益泛化，"经济人"也就成为"泛经济人"，即个人力求最大化的利益，不再仅仅是货币收入等纯经济利益，而是包括名誉、地位、尊重等诸多不能用纯经济尺度来衡量的利益。在信访实践中，单纯从经济成本考虑，一些上访者付出的成本可能要远远大于获得的收益。

相比之下，政府的理性追求更多的是基于政治层面的考虑，信访成本作为行政成本的一个组成部分，虽然也是政府应当努力加以控制的，但显然不是政府考虑的重点，在一些特定社会阶段或者敏感时期，政府可能为了政治上的需要而花费极高的经济成本。

具体而言，信访机构的经济成本包括人力成本、行政办公费用和非常规费用。信访人到信访机构、政府行政机关上访，所付出的经济成本因人、因事而有差异。如果上访后其反映的问题能得到及时受理，并能得到公平、公正的解决，上访者的经济付出并不多，主要包括车旅费、打印材料费等。然而更多的情形是，上访者反映的问题得不到及时受理或妥善解决，无奈之下只得重复上访，反映的问题仍不能得到有效处理时，不少人开始越级上访甚

---

① 李析析：《论信访权主体"经济人"》，《中国商界》2010 年第 10 期。

② 容志：《生成逻辑与路径选择：信访困局的政治学分析》，《上海行政学院学报》2012 年第 6 期。

至进京上访，这时付出的经济成本就会大幅增加。主要包括交通费用、食宿成本、误工成本、材料及邮寄费用和通信费用。

2. 信访制度经济成本高昂不利于资源配置

信访案件的当事人选择信访的主要原因是基于信访的成本和效益的比较，信访事件解决，信访人的收益大于成本，但如果没有解决，信访人将承担巨大的现实成本。同时，党和政府承担着较高的经济成本。在我国的信访案件中常常有对当事人的一些"优惠政策"，而这些政策往往无形中影响潜在相关主体的利益分配关系。[1] 如在拖欠民工工资信访案件中，信访当事人因为企业无法支付工资、保险等造成的得不到赔偿。经过信访，由当地政府代替法院行使"强制执行"职能进行解决。但是，这可能会直接或间接导致其他情况的出现。如果企业在进行支付后，能够维持经营，获取足够的营业利润，支付职工的工资和保险等，那么，各方皆大欢喜。但是，该企业已不能维持正常经营，又因为优先支付信访当事人的薪酬而不能同时支付其他职工的工资。那么，这些其他职工又会走上该信访当事人的漫漫长路。可以说，信访当事人通过信访获得了某种企业优先支付权。我国信访部门是行政职能部门，是国家强制力的体现，行政选择偏向影响行政行为的做出，势必会影响社会成本的分配和各方利益、资源的分布。

（三）构建信访和谐的经济条件

1. 制度上完善维护群众利益的长效机制

制度经济学是从经济的角度看待制度的建立、发展、变迁过程的，经济的角度也就是成本收益的角度，当一项制度成本过高，收益较低，那么该制度需要改革，改革的目的就是要降低制度成本，提高制度收益；而且变迁成本也是评价一项改革成功与否的重要标准。降低交易成本是构筑新制度的主要目的。通过改革实现"帕累托改进"，降低制度成本，而信访制度的缺陷也使得降低信访成本成为可能。降低信访制度的成本就是为信访和谐创造条件。以降低信访成本的方式来推进信访制度的改革，或者说注重信访制度改革中成本的降低，也是符合信访制度改革研究的趋势的。

---

[1] 李析析：《论信访制度的经济成本》，《商业文化》2010 年第 11 期。

　　［链接］高邑县王留村村民吕雪波的父亲生前曾任村党支部书记，2005 年病故后，村里尚拖欠其 2.1 万元工资。2008 年，吕雪波的母亲也患癌症去世。家境拮据的吕雪波来到县信访接待中心反映情况，索要父亲生前工资。县委副书记、组织部长张之光接访后，马上通知有关单位召开协调会，了解清楚事情来龙去脉。考虑到王留村经济基础薄弱，多年拖欠干部工资无力支付。最终商定，吕父死于工作岗位，现在家庭遭遇变故，特殊情况必须特殊对待，从帮扶困难老党员家庭出发，组织部拿出一半，王留村所在的高邑镇拿出一半，共同筹资。吕雪波没想到，拖欠了数年的先父的工资问题，前后只用了一周时间就得到解决。（马竞：《信访总量减少百分之七十财政收入两年几近翻一番——高邑经验：平安稳定促进经济快速发展》，法制网——《法制日报》，发布时间：2012—04—05 15：40：55。）

　　政府在有限财力下建立的社会保障体系与其向民众承诺的福利待遇之间的矛盾，我国也存在同样问题。维护群众利益，需要积极利用财政、税收、工资、社会保障和救助等机制的整合完善，进行社会资源和社会利益调节，合理调整国民收入分配格局，逐步解决地区之间、行业之间、城乡之间、城城之间、乡乡之间、社会成员之间利益不同的问题，促进民众整体利益的提高。

　　萨缪尔·亨廷顿认为，一种政治体系要成功地适应现代化，必须首先能够革新政策，能够通过国家行政促进社会和经济的改革。第二个必要条件是能够把那些产生于现代化并因现代化而达到新的社会觉悟的社会力量成功地吸收到这一体系中[1]。改革开放以来，随着利益群体的分化快速发展，我国客观上要求一种新的社会多元利益表达的有效机制，以便各利益群体和阶层在政治经济和文化利益诉求方面进行协调和组合。这就需要建立和完善利益保护机制和利益调节机制。

　　利益保护机制有两个方面，一是对实体权益的保护，二是对表达权利的

---

　　[1]　［美］萨缪尔·亨廷顿：《变化社会中的政治秩序》，张岱云等译，华夏出版社 1998 年版，第127 页。

保护。庞德认为，"权利"这个词曾被用于六种意义。一是权利指利益，就像在关于自然权利的很多讨论里所使用的那样；二是权利指法律上得到承认和被划定界限的利益；三是权利指通过政治组织社会的强力，来强制另一个人或所有其他人去从事某一行为或不从事某一行为的能力；四是权利指设立、改变或剥夺各种狭义法律权利从而设立或改变各种义务的能力；五是权利指某些可以说是法律上不过问的情况，也就是某些对自然能力在法律上不加限制的情况；六是权利还被用在纯伦理意义上指什么是正义的。① 信访与权利关系密切。权利保护是现代法治的基本内容和前提，只有对权利进行清晰界定和保护，社会才具备了化解利益冲突矛盾的标准和基础。在权利不清、边界不明的情况下，利益纷争必然增多，利益结构必然难以平衡，更谈不上制度化的定争止纷的机制。比如，按照《物权法》的规定，切实保护权利人的物权，规范国有土地上房屋征收与补偿活动，规范"公共利益"界定程序，建立和完善以"公益性"为标准的、严谨的征地程序和完善的征地补偿法制体系，限制政府在征拆领域的权力，防止"土地财政"带来的乱作为和不作为。② 完善利益调节机制。利益结构失衡则带来群体心理变化，甚至形成群体间的疏离和对立，利益调节是防止社会利益结构过于倾斜和失衡的必要手段。从一次分配来说，应重点关注工薪分配和利润分配不合理的问题，从而解决目前收入分配不公的问题。从二次分配来说，通过民生建设，不断完善社会主义市场经济体制下的利益补偿机制，拓展公共服务内容，提高公共服务水平：一是扩大社会保险覆盖面和标准均等化，如养老保险制度、失业保险制度等；二是强化社会救济制度，对老弱病残等提供基本生活保障；三是提高社会福利制度水平。③

2. 政策上建立健全各种政策规章

与改革、完善信访制度密切相关的是需要理顺信访体制。我国从中央到地方的各级党委、人大、政府、法院和检察院都设有信访机构，相互之间缺乏必要的协调，这样的制度安排消耗了大量的行政资源。因此当前应当对信访体制进行改革，划分中央和地方各级信访机构之间、各级党委、人大、政

---

① ［美］庞德：《通过法律的社会控制》，商务印书馆 1984 年版，第 42—43 页。
② 容志：《生成逻辑与路径选择：信访困局的政治学分析》，《上海行政学院学报》2012 年第 6 期。
③ 容志：《生成逻辑与路径选择：信访困局的政治学分析》，《上海行政学院学报》2012 年第 6 期。

府信访机构之间的责任界限，同时增强各信访部门之间的协调和沟通能力，使之能够有效协作解决一些复杂的信访问题。为防止政府行政机关在解决信访问题过程中的互相推诿、效率低下，应强化信访机构的督办职能，使之能够对处理信访问题的各个政府行政机关形成有效的制约和督促。

目前，信访政策的制定是基于各地各级信访机关的单向制定、运作和实行，也欠缺相关信息的反馈，造成由于不符行政现实政策的出现。《信访条例》中就没有规定对作为基层行政派出机构的信访职责，造成了信访秩序的缺失。如果信访政策的制定是由相关专业人员成为信访政策的重要管理者和制定者，一方面，作为民主组织和决策有充分的动员，加大民众参与的积极性和层次性；另一方面，在一定程度上进行相对有效的利益平衡，与信访当事人不再是"上"对"下"的关系，对分化地方政府和各级单位利益对信访事项的干预和造成的权力与权利的不对称、不平等关系起到一定的作用。① 而这种平衡会减少信访决定的执行成本。

从具体操作看，就是通过社会政策的宏观调控、高额累进税制和社会保障体系等从富贫两端采取社会调控，即既调整那些与一般水准有着巨额差距的收入，同时保持应得财富的不平等，并补偿收益最低者或无收益者，以趋于平等来达到社会效率和社会的公正、安定、富裕与和谐。这也是已经实现经济现代化的发达国家多年来所采取的税制和政策。合理采用经济的方法解决群众问题比单纯思想政治工作可能更有效。如在解决被征地农民养老保障问题上，长期以来，我国政府多采用转移支付、信访协调等多种财政与行政手段，但实践证明，政府的这些手段缺乏弹性。因而，可以考虑采用商业保险介入此类问题，以政府财政补贴为前提，商业保险提供运作平台，建立多方支撑的养老保障；或者以农民需求为准，商业保险提供差异化产品，满足不同需求农民的利益诉求。湖北省松滋市委市政府于 2004 年设立信访专项基金 100 万元，作为现有救助体系的补充和完善，以解决那些合乎情理而暂无政策规定的信访问题，成功处理了大量疑难复杂信访问题。

3. 规则上，维护市场经济条件下的公平原则

2010 年 3 月 14 日，国务院总理温家宝在北京人民大会堂答记者问，明

---

① 李析析：《论宪政经济学视野下的信访制度》，四川师范大学学位论文，2011 年。

确提出"中国的现代化绝不仅仅指经济的发达，它还应该包括社会的公平、正义和道德的力量。"信访制度作为我国目前建设市场经济为基础的社会主义现代化的重要组成部分，其产生、发展、完善一直以实现不同层次和不同内容的经济公平为首要价值目标。重视信访制度公平价值，发挥信访制度解决社会纠纷的职能，对于我国社会秩序的良性发展具有不容忽视的重要作用。

市场经济活动所需的公平观包括生产领域里的公平分配原则和市场领域里的公平竞争原则。这样两个公平正义原则所强调的是起点（机会）的公平平等和背景条件的公平平等，而不是结果的平等。只有充分的、公平的市场竞争，才会实现公平的最大限度的实现，才能让社会充满活力和创造性。因而，政府应放弃在竞争领域中的举动，把主要精力用在保护公平竞争上来。目前，社会利益主体多样性和社会现实复杂性，政府、企业、集体和个人都作为独立的利益主体强调自我独立经济意识和利益，那么各种因由的利益冲突和矛盾成为不可避免的社会现实。因此，作为化解社会矛盾、解决纠纷主力军的信访机关必须建立以经济公平为价值目标的政府主导、公民参与的迅捷、有效的工作机制。但是信访制度本身存在的一些问题，阻碍了公民权利表达和利益要求的实现。如目前对信访工作人员没有基本的从业要求，精通法律的信访工作者很少，法官、律师出身的人更是少之又少，不懂法律，就不能很好的用法治思路来处理问题，就不能用法治的思路引导当事人，这可能也是目前我国信访工作中出现的反复上访居高不下的原因之一。① 必须使用有效的制度安排来规范和疏导社会利益的矛盾和冲突，降低公民权利表达的抗拒和调节不同的意识形态差异，设立不同的信访经济公平机制，避免过激行为和国家、社会和个人巨大利益损失的出现。比如，在建立权利与权力的公平机制上，着重建立权力的监督机制，信访财政专门审计机制、信访督办机制等。

三、信访和谐的文化条件

信访作为具有中国特色的制度，也有其独特的文化，并在中国社会发展

---

① 课题组：《上海信访趋势及应对措施》，《政府法制研究》2006 年第 12 期。

进程中，发挥了独特的文化功能。信访文化所体现的精神现象和观念形态，综合了多种文化因素，引导着信访的价值取向、伦理规范、信访行为等。因此，信访和谐的内在需要是作为观念形态的文化提供智力支持和精神动力。只有在和谐的信访文化环境中，才能真正地构建起信访和谐。没有信访文化的和谐，不可能有信访和谐的实现。信访和谐的每一个过程每一个环节都需要信访文化给予思想道德的推动。

（一）信访和谐文化建设的重要性

信访文化是信访主体在信访行动过程中所形成的理想信念、价值标准、传统习惯、行为规范，以及人际关系的总和[①]，是人们从事信访活动所具有的特点认知、情感和价值观念。信访文化既渗透到信访工作的各个方面，又根植于广大人民的生活之中，具有指导信访行为、塑造信访角色的巨大作用。所以，信访和谐的实现，文化条件更为重要。信访文化的重要性，突出表现在指导实践方面，有着强大的现实功能，主要表现在其可以发挥导向和约束功能、制度创新功能和矛盾缓冲等功能。

信访和谐的文化条件，首先，表现为与现代社会发展相契合的信访群众维权和主体意识的普遍确立。经济的现代化相应地要求信访文化的现代化，即民主法治意识、权利意识、自主意识、参与意识等现代观念在社会普遍确立；信访群众信访情感和行为理性；主导信访文化能够随社会实践的变迁而与时俱进，其引导、论证、动员、整合的正面功能得到有效发挥。其次，信访文化和谐表现为不同层次的信访文化之间的关系和谐。信访文化领域要具有包容精神和氛围，信访文化之间能广泛地开展对话与交流，相互借鉴、取长补短。只有在和谐的信访文化环境中，才能真正地构建起信访和谐。

当前，"清官崇拜"意识仍然在影响着民众的精神状况和信访行为。它往往造成信访人闹事心态不断蔓延和行动上的极端主义、激进主义，浓厚的清官情结亦成为其越级上访的行动逻辑。信访工作主体也存在认识误区。传统信访文化中的"刁民文化"、"打压文化"和"堵截文化"，形成信访工作者的官本位意识，不能用和谐思维看待信访，有的甚至把信访群众当

---

① 张义烈、朱力：《信访和谐文化：概念、理念及其建构》，《学术探索》2012 年第 1 期。

"刁民"，这种文化意识具有一种强烈的对立倾向，与党的执政理念相悖，更容易引发新的社会矛盾。

[采访手记]

基层信访干部：关于联席会议制度，我曾与一个朋友交流，如何发挥这个联席会议的作用，他却回答："信访问题解决只靠开会是不行的！"联席会议是一项工作制度，不能望文生义。由于误读，延伸出许多错误言行，如，把群体事件与信访联系，实际上群体事件与信访不是孪生兄弟，群体事件多指社会治安事件，信访问题得不到就地及时依法处理时，有可能成为群体事件的导火索；把有信访作为影响稳定的因素，实际上，信访问题多且得不到就地及时依法处理时，信访问题才会是诱发不稳定的因素。

（二）建设信访文化的途径

建设信访文化和谐，必须在变革传统信访文化、建设新型信访文化方面有所突破。信访文化建设涉及信访各个主体：一是与信访群众主体相关的文化构建，主要包括信访群众的信访意识、信访心理和信访行为。信访文化建设任务之一，就是着力培育信访群众主体的信访和谐意识、和谐心理及行为，提高信访人的综合素质，使信访人信访活动和谐有序。二是与信访工作主体相关的文化相关的文化要素，主要包括党委政府、信访部门与信访工作者的价值理念、实践取向和制度建构。信访文化和谐建设是一个系统的建构，主要包括信访精神文化、制度文化、行为文化和环境文化四个层面的建设。

1. 树立信访和谐的精神文化

首先，倡导信访群众主体依法文明上访的信访理念。许多群众在生活中遇到麻烦，自己无法解决的情况下，对有没有必要上访，怎样上访才合法，往往并不知晓。要加强信访法规宣传，建立教育引导机制，让群众依法上访、文明信访。其次，信访工作主体要树立信访精神。信访精神主要指信访工作主体在信访工作中遵循的道德规范、职业伦理、价值标准、思想作风、传统习惯的集中体现。信访工作是带有普遍意义的群众工作，要站在做好新时期群众工作的高度，跳出信访看信访，从大信访格局入手增强信访部门工作人员的使命感。既要把信访学科建设的最新成果及时转化到信访实践中，又要对信访工作者进行培训，提高工作素质，推进信访精神的树立。

2. 建立信访和谐的制度文化

制度是约束信访相关人员的规则，是实现信访和谐的制度化保障。在新的信访理念指导下，制定和修改的各种具体信访制度，可以规范信访主体的各种行为。一方面可以指导信访群众在一定的制度框架内文明信访；另一方面使信访工作者在日常工作特别是接待和处理信访时有理有据。信访和谐的制度文化建设主要包括：信访领导体制、信访组织机构、信访办事流程、信访管理机制等。信访和谐的实现，离不开相应的体制保障和科学的机制保证。

3. 建设信访和谐的行为文化

信访和谐的行为文化要素包括两个方面：信访群众主体的行为和信访工作主体的行为。行为文化建设主要是为了规避信访中的不当行为，确保信访工作和谐有序。要规范信访群众信访行为，明确禁止其无序信访、非理性信访行为，纠正信访失范行为。因为信访工作者的言行举止，在一定程度上反映着信访文化的现实状态及建设水平，所以更要着力加强信访工作主体行为理念、行为方式、行为规范、行为形象等方面的建设，规范其工作行为。

4. 建设信访和谐的环境文化

信访环境文化既包括外在的信访环境，也包括信访工作者所处的内部工作环境，即内部的人际关系、精神风貌、民主氛围等。信访和谐最主要、最直接的体现是信访环境的和谐。因此，信访部门既要努力改善信访工作的硬件设施，建设文明的信访接待场所、快捷的信访网站，完备的信访渠道，又要创造良好内部环境，激励信访工作者的成长。

四、信访和谐的法治条件

（一）信访和谐与法治的关系

在法治社会，宪法和法律居于最高的地位，具有最高的权威，要求任何组织和个人都必须在宪法和法律范围内活动，绝不允许凌驾于宪法和法律之上。同样，信访工作也不例外。信访源于需要解决的社会矛盾问题，这些社会矛盾从本质上讲是公共权力和私人权利之间出现了不和谐的问题，往往是公共权力侵害了私人权利。信访和谐、社会和谐则要求信访必须处理好公共权力和私人权利的关系。而要处理好公共权力和私人权利的关系，就必须按照法治的要求进行。就信访工作而言，进一步推进信访工作及其法治化进程，在党和政府以及全社会进一步树立法治理念，具有重大意义。就行使公共权力的各机关来说，一切行为必须按照宪法和法律的规定进行，介入私人权利领域时，公共权力必须保持高度的谨慎，警惕由此造成的对私人权利的伤害；对于享有私人权利者而言，也要养成自觉依法办事的习惯，合理诉求也要通过正常的法律、信访程序表达和实现，不得违法上访，必须摒弃那种"小闹小解决，大闹大解决，不闹不解决"的错误观念。

新中国成立后，非常重视倾听民声民意，把信访看成是党和政府加强与人民群众联系的一种重要方式。全国人大常委会、中央人民政府、最高人民法院和最高人民检察院普遍设立信访机构，全国也有很多省、县按照中央的要求设立了相应机构。1951年6月，当时的政务院颁布了《关于处理人民来信和接见人民工作的决定》，这是新中国成立后的一份关于信访工作的文件。1957年11月，国务院又颁布了《国务院关于加强处理人民来信和接待人民来访工作的指示》，指出各级领导要亲自接待、阅批人民来信来访制度。

随着国家进入改革开放时期，"文革"遗留问题需要突击性解决，社会生产和人民生活逐渐恢复正常。针对这一情况，1982年2月我国及时召开了第三次全国信访工作会议，通过了《党政机关信访工作暂行条例（草案)》和《当前信访工作的形势和今后的任务》。这标志着我国信访制度逐渐走上了正规化道路，进入了一个新的时期。

为了适应信访形势的新需要，更好地保护公民的合法权益，维护信访秩序，1995年10月28日，国务院颁布了《信访条例》。这是我国第一部信访行政法规，是对新中国成立以来信访工作中的经验和做法的一次全面总结和肯定，是国家在信访工作规范化、法制化方面作出的重要努力和尝试。随后，国务院各部委、全国各省市也陆续发布了条例、信访工作办法、暂行规定和守则等规范性文件，信访活动越来越规范化、秩序化。2005 年 1 月 5日，国务院通过了新修订的《信访条例》。2007 年 3 月 10 日，中共中央、国务院下发了《关于进一步加强新时期信访工作的意见》，对信访制度的定位、体制和机制提出了一系列的要求，为信访立法的具体建构和完善指明了方向。

我们可以看出，从《关于处理人民来信和接见人民工作的决定》到《国务院关于加强处理人民来信和接待人民来访工作的指示》，到《党政机关信访工作暂行条例（草案）》，到国务院《信访条例》，再到《关于进一步加强新时期信访工作的意见》，信访制度的发展过程是一个不断实践探索并逐步法治化的过程。当代中国的信访制度为群众观点的逻辑再现和群众路线的制度载体，是我党密切联系群众的有效方式，也演变成了一项公民权利，形成了有中国特色的信访权。① 信访制度的基本职能定位在畅通利益表达渠道、加强行政监督、协调各个职能部门处理信访事宜。我国也在致力于建立一套系统而权威的规范信访活动的法律制度，把信访逐步推向法治化。

（二）在实务层面实现信访和谐的法治保障

推进信访工作法治化、实现信访和谐是一个需要长期坚持不懈、不断完善的历史发展过程。从实务层面来看，实现信访和谐、社会和谐，需要多种不断完善的法治保障措施。

1. 进一步提高立法质量，不断完善中国特色社会主义法律体系

经过多年的努力，我国在立法方面取得了巨大成就，中国特色社会主义法律体系已经形成。我国已从根本上实现从无法可依到有法可依的历史性转变，各项事业发展步入法制化轨道。截至 2011 年 8 月底，全国人大常委会制定的有效法律 240 件，国务院制定的现行行政法规 706 件，地方人大及其常委会制定通过的地方性法规 8600 多件。但是，我们仍然需要立足我国国情，进一步提高立法质量，不断完善中国特色社会主义法律体系。"正如建筑家在建立一座大厦之前，先要检查和勘测土壤，看它是否能负担建筑物的重量一样；明智的创制者也并不从制定良好的法律本身着手，而是要事先考

---

① 张英洪：《当代中国农民的信访权》，《当代世界与社会主义》2006 年第 1 期。

察一下，他要为之而立法的那些人民是否适宜于接受哪些法律。"① 为此，要继续坚持和完善民主立法，让人民群众广泛参与立法，保证人民群众的意见和建议得到充分表达，合理的诉求、合法的利益得到充分体现。

另外，要进一步加强信访法制建设，尽快制定《信访法》。我国《宪法》第四十一条第一款规定："中华人民共和国公民对于任何国家机关和国家工作人员，有提出批评和建议的权利；对于任何国家机关和国家工作人员的违法失职行为，有向有关国家机关提出申诉、控告或者检举的权利，但是不得捏造或者歪曲事实进行诬告陷害。"可见，信访权利来自宪法规定，仍然需要具体的法律规定得以实现。目前，我国关于信访的规范性文件——《信访条例》属于行政法规，规格过低，对于行政机关以外的信访没有约束力。因此，必须尽快制定《信访法》，落实公民的宪法权利，使其真正成为现实生活中切实可行的权利，真正形成一套公开透明、普遍适用的信访工作的制度规范，保证信访案件"件件有着落、事事有回音"。

2. 进一步完善相关机制，充分发挥人大代表的作用

在解决信访问题上，我国《宪法》和法律也赋予了人大代表极其重要的地位和权力。例如《全国人民代表大会和地方各级人民代表大会代表法》第十六条规定："县级以上的各级人民代表大会代表有权依法提议组织关于特定问题的调查委员会。"第十八条规定："代表有权向本级人民代表大会提出对各方面工作的建议、批评和意见。建议、批评和意见应当明确具体，注重反映实际情况和问题。"法律的这些规定可以使各级人大和人大代表在解决公民的利益表达和权利诉求方面发挥着重要作用。但是，还需要进一步加强人民代表大会制度的改革和完善，注重人民代表作用的充分发挥，进一步缓解信访压力，促进信访和谐、社会和谐。为此，要进一步健全完善人大代表工作机制，促进人大代表工作有序的开展；健全人大代表接受监督的机制，人大代表由选民选举产生，必须对选民负责，受选民监督；以及强化人大代表议案、建议办理机制；强化人大代表服务保障机制；完善人大代表奖惩机制；等等，使人大代表真正成为"选民的信使，职业介绍所，营业推

---

① ［法］卢梭：《社会契约论》，何兆武译，商务印书馆 1980 年版，第 59 页。

销员，退伍军人的朋友，概括的说，地位低微者的看护人。"①

3. 进一步加强依法行政，减少信访案件的发生

按照依法行政的要求，行政机关能做什么，不能做什么，都要由法律来确定。行政机关只能行使法律赋予的权力，所有行政行为都要于法有据、程序正当。因此，各级行政机关要严格遵守宪法和立法法的规定，按照法定权限及程序立法和出台规范性文件，加强合法性审查，做到下位法与上位法不矛盾、不抵触，政策之间"不打架"。各项法律法规一旦公布实施，就必须得到有效贯彻执行，做到令行禁止，提高制度的执行力和公信力。行政机关不仅要按照法定权限办事，还要按照法定程序办事。要进一步完善行政执法程序，规范工作流程，依法细化、量化自由裁量权。只有将执法的每一个环节、实施步骤程序化，才能让执法人员有所遵循，才能避免执法的随意性。要进一步推进政务公开，让人民群众更好地了解政府运行、更广泛地参与政府管理、更直接地监督政府行为。对人民群众反映的问题，行政机关要认真调查、核实，及时依法作出处理，并将结果向社会公布。要严格行政问责。任何形式的监督，只有与责任追究结合起来，才能取得实效。2009 年 7 月，中央制定了《关于实行党政领导干部问责制的暂行规定》。有了制度就要严格按制度办事并长期坚持，对有令不行、有禁不止、行政不作为、失职渎职等违法违纪行为，要严肃追究有关人员的责任，督促和约束行政机关及其工作人员依法行使职权、履行职责。

[采访手记]

基层信访干部："有一次，群众因购买的种子当年没有得到合同约定的收益，群众以为是买了假种子，集体到市政府门口闹，接访人员做工作，群众说'有困难不找法院只找政府'，结果是政府只好出面，督促合同相对方给予赔偿，这个公司既赔了种子又赔了当年的收益损失。请问，政府这是依法行政吗？但如果政府说要用依法程序办，群众讲如果不能立刻解决，就天天来门口闹！这样的事太多了，后来有干部说，种子第二年效果很好，这个品种有适应期。假设，这时卖种子的又来上

---

① 王名扬：《美国行政法》，中国法制出版社 1995 年版，第 927 页。

访，要求政府退回赔偿款，政府又该如何?"

4. 进一步深化司法体制改革，实现司法公正

司法的本质和基本功能是解决纠纷，要求必须公正，同时要讲效率。"公正与效率"是司法的两大主题。司法是实现社会正义的最后一道防线。信访在很大程度上是由于司法救济不能满足当事人对其要求造成的。因此，进一步深化司法体制改革，实现司法公正，使绝大多数信访案件通过司法救济解决，是推进信访法治化的重要保障。我国的司法改革过程不是关门改革，而是要让人民群众参与，吸收社会各界的意见和建议。司法改革的成效要由人民群众评价。只有建立完善公正、高效、权威的司法制度，才能增强人民群众对司法的信任和尊重，才能把纠纷立足于司法救济的解决渠道，也才能在法治的前提下为推进信访法治化提供最终的纠纷解决保障。因此，我国必须进行司法体制改革，不断提高司法机关办案的水平，树立司法机关在人民群众心目中的威信，维护好法律的尊严、权威，并且抓好法律维权服务，构筑弱势群体法律援助体系。

5. 重视情理法的有机结合，促进信访和谐

流传甚广的"合情合理合法"、"合情合理不合法"、"合法不合情不合理"等熟语一直告诉我们，在我国，理解、实施法律时总要与情理有着千丝万缕的联系，这要求我们在处理信访案件时必须正确处理法律和情理的关系，重视情理法的有机结合。现在人们一般认为法治是社会治理的最佳方式。而谈到法治自然就会想到法律权威、法律至上，法律的效力高于其他任何社会规范。也就是说，当道德、情理与法律发生冲突的时候，法律应当是优先的、至上的。但是，在现实生活中，有时即使是依法办事，严格依照法律规定作出合法的审判，我们却又经常会像"秋菊"那样感到无奈、困惑，甚至感到法治的悲哀。因此，我们在进行立法、执法、司法活动的时候，也要在依法办事的基础上，把合乎情理同样作为自己工作的价值标准和办事的尺度，正如北京大学教授陈兴良先生所认为的那样，一种圆满的完善的法应当具有人情味，内含一种情理，没有情理的法是一种桎梏，一种奴役，所以，法应当具有人性基础。只有这样的法才是我们要追求的。

五、信访和谐的社会条件

信访和谐的社会条件侧重从狭义社会、微观社会支持系统建设角度，即在惯例、规则、风俗、文化基础上，通过家庭、亲族、邻里、同事、各种团体、社区组织、村镇政权组织等多元社会微观主体，借助"乡土化"的社会治理工具、方式、方法，依靠具体入微的服务，与信访人进行互动、沟通，对信访人的利益访求予以关注、解决或进行心理调适，实现信访人眼前利益与中央精神、基层现实、社会规范的协调平衡。

信访和谐微观社会支持系统大体上可分为两个层次，一是根据信访人的关系由近及远、可以凭借的、活跃于微观社会层次的各行动主体，他们是既是利益相关者，也是潜在信访问题的化解者，并基于最具体的利益关系、经济关系、社会关系进行互动，形成社会网络[①]，主要包括由家庭、亲族、邻里、同事、社会精英、各种团体、社区组织、村镇党组织和政府等。二是存在于微观社会层次的社会资本组成。生起本地风土的非正式社会规范（道德、社会规则、风俗习惯）、社会认同、文化源流等，这既是信访问题产生的价值、心理的主导因素，也是有助于信访问题解决的无形资源。

信访和谐的微观社会支持系统可分为正式支持与非正式支持（即自我支持）两类。正式支持是指由国家或政府干预的组织、社会保障和社会福利支持。非正式支持是指由亲属、邻居、朋友、亲族、社团等构成的初级群体提供的经济、照顾、精神等方面的支持。在基层党委和政府信访压力与日俱增的情况，必须要想方设法发动这些活跃于社会微观层面上的利益相关主体的作用，通过组织理念、运作机制、资源、能量的交互、融合与共享，建

---

① 按照美国学者林南的观点，社会网络是由多个社会行动者及它们间的关系组成的集合。他对格兰诺维特的"弱关系强度假设"进行了推广，进而提出了社会资源理论。他认为，那些嵌入个人社会网络中的社会资源——权力、财富和声望，并不为个人所直接占有，而是通过个人直接或间接的社会关系来获取的。当行动者采取工具性行动时，如果弱关系的对象处于比行动者更高的地位，他所拥有的弱关系将比强关系给他带来更多的社会资源。个体社会网络的异质性、网络成员的社会地位、个体与网络成员的关系力量决定着个体所拥有的社会资源的数量和质量。为此，林南提出了社会资源理论的三大假设并进行了检验：1. 地位强度假设：人们的社会地位越高，摄取社会资源的机会越多；2. 弱关系强度假设：个人的社会网络的异质性越高，通过弱关系摄取社会资源的几率越高；3. 社会资源效应假设：人们的社会资源越丰富，工具性行动的结果越理想（参见百度百科）。

构社会整合感，使各种信访问题的解决不仅有基层组织的依托，更有广泛的、深入社会土壤的多种社会组织的支撑。这样，正式支持通过动用公共资源，遵循一定的程序，体现出公共价值与规则，实现依法治国的目的。而具有相当的灵活性非正式支持，借助于社会资本或资源，根据问题的具体实际，可以从正面对信访人的引导、劝说、扶助，对信访问题解决具有灵活性与靶向性。

信访人因为问题没有得到解决，就会产生负面情绪，大多具有强烈的倾诉心愿，如果得不到正确的疏导，可能会发生谩骂，甚至有暴力、破坏行为。微观社会支持系统以信访人或潜在的信访人为中心，由内到外、由亲到疏、由非正式到正式形成社会关系网络圈。当信访者心理上出现负面情绪或应激反应时，发动有影响力的亲朋、邻居、亲族可以借助于与信访人亲密关系与深入了解，给予劝导和抚慰，为其提供积极的情感体验，使信访人对自己所面临的问题的理解与认知更为理性，重新对自我价值进行确认，增强个人生活环境和未来的可预测感、稳定感和自我控制感；表现在行为上，就能够有效调节个体的行为方式，使其避免产生不良的或过激的上访行为方式。因此，这种支持网络圈可使居于其中的信访人维持平时个体良好的情绪体验和身心状况具有保健作用，在心理应激的情况下具有调适作用，可以大大减少上访事件，也可使越来越多的上访陈情倾诉找到基础的心理防线，使老百姓从"青天情结"中逐步走出来，减轻政府的工作压力。

（一）发挥镇街村党组织和党员的引领、示范作用

镇街村的党委、党组织及广大党员是信访和谐微观社会支持体系的领导性力量。国家信访局认为，当前进京群众信访反映的问题中，有80%是可以通过各级党委和政府的努力可以在基层得到解决的。[①] 地方没有提供应有的帮助是导致来京上访人数增多的重要原因。所以，要实现处理信访案件程序和效率的正常化，杜绝信访问题的出现，必须加强村镇党组织领导能力。要继续使村镇、社区党组织及党员在微观社会领域既承担着经济发展领导者的角色，自觉承担国家意识形态的宣示、政策的执行、道德榜样的示范者的

---

① 王永前：《国家信访局局长周占顺：调查显示80%上访有道理》，《半月谈》2003年第11期。

角色，社会精神、社会价值观、社会信心的基础构建者，要通过自己的表率，让群众更加信服，使非正常上访、越级访少发或不发，促进社会和谐。

（二）发挥镇街政府及社区服务作用

镇街政府首先要转变压制、恐惧信访的观念，将信访看成党与群众拉近关系、密切联系的纽带，使信访部门对党的形象的维护、群众利益的保障。其次，要将社会政策作为信访问题解决一根最为基础的杠杆，通过增进社会福利，化解社会风险，以社会保险、社会福利、社会优抚、社会救济等途径，从物质上、财力上、精神上给上访人以支持，解除其后顾之忧。同时，社区管理部门要从社区服务、社会矫正、社区关怀等角度及时、经常地与信访人接触，进行心理疏导，提供点对点、一对一的帮扶，使其充分感受到社区、邻里的温暖与关怀。

（三）发挥基层镇街村各类社团、社区组织的社会矛盾协调作用

目前，基层政府在收集社情民意方面存在严重的惰性和能力不足，导致其在公共冲突事件的预防上存在信息失灵①；基层政府的职能被上收、权力弱化、财政困难所造成的"悬浮型政权"以及"维稳"考核压力，也造就了基层政府冲突治理的意愿和能力不足，造成民众越级上访的行为倾向。②而农村与社区各类社团组织的蓬勃发展，老百姓所认可的民间精英人物，谙熟中国传统熟人文化和社会规则，了解民间疾苦，可以掌握大量政府所不能、不便获得的关于老百姓诉求、生活现状的信息；而正是这些信息对处理老百姓上访中所涉及邻里关系、征地拆迁、企业改制、库区移民、农村调地、工程建设等方面的矛盾或突发事件中，发挥了不可替代的作用，使社会矛盾的化解方式由政府单一司法解决向政府与民间共同治理的情、理、法并举转型。要发挥农村社团与社区组织对信访和谐的支持作用，要从以下五个方面着手：一是要大力发挥其桥梁作用，为政府部门领导下访到基层提供了

---

① 彭晓伟：《非政府组织参与群体性事件治理的功能、原则及意义初探》，《云南行政学院学报》2010年第3期，第73页。

② 陈发桂：《我国基层维稳面临的现实困境及理性选择——以非政府组织参与的价值和限度为视角》，《学习与实践》2011年第1期，第79页。

一个直接有效的组织依托，老百姓也具备了以最小的代价或成本向行政机关反映自身诉求的组织保障。二是要发挥其社会情绪观测与预警的作用，有利于党、政府、群众及早把握社会运行信息，为信访预警与信息化建设增添更为坚实的社会支撑力量。三是要发挥其参与社会矛盾协调的作用，有利于基层政府从官民对立的状态中解脱出来，减少官民矛盾对立，充当了党委政府的"排头兵"和"桥头堡"。四是要发挥其参与民主表达作用。农村社团、社区组织作为一种表达渠道，可节约老百姓表达或上访的时间、精力、金钱成本，带来社会成本的节约，具有某种"节能"作用。同时，行政部门也能依托于这种组织形式，获得充分有效的信息和问题应对之策，带来行政成本的节约。五是要发挥其培育公民社会、提高公民素质的作用，使其成为党委政府的"宣传队"和"播种机"。政府、社会与公民三者良性互动是社会发展的基本轨迹。好的政府需要积极公民监督、鞭策、激励；积极公民是在政府培养、引导与规范中产生；两者相互存在，缺一不可。民间力量在社会发展中扮演好符合自身能力的角色并发挥优势，这三者是现代化进程不可缺少的三驾马车，共生共长，相得益彰。①

　　［链接］2006 年以来，新泰市汶南镇 55 位农民企业家自发组建"平安协会"，筹集会费，建起巡逻队，配合公安部门在镇区主要部位安装电子监控设施，维护社会治安，在一定程度上缓解了治安经费不足、基层警力薄弱的难题，社会秩序明显好转。新泰市委市政府在此基础上，认真总结经验，在全市逐步推开，2008 年 6 月成立市"平安协会"，平安协会会员多以老干部、老党员、老模范"三老"人员为主，按照党委政府领导，群众积极参与，会员自主决定的原则，协会会长、副会长、理事人选由综治部门推荐、同级党组织审查、会员选举产生，党组织重点在思想觉悟、公道正派、政策法律水平等方面严格把关。村级会员由村民推荐，把有威望、能主事、办事公道、善于协调的人员吸纳进来。截至目前，新泰市"平安协会"已经发展到 628 个，体制日趋完善、功能逐步完备、作用日益凸显。平安协会通过倾心交谈，用群

---

① 魏星河：《当代中国公民有序政治参与研究》，人民出版社 2007 年版，第 256—258 页。

众理解的方式办事，用群众的语言、情理跟群众交流，在政策和法律的范围内，因地制宜，因事制宜，特事特办，灵活多变，对症下药，当事人心服口服，案结事了，在化解矛盾中发挥了独特有效的作用，全市信访总量逐年大幅度下降，在2008年泰安市信访工作综合考核中新泰名列第一。有的人形象地称平安协会是乡村的"WTO"。

[链接] 2010年7月21日，济南市历下区妇女儿童维权人民调解委员会在历下大厦举行揭牌仪式。该调委会依托历下区法律援助中心，成立由31名律师组成的"历下区妇女儿童维权律师志愿团"，以法制宣传教育和专业法律服务为载体，专门接待和受理以下七种妇女儿童维权案件：辖区内经济困难的妇女；外来务工且经济困难的妇女；失地农民且经济困难的妇女；单亲家庭妇女；低保及低保边缘户的困难妇女；上访的妇女；受虐待或遗弃等权益受到侵害的儿童。①

（四）发挥熟人社会网络的个人支持作用

中国社会科学院的一项调查显示，百姓生活困难支持渠道排在前三位的依次是家庭、家族宗族和私人关系网，其支持度分别达到87.3%、63.8%和55.5%。研究显示，社会支持系统呈现向个人化发展的趋势，存在从单位回归家庭、家族和私人关系网的情况②。这说明，在当今社会发展变革中，人们面临诸多社会难题时，绝大多数会选择依靠自己的熟人支持系统来解决难题，熟人支持系统在实际生活中的利用和实践远超过我们的预期。同时，这也预示着，熟人支持系统运用于信访活动中的信访难题的解决是具有其操作性、实施性、有效性和群众性。在解决信访问题、促进信访和谐中，一是要充分发动其家族、亲族来做信访人的思想工作，通过亲属的劝慰和安抚，使信访人时刻保持冷静和理性，以合理的方式来表达诉求和愿望，避免出现缠访、反复访、暴力访等极端上访情形，以此形成一种安定、有序、和谐的信访局面。二是以地缘关系为基础的个人支持。要把邻里间的互助与社区服务

---

① 王荣文：《济南市历下区人民调解进妇联》，《山东法制报》2010年8月3日。
② http：//www. sina. com. cn 2006年12月26日00：30中安在线—新安晚报。

有效融合，构成社会支持的一种新方式作用于信访人的信访活动中，充分发挥邻里互助对信访和谐的有益作用。同时，在信访接待中，充分利用同乡间的那种纽带作用，让与信访人有共同乡音的接防人员来接待信访人，消除信访人的警惕和抗拒心理，实现信访人和接访人的有序、良性、有效沟通。三是以业缘关系为基础的个人支持。信访和谐的社会支持系统建设离不开以业缘为基础的个人关系的有效支持，通过信访人的领导、同事、伙伴、同行等相关人员的关心和帮助，来化解信访人的困难，使信访人感受到温暖和理解。

（五）充分发挥区域文化的社会教化作用

一些地方和部门将信访高发归于当地民风强悍的缘故，这反映这些地方和部门并没有深入把握当地的区域文化特质，民风特点找到解决信访问题的针对性策略。我们的领导干部是受党和政府委托执政的，必须根据当地不同的文化、不同的民风、不同的情况，采取不同的施政方略，只要真心对待群众，只要思路对头，措施得力，工作到位，调处有方，就能够解决任何复杂的信访问题。一是要在微观社会层面建设社会生活共同体。将社会共同价值观、道德、模范变成"看得见、摸得着、学得来、记得牢"的人物、形象、示范，采取生活化、社会化的策略，使群众能切身感受到社会精神的引导力量。二是要引导群众参与到构建社会生活共同体过程去。凡是与群众利益有涉的事项，多引导群众参与，让群众在社会参与中进行社会认知与社会习得，增强分析问题的能力、拓展评判问题的眼界，使其在遇到复杂问题能快速形成社会共识。同时，这还有助于群众在区域范围内能了解彼此，进行物质、精神上的互助，在付出—回馈的社会利益均衡模式中进行社会体验，验证社会规范、风俗、规则的可信度，并能延续、继承，使其成为维系社会关系的纽带，保持社会秩序的稳定性、良性运行，减少社会风险、社会冲突的发生。三是要大力推动区域文化源流聚合，建构社会管理文化。在现代化与市场经济的大潮下，社会微观层面的治理需要强有力的、符合社会群众接受能力的主流文化的有效引领，要从传统文化、现代文化、区域文化源流的汇合中，挖掘社会化的、积极向上的文化理念与信仰，找到民族文化的根，有效抑制现代文化、商业文化中的糟粕成分，形成由社德文化、社风文化、社技文化和社境文化构成的社会管理文化。① 通过农村的文化大院建设、社会的文化建设、职工娱乐生活场所建设，为其提供文化平台，通过开展健康有益的群众活动，丰富其业余文化生活。如郑州市惠济区信访系统采取"文化大篷车"演出塑造信访文化，参加表演的有区信访局的领导和村里的基层信访代理员。他们自编自演的小品《管民情》、报道剧《情系民生》等节目依据信访工作中实际案例展开，并融入信访条例内容，将宣传说教换成文艺演出。南京、青岛等地的信访文化建设已经有许多积极成果、经验值得各地学习②。

---

① 刘茜：《文化之用与社会之需——"文化之用与社会管理创新"研讨会综述》，《中国文化报》2012 年 10 月 9 日。

② 干部搞宣传：《惠济信访文化大篷车开到村头》，中原网：www. zynews. com，2009 - 09 - 06，09：35：23。

第 四 章

信访和谐的运转系统

现代社会过程愈益复杂，不确定性因素越来越多，社会约束变得更加困难，从而使制度化约束机制显得越发重要。营造和谐诚信的信访环境，必须以落实各项长效机制为保障，进一步提升信访工作的效率和水平。完善信访制度，要健全党和政府主导的维护群众权益机制，不断完善从源头上解决问题的长效机制。许多专家认为，信访工作基础管理薄弱，是我国信访工作与党和群众要求之间存在差距的原因之一。"制度化方式最突出的特点是对人的行为及其社会效果的约束；以理性有限的人可把握的方式消解人与人、个体与群体之间相互作用过程中的不确定性。"① 信访工作标准化是信访工作实现法制化的基础性机制。建立信访工作标准，作为改进和完善信访工作的基础，衡量绩效和检查的依据，有利于跨部门、跨地区、跨行业的合作，防止和减少相同问题重复发生，保持与传递既有的成功经验，并为改善工作提供条件。

从目前看，信访机制建设是信访制度改革的奠基之石、重中之重。在崇尚法治时代，信访制度要有所作为，切实实现政治整合、权利救济、行政监督、维护稳定等预期目标，只有健全信访制度的运作机制、规范信访程序。目前，各地各部门都有一些成功经验和做法，但还没有上升到标准的高度，没有在群众和相关部门中获得认同和执行，因此，在现有信访基础要求前提下，信访和谐机制的形成是对相关规范的整合和再创造，是各种信访要素按

---

① 李琼：《政府管理与边界冲突》，新华出版社 2007 年版，第 301 页。

照一定的程序、方式结合成的有机系统。我们要为已经制定的信访事项三级终结①、复查复核、听证、律师参与信访工作、信访工作引入仲裁等配套制度的落实，努力创造条件逐步加以完善和落实。对中央提出的信访工作综合协调、信访问题排查化解、信访信息汇集分析、信访事项督查督办四大工作机制，要结合实际细化工作目标任务，进一步制订具体的贯彻落实措施，真正把营造信访和谐秩序的责任落实到单位、落实到人员。

健全完善的工作体制和运行机制比干部的思想道德觉悟更重要，是贯彻党的群众路线的载体和保证。② 信访工作同制度和体制的力量相适应、同政府管理社会和服务群众的职能相统一，以结合渗透方式、教育引导方式、沟通协商方式、群众自治方式、社会救助方式和典型示范方式等为主要方式方法，并已逐步形成与我们党的执政方式、领导体制和运行机制相适应的信访工作新机制。机制是以制度为依托建立的科学有序的工作系统。现在要加大制度创新力度，建立健全相关制度，并使各项制度互相衔接并有序运行，成为工作机制。从总体上看，设计和建立某种制度、体制、规范、政策，要审视其赖以运行的内在逻辑和机理规则，从一定的价值目标出发，选择适当形式的制度、体制、规范和政策，使机制达到最佳状态。按照科学发展观和构建和谐社会的要求，信访和谐机制应包含信访目标、动力、控制、保障等几大系统内在的协调统一的机制体系。

一、信访和谐的目标机制

目标在主体活动过程中具有特殊重要性。目标是客观规律在人们头脑中的反映所形成的行动过程的性状、责任和任务的具体化。具体说，目标是个人、部门或整个组织所期望的成果。从管理学视角看，目标管理是用系统的方法，将庞大复杂的事情和行为，整理成为关键性的可控制目标的管理活

---

① 《信访条例》第三十四条、第三十五条规定：信访人对行政机关作出的信访事项处理意见不服的，可以请求原办理行政机关的上一级行政机关复查，信访人对复查意见不服的，可以请求复查机关的上一级行政机关复核。若信访人对复核意见不服，仍然以同一事实和理由提出投诉请求的，各级人民政府信访工作机构和其他行政机关不再受理。

② 吴辉：《和谐社会构建中的群众工作》，湖南人民出版社 2007 年版，第 138 页。

动，激励所属成员高效实现组织目标的方法。目标可区分为"改善目标"、"解决问题的目标"、"例行目标"。目标，实际上由目的和标准两个要素构成。所设定的目标即使非常正确，若缺乏"标准"，在实际执行过程中，由于无法测量其达成程度，从而导致监督无法施行，结果仍会出现问题。现代科学提出的"预决性"（finality）观念①已经证明目标对于主体活动的重要性。所谓预决性，是指在一个复杂系统开始运行之前，人们根据已有的信息、对系统运行发展趋势的预期，经过综合评析，把该系统演化过程的优化结果在观念上先提取出来，作为该系统演化的目标来规范和制约该系统演化的过程。② 信访工作的目标机制就是这种预决性观念在信访工作运行过程中的体现。

信访工作目标是指信访活动运行所要到达的目的、结果和境界。信访工作目标在信访工作运行机制的诸多要素中起着重要的导向作用，其他诸要素，都是由信访工作目标派生并为目标服务的。那么，按照预决性观念，信访工作的目标应该是解决问题纠纷还是联系群众收集社情民意？抑或二者兼有甚至更多？这是需要探讨的重要问题。

历史唯物主义认为："任何事情的发生都不是没有自觉的意图，没有预期的目标的。"③ 也就是说，人的社会活动是有目标性的，不是盲目的、随意的。信访主体所从事的活动是一种目标性行为，而不是一种盲目行为。信访工作作为一种目标性行为，不是盲目行为，其工作目标机制，决定着信访工作运行的方向、过程、状态和程度，是信访工作新机制的核心和灵魂，是指引人们活动的一面旗帜。

信访工作目标的指引作用，是信访和谐工作运行机制的核心内容。根据和谐理念的信访工作本质要求，信访工作目标可以分为本质目标、理想目标（长远目标）和阶段性目标。我国信访制度的本质目标与中国共产党执政的本质目标是一致的，即保障人民群众当家做主的地位，切实维护和实现人民

---

① 一般系统论认为，系统的有序性不是为有序而有序，而是按一定方向而有序，一个系统的发展方向，取决于其"预决性"，即不仅要有实际条件来决定，而且要受所达到的最后状态所制约（关于系统科学与经济法学研究的探讨. http：//blog. sina. com. cn/kongdezhou. 2006-12-20 17：39：39）。

② 冯国瑞：《主体复杂性论略》，《北京行政学院学报》2007 年第 6 期。

③ 《马克思恩格斯选集》第 4 卷，人民出版社 1995 年版，第 247 页。

群众的根本利益，真正做到权为民所用、情为民所系、利为民所谋。信访和谐机制的理想目标（长远目标）就是通过为国分忧、为民解难，促进人的全面发展和社会进步。信访工作与时俱进，根据不同时期的具体变化也要适时提出自己新的阶段性目标。

信访工作作为党和政府联系群众的桥梁、倾听群众呼声的窗口、体察群众疾苦的重要途径，现阶段的目标主要是维护人民群众合法权益，积极化解社会矛盾，建立信访群众利益表达机制、信访群众利益协调机制、信访突出问题解决机制、信访纠纷多元化解机制、信访权利救济机制是当务之急。从建设和谐社会出发，构建与社会主义市场经济相适应的，以自由、平等、权利为导向的各项制度与机制，特别是加强基层民主制度建设，加强基层社会管理，使得民众可以有地方讲理，可以有效地争取和维护自己的合法权益与权利，也是信访工作目标机制的重要组成部分。

图1　创新基层信访机制工作交流会

（一）信访工作目标定位

信访工作一直是办公部门的一项重要职责，信访工作机构也一直作为办公部门的内设机构，是党委和政府的秘书性办事机构。1986 年 11 月，中办信访局、国办信访局合并成立了中办国办信访局。2000 年，中办国办信访局更名为国家信访局，开始作为一个独立的行政机关，在业务上接受中共中央办公厅和国务院办公厅的指导，其工作内容和职能也发生了重大变化，逐步介入信访问题的协调、督办、调查等。从运行情况看，接访和解纷是信访部门的日常主要功能。我国《信访条例》具有纠纷解决机制所需要具备的某些特点，尤其是《信访条例》增加了一些对纠纷解决程序上的要求，如处理期限、结果告知的规定等。但是，当我们以此为标准分析现有的信访制度就会发现，信访所起的作用并不理想，由此看来信访工作目标定位问题需要认真审视。

图 2　社区用群众工作统揽信访工作新闻发布会

将信访工作的目标定位于党和政府联系人民群众的桥梁和纽带、倾听群众呼声的渠道，是一种合理选择。通过群众的信访监督，有助于领导干部的勤政廉洁；党和政府联系人民群众——群众的信访监督——领导干部的勤政廉洁，一条良性互动的有机链由此形成。正如《信访条例》第一条开宗明义地阐释条例目标时所称："为了保持各级人民政府同人民群众的密切联系："这样的定位，意味着信访机构的职能就是联系群众，宣传政策，而非解决纠纷。如此，就应该建立广泛吸纳群众建议和意见的机制，如方便的来信制度、对行政机关建议和意见的分类处理制度、对优秀建议的奖励制度等。《信访条例》就不应当规定投诉与处理，不应当规范个案处理，更不应当在对《信访条例》和信访机构工作的宣传上让广大群众认为这是一个投诉渠道；而应当加强对行政复议、行政诉讼等规范化、制度化的纠纷解决机制的制度建设和效果宣传，提升其社会职能，充分发挥其督导、监督等作用。然而，实际上，目前我国的信访工作是既作为解纷又作为联系群众的工作部门而存在的，由此也带来许多矛盾和问题。是否能够兼顾而发挥综合功能，弱化解纷的信访，强化传递信息的信访，并以联系群众为主要目标和工作定位，是我们的期待和努力方向。

（二）信访工作目标系统构成

根据目前的实际情况分析，新时期信访工作目标是一个由多元化目标所组成的综合体系。其目标的确定与实现也是一种复杂的、交互作用的、辩证发展的过程。阶段性目标是解决信访群众的困难和问题，维护其合法权益；过程目标是提升信访群众政治参与意识和能力，促进社会民主进程；总体目标是提高信访群众与社会的平等公正的生活质量，形成弱势群体融入社会、共享发展成果的状态；长远目标是把与信访有关的主体都变成和谐社会的建设者，使信访群众成为国家政治社会生活的积极建议者和实践者。应该说，"正是在公共秩序的维护、政治共识的达成和公民个体的全面发展这三个政府与公民个体都关心的方面，政治参与在提供了目标达成的工具性意义，同时，也提供了政治参与本身在处理个人利益与公共利益的动态平衡中的目标意义"[1]。

---

[1]　褚松燕：《权利发展与公民参与》，中国法制出版社 2007 年版，第 196 页。

图3　领导干部下访工作组北海接访点

　　现阶段信访工作的目标机制要围绕解决信访群众的困难和问题，维护其合法权益而展开和运行，通过建立健全利益表达、利益协调以及信访突出问题解决机制，维护人民群众的合法权益，实现社会和谐发展。客观形势迫切需要我们自觉地把握阶段目标、过程目标、总体目标、长远目标之间的辩证互动和复杂变化，而且要根据客观情况的复杂变化和主观状态的种种发展，自觉地调整目标之间的辩证关系，努力做到既头脑清醒，高瞻远瞩，又脚踏实地，从实际出发，努力做到自始至终地驾驭全局，有序推进。信访活动分析显示，社会民生问题是信访的主要内容，"信访难点大部分都是民生热点，抓住了保障和改善民生这个关键，就抓住了群众工作和信访工作的现实着力点"①。现阶段，要在信访工作中深入贯彻落实科学发展观，牢固树立正确政绩观，把更多的心思和精力放在保障和改善民生上，放在解决群众反映的突出问题上，多办雪中送炭、排忧解难的实事。要带着感情认真办理群众每一封来信、依法文明接待群众每一次来访，尽职尽责地解决群众合理诉

①　《周永康在全国用群众工作统揽信访工作经验交流会上强调，贯彻胡锦涛总书记关于群众工作重要讲话精神，使信访工作在更好地服务群众中发挥更大作用》，《人民日报》2010年11月24日。

求，不断提高人民群众的满意度。①

信访工作目标机制的设置，就是这样一种预决性措施和自觉行动。近十多年来信访量的持续走高是一个重要的信号。社会矛盾的复杂与对立的加深是信访问题难以消除的"源"。合理交往渠道的不足与阻塞表明，我们必须优先着力拓宽与优化社会合理交往的渠道。有鉴于此，建设和谐社会的当务之急是构建与社会主义市场经济相适应的、以公平公正体现人民主体地位和权利导向的各项制度与机制，包括信访工作有关机制。

建立信访群众利益表达机制。利益表达机制是现代政治文明的重要标志。我国公民利益表达渠道主要有人民代表大会制度、民主党派及社会团体、大众传播媒介、群众自治组织、信访与对话等多方渠道。这些制度化的渠道有机结合，构成了我国公民利益表达机制。然而，利益表达的实际效果并不十分理想，必须不断完善利益表达的机制。美国著名政治学家阿尔蒙德在《比较政治学：体系、过程和政策》一书中，将某个集团或个人"提出要求的过程称为利益表达"。② 目前，从信访渠道反映的问题看，已经折射出在相当程度上存在利益表达机制缺失问题。信访问题的存在和信访量的居高不下说明，也说明在社会整体上存在多方面缺失，如成熟的利益表达主体的缺失、有效的利益表达渠道的缺失、程序化表达作用的缺失、均衡的表达作用的缺失等。因此，不管从社会和谐还是信访和谐的角度，都在呼唤利益表达机制的完善，呼唤公平、开放、多向度的为不同群体提供公平表达利益的制度性平台。根据不同社会群体尤其是弱势群体利益表达的需要，必须完善利益表达制度的规范体系，包括公民利益表达的组织形式、权利和义务、准则和程序等多方面内容③，并实现利益表达制度的法治化，用法律规章的形式调整、规范公民利益表达的内容、范围、方式，使公民的利益表达做到经常化、秩序化，最终实现公民依法进行利益表达、国家机构依法回应公民利益表达。

建立信访群众利益协调机制。从我国现阶段社会利益关系和结构变动的

① 中央政府门户网站：www. gov. cn 2012 年 01 月 13 日 21 时 47 分，来源：新华社（记者 杨维汉）。

② ［美］加布里埃尔·A. 阿尔蒙德、小 G. 宾厄姆·鲍威尔：《比较政治学：体系、过程和政策》，曹沛霖等译，上海译文出版社 1987 年版，第 199 页。

③ 王春福：《构建和谐社会需完善利益表达机制》，人民网，2006 年 10 月 31 日。

图4　国家信访局接待大厅

特点出发，我们要建立的信访利益协调机制，就其主要内容来看，应包括利益引导机制、利益约束机制、利益调节机制和利益补偿机制。来自实践层面的创新已经有很好的成果。如湖南省浏阳市纪委在处理信访难题过程中运用利益协调机制①，促进了信访难题的化解，有效维护了社会稳定。自2009年起，他们通过建立考核机制，将涉法信访工作纳入相关职能部门的工作职责范围，加强相互配合与协调，并从"防"入手，启动司法救济机制，使群众的合法权益得到有效的保护。2009年，浏阳市纪委对18起涉法信访案件进行了司法救济，救济金额达14万元。对利益损害问题采取信访听证公正处理。浏阳市纪委于2008年出台了信访听证制度，有效化解了多年以来的信访难题。对处访不力问题运用效能监察督办。此外，该市纪委制定了《信访效能监察制度》，大力加强办理信访问题的效能建设。在效能监察过程中，对违反信访工作纪律有关规定的个人予以纪律处分；涉及组织过错

---

① 星辰在线　通晓长沙（http://www.changsha.cn/roll/200912/t20091231_1052844.htm）。

的，下达《监察建议书》和《监察决定书》，限期整改，情节严重、造成较坏社会影响的，追究相关领导的责任。

建立信访突出问题解决机制。当前信访领域的突出问题表现在：事关民生的信访问题（主要是国企改革、劳动就业、涉法涉诉等群众反映强烈、社会影响面大的突出问题）、重信重访的问题、非正常访突出的问题、重点领域信访突出的问题、群体性事件的问题。根据北京市信访矛盾分析研究中心的统计分析，"十一五"期间，北京市信访办信访量排名前十位的问题分别是：城市管理、拆迁安置、劳动社保、涉农问题、住房问题、社会建设、社会秩序、投诉举报、社会纠纷和环境保护，"有关这十类问题件批次占信访总量80%以上，人次占信访总人次的90%以上"。① 针对信访领域存在的突出问题，制定相应的问题解决机制势在必行，主要应设置的机制有：事关民生突出问题解决的长效机制，预防和减少重信重访事件发生机制，化解与稳控工作长效机制，信访问题群体性事件应急处置机制等。信访工作方面的长效机制是指能长期保证制度正常运行并发挥预期功能的制度体系，重要的是明确信访人与信访工作人员作为推动制度正常运行的"动力源"，要有出于自身利益而积极推动制度和监督制度运行的动力，使得制定的制度方案可以在相应工作中达到长期效益。

建立信访纠纷多元化解机制。多元化解机制是将人们调解自治、行业自律协调、行政调处、司法审判和信访问题处理等矛盾纠纷解决形式的有机结合。各地信访部门已经加快构建和完善多元化的纠纷解决机制，整合多种社会资源，综合运用和解、调解、仲裁、复议、诉讼、信访等多种方式和手段，应对社会矛盾纠纷多元化的发展趋势。实践中建立的机制包括信访问题民间解纷机制、信访问题行政解纷机制、信访问题仲裁解纷机制、信访问题司法解纷机制、信访问题各解纷机制方式能动性协作。建立多元解纷机制，各种解纷机制主体之间相互协调、相互配合，共同发挥作用，可有效解决纠纷。当事人可以根据利益权衡选择不同的处理机制，使纠纷得到及时、合理、有效的解决，合理有效的多元解纷机制的建立，可以有效发挥各类解纷

---

① 北京市信访矛盾分析研究中心：《"十一五"期间市信访办信访数据分析报告》，《北京市信访矛盾分析研究中心专题报告》2011年第1期，第6页。

机制的作用，及时保护当事人的合法权益；同时也能缓解信访案件剧增与解纷资源不足的矛盾，促进社会稳定、和谐发展。

　　建立信访权利救济机制。"从宪法权利发展的社会形态看，信访权利是一种'新兴权利'。所谓'新兴'，并不是指在实证法的意义上信访权利刚刚被确认或被保障，而是指信访作为一种'权利形态'正在被理论证成、被普通公民实践并开始生长出一种普遍的权利共识。"[1] 马克思在《哥达纲领批判》中指出："权利永远不能超出社会的经济结构以及由经济结构所制约的社会的文化发展"[2]。信访制度设计的初衷不仅是为了广开言路发动人民群众为新生的共和国建言献策，同时也是为了落实人民政权的一切权力来自人民，受人民监督的施政理念。在新中国成立初期国家法制体

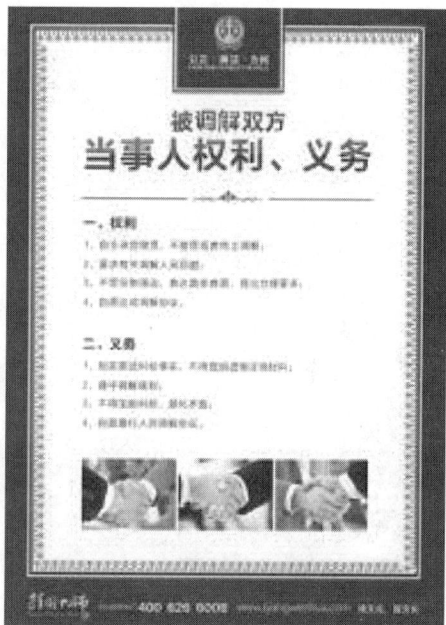

图5　信访事项调解宣传展板

系不健全的情况下，信访制度及时地充当了保障公民权利的社会"安全阀"。信访权利作为中国社会发展所需要的权利形态，它所带来的理论上的挑战和制度上的发展动力值得深入研究。就目前而言，应当承认，我国的信访权利救济体系应该是全面的救济体系。主要包括信访权利的宪法救济、信访权利的立法救济、信访权利的诉讼救济、信访权利的行政救济、信访权利的媒体救济、信访权利的社会救济等。

---

[1]　任喜荣：《作为"新兴"权利的信访权》，《法商研究》2011 年第 4 期。
[2]　《马克思恩格斯选集》第 3 卷，人民出版社 1995 年版，第 305 页。

图6　律师进驻信访大厅

二、信访和谐的动力机制

　　动力机制是信访工作得以运行的基本要素，也是信访工作的激励机制。动力机制主要在于激发内在动力，调动外部推力。信访动力机制是一种促使自我协调、自我激励、自我完善的组织系统。一般而言，信访工作的动力机制由各种力量聚合而成。按照信访动力机制内的层次、内容及作用的不同，可以将信访动力机制划分为：源动力、助动力和推动力。信访工作的源动力来源于主体内在的需要和利益。信访助动力与党的执政资源、执政条件以及执政环境密切相关。而党正确的群众工作理念、完善的群众工作制度和卓有成效的群众工作方法，是信访工作运行机制不可缺少的推动力。这里涉及的信访动力机制，主要是从与新时期群众工作相联系的部分和视角审视，以反映群众利益和需要，倾听群众呼声，解决群众困难为服务宗旨和原则。

信访工作的源动力来源于主体内在的需要和利益。马克思认为，需要是人的活动的出发点和内驱力。"人们奋斗所争取的一切，都同他们的利益有关。"① "如果只讲牺牲精神，不讲物质利益，那就是唯心论。"② 因此，需要和利益是人们活动的内在驱动力和力量源泉。信访主体需要和利益的追求与满足间的相互作用和矛盾运动，是信访工作运行机制发展的源动力。信访制度就是满足群众需要和利益的设置。信访制度通过群众反映问题，政府调查后予以解决，能实现"为人民服务"的意识形态承诺，它的行为手段本身能使人们看到党"密切联系群众"、"从群众中来，到群众中去"的意识形态效果。因此作为一种具体制度，它能自证其合法性，同时还能以自身的合法性贯彻意识形态的合法性。③ "从群众中来"就是发现问题，"到群众中去"是为了解决问题，信访就是这一路线的具体实践形式。"从群众中来"就是通过信访了解社情民意，"到群众中去"就是根据信访采集的信息完成决策，服务社会。任何制度的设计，都是为了特定的目的，达到它的"有用性"。④

信访动力机制一定程度上需要外部力量的辅助，其中，党的执政资源、执政条件以及执政环境，在一定条件下，成为推动信访工作运行机制的动力。在新的形势下，要积极营造信访的良好外部执政环境，如：完善党政领导干部和党代表、人大代表、政协委员联系群众制度；建构社情民意反映机制；发展群众政治参与机制；完善人民建议征集制度。

应该看到，面对不断复杂化的社会矛盾和利益诉求，信访部门的工作人员大多感觉自己处在矛盾冲突的风口浪尖之上，信访部门成了踮起脚尖走路的部门，既没钱，又没权，只有"嘴巴甜"，信访工作成了吃力不讨好、没人愿意干的苦差事，成了"天下第一难事"。从理论上看，似乎也有案可

---

① 《马克思恩格斯全集》第 1 卷，人民出版社 1956 年版，第 82 页。
② 《邓小平文选》第二卷，人民出版社 1994 年版，第 146 页。
③ 陈柏峰：《缠讼、信访与新中国法律传统——法律转型时期的缠讼问题》，《中外法学》2004 年第 2 期。
④ 汤唯、孙季萍：《法律监督论纲》，北京大学出版社 2001 年版，第 18 页。

图 7　信访的社区民意功能

稽，在法国社会学家布迪厄的理论中，信访工作人员可谓典型的占据着社会战略性位置的"实践专家"，他们的尴尬与面临的压力可看做是布迪厄所讲的当代世界"社会疾苦"① 的一种类型。在《世界的苦难》一书中，布迪厄专门探讨了一种存在于国家基层工作人员中的痛苦，一种因处于特定结构位置上而感受到的表现为内在矛盾形式的"位置性痛苦"②。当然，尽管在当代中国的情境中，我们可不同意布迪厄对于社会疾苦的归因，也不必把这样的现象归结为一种社会疾苦的表现，但是从近年来涉及基层治理的事件中，的确可以发现这样一种结构性失范状况的广泛存在。那么，如果信访工作人

---

① 社会疾苦：社会疾苦研究是布迪厄晚年主持的一项重大的学术活动，源于其晚年著作《世界的苦难》（La misère du monde）。关于什么是社会苦难，布迪厄并没有给出确切的界定，但著作中每一个故事无不流露出社会痛苦，如社会生活中普遍的社会怨恨、种族歧视、工人阶级衰落等问题属于这种社会疾苦的形式。（毕向阳：《社会学人类学》，中国网，2007 年 1 月 18 日）。

② 位置性痛苦：源于布迪厄对于那些为弥补市场经济不足而承担着所谓"社会功能"的警察、基层法官、社会工作者、教育工作者等人员来说，在他们致力于应对新自由主义市场经济带来的社会疾苦时，在国家赋予他们的繁重的、无休止的"不可能完成的任务"和他们手中掌握的十分有限的方式手段之间存在矛盾，基层政府的职能部门工作人员必然会感受到这种张力，体验到这种"双重困境"（double binds）和政府体制之内存在的"制度的自欺"（institutional bad faith）带来的痛苦。（毕向阳：《社会》总第 242 期，2005 年 4 月）

员和信访工作部门感受如此地位，信访工作的动力何在呢？现在看来，宗旨意识、职业道德、行政伦理等自律和他律有机结合，激发信访工作内在活力是有效的但还是难以持续的，必须把对信访工作的知识、对信访干部的优先提拔、对信访职业资质的高配备等多方面结合起来，才能真正使其动力机制成为长效机制。

一般而言，信访动力机制的源动力、助动力和推动力三个层次，是党的群众工作理念、群众工作制度和群众工作方法在信访工作中的具体体现。

信访工作作为党的群众工作的重要组成部分，在实践层面已经产生很多经验典型。河南省将群众理念引入信访工作中，以群众工作统揽信访工作，赋予信访部门更多群众工作职责。赋予民意效能监察职责，站在群众立场上，广泛收集社情民意，对各级各部门涉及群众利益的具体工作进行监督评价，提出意见和建议，检验工作成效。赋予对困难群体进行救助的职责，强化行政救济手段，解决困难群体最关心、最直接、最现实的利益问题，弥补对困难群体救助方面存在的薄弱环节，维护社会公平正义。

图 8　信访大厅的信访文化

2005 年 1 月，河南省义马市决定撤销信访局，成立了全国第一家"群众工作局"（后改称群众工作部）。群众工作局保留原信访局职能，同时整合与民生关系密切的民政、司法、国土、公安、城建等部门部分职能，全市 30 名副县级以上干部，每月都必须按照排出的日期，到群众工作局值班一天，挂牌公开接待来访群众，现场办公，并要将值班期间所受理案件负责到底，直至问题解决。群众工作局运转效果明显，2008 年至今义马市无一起赴京和到省集体上访。据统计，河南全省 18 个省辖市、158 个县（市、区）全部挂牌成立了党委群众工作部；此后，山东、山西、辽宁等地开始效仿"义马经验"。山东省 5 个市、72 个县（市、区）成立了综合性的群众工作机构；山西省在 3 个市、50 多个县设立了社会工作部。此外，湖南、黑龙江、贵州、江西、江苏等省（区、市）也都陆续设立了类似机构。而且，不少市、县两级群众工作部部长都选择了职务高配，由市（县）委常委、副市（县）长担任，以强化群众工作部的综合协调职能。

群众工作是大家做、共同做、就近做、随时做。我们讲群众工作统揽信访工作，一方面是强调统揽，强调信访工作是党的群众工作的重要组成部分，明确了信访工作的定位和属性，各级党委政府要把信访工作放在全局工作中统筹安排；另一方面是强调中心，信访工作要围绕中心开展工作，具体的就是在实际工作中要坚持统揽不包揽，重点在加强领导、整合资源、发挥职能部门作用上下功夫，再提高水平、增强实效、更好服务群众上下功夫。从这个角度讲，机制建设是基础，制度建设是根本，机制建设是制度的运行平台。

各级党委群众工作部在贯彻落实党的群众路线和信访工作决策部署、研究制定群众工作政策、监督检查涉及群众利益的各项工作落实、集中反映社情民意、排查化解矛盾纠纷、服务以改善民生为重点的社会建设等方面发挥着重要职能作用。现在很多地方也在学习他们的经验。然而，应当看到，在中国现行体制下，信访工作要有所作为就必须打破行政内部监督的窠臼，从外部监督上另辟蹊径。为此，我们可以进一步动员的权威资源不外乎公众传媒的舆论压力和人大常委会的权力，两者都以民意为基础，符合建立信访制度的初衷，也可以避免重蹈其他行政监察部门处理同一事项时失败的覆辙。由此可见，中国信访机构进一步改革的基本方向或出路应该是对行政权的民主监控。目前已经形成正在运行的机制设置有以下几种情况：

一是党政领导干部和党代表、人大代表、政协委员联系群众制度。例如实行"一岗双责"制。"一岗双责"是指各级党委、政府及其工作部门领导岗位上的领导干部，除负责抓好分管的业务工作外，还要负责抓好职责范围内的信访工作。按照"属地管理、分级负责"和"谁主管、谁负责"的原则，对分管部门、联系单位的信访工作负责。

二是社情民意反映机制。包括社情民意的直接反映机制、反映社情民意的人大政协民主机制、反映社情民意的信访民主机制、反映社情民意的信息化机制、反映社情民意的群众团体机制、反映社情民意的公开表达机制、反映社情民意的核心机制。在整合现有的各个机制、各个工作机构的基础上，成立专门的社情民意信息中心，直接对党委、政府领导负责，承担重大问题的统一归口，整理分析，提出方案，向上反映，督查督办，舆情调查等功能，形成反映社情民意的核心机制。目前已经建立的全国信访信息系统，鼓励以电子邮件等书面方式的申诉，以数码技术等先进通信手段来疏通信访渠道。在理想状态中，这个系统可以保持信访制度的最大优点——成本低廉、立案便捷，也可以通过联网和查阅的技术性安排使中央政府收集基层信息的能力不至于因就地解决问题的规定而削弱，还可以对各级信访机构的处理申诉的绩效进行观测和追踪管理，甚至建构起某种特殊的权力关系，即使在无人操作条件下也能实现自动化控制。除此之外，还应推动社情民意反映机制网络向农村、企业、学校、社区等基层单位延伸，向新兴群体、新兴组织、新兴媒体延伸，向掌握境外舆情的单位延伸，建立新秩序，构建新格局。

三是信访群众政治参与机制。包括以法规制度保证政治参与的常态化、培育公民文化，提高公民政治参与能力、拓展多层次政治参与渠道。坚持开门接访制①，畅通信访渠道。山东陵县把信访大厅建在县委大院，县委大院门口不设岗、不登记，群众可以随便出入，有话能随时来说，有事能随时来办。这里，一杯热茶话暖心，有个座位歇歇乏。设在县委大院的信访大厅，成了群众的"家"，成了解决群众问题的"终点站"。县委大院内，建成30多年的陈旧的县委办公大楼和崭新明亮舒适的信访大厅形成鲜明对照②。

四是人民建议征集制度。据国家信访局办信一司副司长徐思鸣介绍，近

---

① 安徽省依法治省领导小组办公室：《强化信访机制保障，促进社会和谐》2011 年 8 月 12 日。
② 《山东陵县信访大厅建在县委大院，群众可随便出入》，《人民日报》2011 年 12 月 3 日。

年来，国家信访局受理的群众来信中，有百分之二十多是为国家建言献策的。这些来信都是宝贵的政治资源。国家信访局领导提出，要适应新形势新任务的要求，进一步发挥信访工作的职能作用，真正实现信访工作由"秘书型"向"职能型"的转变，向综合分析并提出决策建议转变。国家信访局充分挖掘利用这一资源，对群众来信中反映比较集中的，带有全局性、普遍性的问题进行综合分析和研判，提供了一大批有参考价值的工作建议，为推进科学民主决策、促进政策完善起到了积极的作用。

图 9　领导干部下访征集民意

三、信访和谐的控制机制

目前我国正处于社会转型的关键时期，正在致力于社会主义市场经济体制的建立和完善，对于出现的社会问题，离开控制机制的运用是不行的。我国的行政控制机制包括：官僚体系本身的控制、上级政府对下级政府的行政监督、行政监察、审计、行政复议；立法控制机制主要是指人民代表大会通过听取和审议政府工作报告、审查和批准国民经济计划和财政预算决算、审查政府的法规、决定和命令、提出质询和询问、视察和检查建议、批评和意见、受理申诉和检举、罢免职务等方式制约行政部门；司法控制机制主要是指行政相对人通过行政诉讼渠道维护个人群益，促使政府承担侵权赔偿责任；公民参与责任维护机制包括：公开听证、民意调查、吸纳咨询委员会建议、利益群体施压。①

信访工作是有强烈目标性的各种要素交互作用的复杂行为，因而需要党和政府有效而周密的控制机制，才能沿着正确的方向良性发展。信访控制机制包括以下控制方式：传统调控方式如意识形态、思想政治工作、政策等调控方式，这是我们党的政治优势。同时，我们党也可以充分利用制度、法律、行政、决策手段等调控方式对信访活动进行调控；运用现代社会调控方式：增强政府的经济、管理、服务职能，积极建设服务型政府，与此同时，还可以通过支持、整合各种社会组织和社会力量，从公众利益、社会心理、民情民意等方面进行社会调控；具体微观过程的调控方式：根据信访工作运行的不同层次、步骤、环节进行不同的过程调控，逐步形成全面、系统、周密、有效的信访工作控制机制。对领导干部及其决策的公证、监督、评价、考核等，也是信访工作控制机制的相关内容。

在具体的群众信访过程中要创新各种微观具体调控机制，例如：建立健全信访情况评估机制、建立健全信访信息汇集分析机制、信访矛盾排查调处机制等。这里需要特别注意的问题是控制中枢本身的控制问题。控制中枢集中着庞大的社会权力，它本应代表社会恰当地运用这些权力以履行自己的职责。但是，由于既定的利益格局和控制中枢本身所不得不处于其中的现实利益关系的影响，权力的天平存在这样那样的发生倾斜的可能性；同时，任何决策过程本身也内在地包含着发生偏差的可能性。信访工作控制中枢本身是否到位，它是否能够作出正确的控制决策并将其付诸实施，应该引起高度重视。从信访工作的控制机制来说，这一问题的解决程度无疑是从根本上制约着这一机制完善的程度。所以，对领导干部及其决策的公证、监督、评价、

---

① 赵伯艳：《社会组织在公共冲突治理中的作用研究》，人民出版社 2012 年版，第 80 页。

考核等，是信访工作控制机制的重要内容。

应该建立的相关机制有：信访信息汇集分析机制，包括重要来信情况报告制度、政策建议报告制度、信访情况分析报告制度。信访情况评估机制，包括建立评估机构，完善评估网络、严格评估程序、积极管理指标、持续完善系统、依赖专门科学、完成分析评估。信访矛盾排查调处机制，包括矛盾排查调处的网络机制、矛盾排查调处的运行机制、矛盾排查调处的责任追究机制。信访工作考评机制，包括信访工作考评指标、信访工作考评管理机制、首访首办工作考评制度，越级访、非正常访、非管辖访工作考评机制、信访工作考评结果运用机制。信访工作综合协调机制，包括信访信息汇集分析机制、信访督查工作机制及多层次、全方位的信息报送网络等。各级党委、政府要充分发挥主导作用，加强组织协调，整合社会管理资源，形成做好信访工作的强大合力，形成上下联动、左右协调、运转高效、综合施治的工作机制。

四、信访和谐的保障机制

信访机制正常运行还需要一系列相关配套条件作为保障，这就是信访工作保障机制。中国特色社会主义条件下，信访工作保障机制通过社会制度、国家职能、宪法和法律来保障其正常运行。在传统意义上说，保障机制是一种防护机制，是最后一道保险杠，它要将控制机制作用未能奏效、超越控制而发生的问题兜起来加以解决，将已经出现的偏离扳回正轨。但换一个思路来看，如果保障工作到位，保障机制健全以及能有效地发生作用，过程就不会遭到破坏，问题就化解在初始与萌芽之中。

信访工作保障机制就是试图进行这样一种设置。我们应该建立各种防护网络，提供群众信访工作正常运行需要的相关防护和配套条件：体制、机制以及相应的机构、场所及其足够的接待人员；相关的法律、规章和制度；必要的资金和设备及相关的外部环境，即群众信访工作运行的"环体"；对群众信访形成和发展过程产生影响的一切社会条件等情况。在我国现阶段，信访工作保障机制与政党体制和政权系统紧密相连，只有通过社会制度、国家职能、宪法和法律来保障，信访工作才能正常运行。在政治体制保障的同时加强各项保障机制的建立和完善，才能为信访工作的有序有效运行创造良好的政策和社会环境。主要有：一是进一步建立齐抓共管的信访工作领导机制，包括党政主要领导负总责、分管领导具体负责、其他领导"一岗双责"制度；领导批阅重要来信制度；领导接待来访和下访制度。二是信访工作责任机制，包括党政"一把手"对本地区、本部门信访工作领导责任制；信访综合治理工作制度；信访信息资源共享制度；信访情况分析报告制度；信访工作督查督办制度；信访案件的责任倒查追究制度。三是信访工作评价机制，包括建立科学的信访工作绩效考评办法、实行信访工作群众评价机制等。四是重大事项"环评"与社会公示制度、重大事项信访听证制度。五是重大决策专家咨询论证制度等。

在实践工作层面，全国各地已经有很多成功经验。

[链接] 慈溪市浒山街道三项举措完善信访工作保障机制。一是建立信访工作平台。街道机关、所属部门及各社区（村）建立并明确集信访、综治、司法、调解职能于一体的群众信访工作服务机构和人员；同时，成立基层信访维稳信息员队伍，形成以街道信访办为龙头、以社区（村）和部门信访工作站为纽带、以信访维稳信息员队伍为基础的三级群众信访工作网络。二是健全信访工作联席会议制度。优化联席部门和成员配置，开展不稳定因素调查排摸，组织协调有关部门处理信访突出问题及群体性事件，并提出解决问题的对策建议；督促检查有关部门及各社区（村）落实处理信访突出问题及群体性事件有关措施的情况，及时总结交流处理信访突出问题及群体性事件的成功经验，定期分析社会稳定形势。三是建立街道、社区（村）两级领导包案处理制度。对久拖不决的重点案件、有苗头性的重点问题以及信访问题较为突出的重点地区及部门，实行领导"包案"处理，做到包情况了解、包问题解决、包教育转化、包稳控管理、包依法处置。①

[链接] 江苏省泗洪县太平镇强化信访稳定工作保障机制。一是坚

---

① 慈溪政府网：《浒山街道三项举措完善信访工作保障机制》，参见网址 http：// www. cixi. gov. cn，2008 年 10 月 9 日。

持党委政府统一领导的原则，落实信访稳定工作责任追究制度。通过签订责任书，将信访稳定责任分解到具体单位，落实到具体人，形成维稳合力。二是坚持快捷稳妥，区别对待的原则，完善矛盾纠纷调处和应急处置制度。注意正确区分各类不同性质的矛盾，进行教育疏导，对话协商，解决合理诉求。三是坚持警钟长鸣，疏堵结合的原则，严格执行信访稳定联席会议制度。时刻把握全镇信访稳定工作新情况、新动向，及时解决信访稳定工作新问题。四是坚持适时介入原则，严格信访稳定信息报送工作制度。①

以上要素构成信访工作运行机制的有机整体，它们之间的相互联结、交互作用，推动着与群众工作相适应的信访工作运行发展。它们之间的状态如何，要素与要素之间的关系如何，直接影响到信访工作新机制运行的整体状态和整体功能的发挥。信访和谐工作新机制所展现的是信访如何发展的过程。与传统的信访工作运行机制不同，共产党执政和社会主义市场经济条件下的信访和谐工作运行机制，必须适应执政党同人民群众相互作用关系的新变化和信访对执政党的新要求，以一定的方式来保持社会的动力和活力，又保持社会的平衡和稳定。

通过分析可以看出，信访和谐工作机制至少有三层含义：其一，信访和谐工作机制是由多个元素组成的，每个元素都对它有所贡献，信访工作是"多因论"综合过程。其二，信访工作系统是一个有机系统，不是几个元素的简单叠加或排列，信访和谐工作机制不能看成几个力机械的合力。其三，信访和谐工作机制功能的发挥是构成它的所有元素相互作用的总结果，它是一个动态发展的过程。

信访和谐工作作为一项复杂的社会实践活动，是主体、客体、介体、环体诸因素交互作用的过程，是个体价值目标选择、教育方式方法、教育过程诸因素，诸环节施加影响的结果，因而每一个因素都对信访活动产生一个力的作用。因此，信访工作机制是整合诸因素并构成相互作用的正合力。在当前社会转型、矛盾多发的形势下，信访问题已是关系全局、牵涉各方的工

---

① 颜崇邦、王友涛：《太平镇强化信访稳定工作保障机制》，参见江苏省泗洪县人民政府网站。

作；也不是阶段性的工作，而是需要常抓不懈的工作。

五、信访和谐的相关机制

信访和谐有赖于政府和社会以及民众等各个方面的和谐，从各个方面设置良性的运行机制，才能在总体上形成和谐的信访氛围和状态。信访工作系统中的各大机制要有机协调，同时，还要有信访系统之外的机制来保障，这些机制主要有：

（一）信访举报与以纪检、督察等部门组成的党政正职监督监察机制

领导干部问题与信访问题关系紧密而复杂。科学有效的监督监察机制具有引导、防范、纠正功能。党政正职监督监察机制，是指防范、遏制党政正职利用职务便利从事违反社会公德、违反党纪政纪、违反法律法规活动的制度、措施和方法的总称。其特点是针对党政正职可能发生的问题或已经出现的错误苗头进行预先防范和警示的一种机制。它包括内警系统和外警系统①。目前，党政正职预警机制运行中的效果并不尽如人意，信访问题真正解决，在一定程度上还有待于此机制的真正有效。领导干部的廉洁自律是作为人民公仆的基本素质和要求，它是领导干部本人自警、自省、自查、自纠、自我扬弃和自我完善的一个过程②。自我严格要求，经常检讨反省，正确对待批评，及时进行改正固然是非常重要的，但制度和机制是带有根本性的制约和监督。这种监督管理机制是按照发现问题——识别问题——处理问题的过程进行运作的。它包括三个子系统：信息汇集系统主要是发现、传递、收集监督对象的问题信息，这是启动预警机制的基础环节，关键是要拓宽渠道，保证信息畅通。监测分析系统对反映和掌握的有关党政正职问题的信息进行鉴定和甄别，这是预警机制运作的中间环节。处理反馈系统是预警

---

① 中共黄冈市委组织部课题组：《建立党政正职监督管理预警机制的研究》，参见网址 www. ptjgdj. gov. cn All right reserved，2003 年 8 月 28 日。

② 黄明哲：《关于构建党风廉政预警机制的思考》，《西华大学学报（哲学社会科学版）》2005 年第 5 期。

机制的关键环节，直接影响着预警机制的作用和成效。它包括两大方面，即作出处理决定，是函询、谈话教育，或调整使用等；根据处理决定，向干部本人反馈。建立党政正职监督管理预警机制，要坚持德治与法治相结合，坚持自律与他律相结合，坚持事前引导防范与事后警示惩戒相结合，坚持全面监督与重点监控相结合，立足于早，立足于严，道道设防，步步警戒，提前介入，切实加强对党政正职的预警管理。

图 10　纪检监察部门实行听证

　　具体来讲，要相应建立和健全五个机制：一是教育引导机制；二是监察预报机制；三是督查警示机制；四是班子内部制约机制；五是协同联动机制。鉴于目前我国的行政过程依然存在"一言堂"、"一把手"说了算的问题，甚至可以说，目前的信访问题有相当大的数量与当事单位及其领导的问题有关，因此，建立党政正职监督管理预警机制就成为非常必要和急需的了。

（二）信访信息沟通与社会回应机制

在我国建设民主政治与阳光政府的条件下，社会矛盾具有明显的公共政策趋向，这大大提高了信访工作与公共政策的关联性，公共政策内容存在的问题或瑕疵，往往成为触发信访矛盾的政策因素；公共政策过程存在的问题，也会成为引发信访矛盾的政策诱因；社会矛盾和问题没有及时得到政府相关部门高度重视并上升为公共政策议题，也是导致信访矛盾发展甚至激化的重要原因。公民公共政策参与也已呈现新的特点：公共政策从个体参与到组织化参与；从个别环节的参与到公共政策的全程参与；从部分领域的政策参与到公共政策的广泛参与；从传统参与方式到多元参与模式的创新[①]。

问题的关键是，信访问题的出现往往发端于意见的梗阻与积累，意见积累成为矛盾，而矛盾的出现与矛盾双方信息沟通障碍有关。利益表达过程是社会成员依据自身的利益表达自己的意见，并将该意见传达到政府的过程，意见传达的制度化路径则称之为利益表达机制。指令传达过程是指政府依据自身对民意的了解，向社会成员传达法律、政策或措施的过程，指令传达的制度化路径也称之为指令传达机制。实际上，这是一个"社会回应"机制。从社会学认知"社会回应"，是指公众依据社会和自身双向价值准则对政府及公共政策诉求与期望的认同程度和应对过程，以及政府对公众诉求和愿望的认同与实化。这一界说包括：一是它作为一种社会关系，传达着政府与大众的诉求与期望，反映着政府与大众的社会态度、责任意识和多元主体的互动关系；二是它作为共同治理的一种内在机制，反映并揭示着政府与市场、政府与社团的权力分享、共享的制度安排和政策设计；三是它作为一种互动过程，既是共同治理和公共服务型政府运行的社会条件，又促进着政府组织与非政府组织、自治组织及个人，在发展的时空结构上表现出延伸性和嬗变性[②]。这一机制的建立需要做的工作很多，也很具风险，目前最紧迫的有二：

---

① 吴太胜：《经济社会发展与公民公共政策参与机制的创新——以浙江公民政策参与为例》，《南都学坛》2010 年第 3 期，第 103—109 页。

② 戚攻：《论"共同治理"中的"社会回应"》，《探索》2004 年第 4 期；戚攻：《社会回应机制研究》，人民出版社 2009 年版，第 68 页。

　　首先，是利益表达机制的结构性调整。必须对作为信息接收者和反馈者的政治体制进行必要的调整，同时，大力加强沟通中介的建设，充分发挥其信息整合和分散权力的功能。从目前的社会发展状况来看，沟通中介的建设需要在以下三个方面获得突破：发展独立的社会团体、进一步放宽媒体传播、推进基层政权民主自治。

　　其次，是政府信息系统的建立。近几年来，我国网民以网络为平台，在参与政治生活、发挥民主监督等方面发挥了积极的作用。然而由此引发的网络群体性事件对社会稳定及人民生活所造成的不良影响也应当引起我国政府有关部门的重视。许多事件都是开始于网络舆情，然后发展扩散到整个社会，在全社会形成一股强大的舆论压力，使原本被传统媒体忽视的新闻事件转变为社会公众共同关注的大事件，由此对政府的日常管理工作和公共决策施加造成巨大压力甚至产生行政危机。在这些事件中，严重暴露出政府对网络舆情回应工作上的不足。因此，政府要从宏观上重视并采取相应的措施扩大信息收集的渠道；如建立信息中心以及各种形式的民情调查、民意测验等机构，以收集大量真实、客观、有效的信息；以各种方式聘请一批不同领域的专家、学者作为咨询人员，充分发挥他们的群体优势，对信息优化分析。同时，要善于把计算机网络技术、通信技术、现代调查技术和系统科学应用其中（如开设 BBS 论坛、增强主流网站的点击率等），分析、预测群众思想行为的性质强弱、发展深度和广度、影响的大小、扩展趋势等数量关系，更精确地把握思想行为的规定性[1]。网络化为政府收集、分析和传播信息提供了更加便利的条件。政府可以有效地利用这些资源，建立全国性的信息统计分析机构和完善的信息处理系统，引导舆论，健全预警机制，为预防社会问题的发生和蔓延提供信息支持。以政府为责任主体的信息沟通与社会回应机制，这是制度化回应群众诉求的机制，要求政府的决策与行为尽量做到公开和透明，不断扩大群众对政务、财务和其他重大事务的知情权、参与权、监督权，切实尊重和维护群众的民主权利。最近几年一些学者提出的，并在少数地方试点的协商参与机制，在目前的条件下，或能够较好地处理政府与群众的关系。因为该机制在强调参与、讨论和集体反思中，尊重各种不同的偏

---

[1]　张胜芳、王斌：《论思想预测在思想政治教育中的运用》，《理论与改革》2003 年第 5 期。

好、利益和观点，在达成共识的基础上，赋予立法和决策以合法性。它不仅重视民众政治参与的权利，而且注重参与的过程和可操作性。从这一角度看，协商参与机制的存在，有利于合理促进政府作用的发挥，避免政府作用过当或不作为。

　　[链接] 海南省建立的"网上信访"是一个网上政府与民众、社会沟通的重要平台，是受理公民、法人和其他组织对省各级人民政府以及政府工作部门监督、投诉、咨询、曝光、建议、感谢的窗口。2010 年 3 月 1 日，广东省委办公厅举行第三次"网友集中反映问题暨网上信访事项交办会"，与前两届不同的是，除 7 件网友集中反映的问题之外，13 件由省信访局网上信访办理处接到的问题被列入交办内容。

（三）以基层工会组织为主体的信访群众劳动关系协调机制

　　信访问题之中的劳动争议大多是群众利益受损的表现。劳动关系本身就包含多对矛盾，劳动关系的协调预警机制是构建和谐的劳动关系的题中之义。劳动争议一般发生在具体部门，和具体的人和事相联系。针对群众的多方面困难和问题，各级各类工会组织应当成为群众维护权益的承担者，这里的要求是，不仅使工会由原来对劳动争议个案的被动式处理转变为在侵权事件发生之初就迅速作出反应，把劳动争议消灭在萌芽状态，达到"维护在事前，维护在基层"的双重目的；同时，更为重要的是，工会主要站在职工群众立场上来主动工作，真心实意地做好维护群众的各种权益工作，这才是最好的预警。预测是工会通过各种渠道了解分析区域劳动关系状况，及时作出分析判断，分别向上级领导报告和向基层工会通报，提前采取措施，防止劳动争议的发生。预审是工会依法对劳动关系重大问题进行审查，防患于未然。预报是各级工会共同构建信息网络，及时、快捷、有效预报劳动关系信息，使有关方面在第一时间内作出反应。预控是在即将发生或已经发生劳动争议的情况下，工会超前参与控制，不使其蔓延扩大，使争议处理在法治的轨道上进行。

　　与此要求相适应，需要建立以下相关机制：一是建立健全劳动争议事件的源头预防机制，实现组织内部的自我协调。由此要加强《劳动法》、《信访条例》等法律法规的宣传、执行力度；发挥职工民主管理制度和劳动关系协调机制的作用；做好职工群众的思想政治工作。二是加强劳动关系预警指标研究，建立劳动关系动态监控机制。三是畅通信息渠道，建立健全反馈信息的报送机制。四是加强协调配合，建立迅速高效的劳动争议应急预防处理机制。五是加强督查落实，建立健全劳动关系预警反馈机制。建立完善劳动关系预警机制，必须有基层工会组织作为依托，如在基层工会委员会中设立"劳动关系委员"，明确其"监督、沟通、宣传、协调"等职责①。完善的劳动关系预警机制，是工会维权机制的重大突破，是促进经济快速发展和社会全面进步、促进工会基本职能落实的重要保证，也是信访预警的源头防范机制。近年来，自下而上的劳工权益维护组织蓬勃兴起，如"北京工友之家"，"小小鸟打工互助热线"，广东番禺"打工族文书处理服务部"，环江工友服务中心，深圳"志强信息咨询服务部"，宁化县商会泉州分会等劳动者权益维护组织异军突起，发挥了很好的作用。

　　[链接] 青岛各级工会层层建立健全了劳动争议调解机制、劳动关系预警机制、劳动法律服务机制，市总工会建立了法律服务中心，开通"12351"维权热线，并在全市建立 9 个分支机构，形成了上下联动的维权网络。此外，市总还与琴岛律师事务所签订法律服务委托协议，免费为职工提供法律咨询，代写法律文书。目前，青岛工会系统共建立企业劳动争议调解委员会 8955 个，区域性劳动争议调解组织 178 个，行业性劳动争议调解组织 48 个。去年以来，市总法律服务中心共受理职工信访投诉 2629 件，职工维权热线及主席公开电话 1136 件，为职工提供免费法律咨询 860 余次。②

　　[链接] 东莞："温度计"防范欠薪倒闭逃匿。在东莞，有这样一套系统，每月中下旬会收集汇总各企业的工资支付情况、租金、水电费、社保费、税费、经营管理异常、信访信息、公安监控信息、银行信

---

① 吴玉文：《完善预警机制构建维权工程》，《天津市工会管理干部学院学报》2003 年第 1 期。
② 杨明清、吴留文：《工人日报》2012 年 8 月 23 日。

息等 10 项指标，并自动评定企业风险级别。这一预警系统被称为"劳动关系和谐温度计"，实现了欠薪逃匿问题的处置从被动应对向主动作为转变。东莞信访问题中，劳动社保类最为集中，占信访总量的 30% 以上，特别是欠薪逃匿导致的信访问题频发，处理难度大。针对这一长期难以攻克的难题，东莞市委书记徐建华提出"要像抓重大项目一样抓信访工作"，突出"源头治访"，积极推广石龙镇的成功经验，部署在全市各镇街建立统一劳动关系风险预警系统。据了解，石龙镇在试点建立劳动关系风险预警系统后，劳资纠纷突发事件数量下降近 80%。（辛均庆，岳信）

（四）以社区为依托的信访群众心理健康防卫、救护机制

心理问题已经成为加剧信访问题的重要因素。人心的不稳从某种意义上说，比个别的、局部的不稳定更具有潜在的宏观的危害性。这些心理问题仅仅靠国家社会保障和医疗卫生系统实在难以做到全面维护，社会个体的心理健康防卫、救护恐怕更多的是需要通过社会力量来建立更细密的安全网络，才能全面、有效地维护社会成员的心理健康。心理健康的防卫、救护机制是指系统的心理健康宣传教育机构、心理健康监测机构、心理健康咨询机构、心理健康研究机构、心理疾病防治机构，以及各种机构的相互关系和运行方式[①]。上述机制的建立虽然不能从根本上解决问题，但却是保证社会成员心理健康的基本条件。在此，应该强调的是，社会服务部门承担具体的服务任务，并不是说政府放手不管，政府应该做更多更重要的工作，如公共政策、管理服务和公共产品的提供等。当前我国的国家和地方的个体心理健康防卫、救护机制还很不健全，能够发挥一定作用的，只有心理健康教育机构。因此，我们在完善心理健康教育机构的基础上，还要以社区为依托，在不同地区建立心理健康宣传教育机构、心理健康监测机构、心理健康咨询机构、心理健康研究机构和心理疾病治疗机构，从而使个体的心理健康问题，特别是重大灾难性事件发生后的个体心理健康问题能够得到及时、妥善的处理。

---

① 张向葵、吴晓义：《文化震荡及其对个体心理健康的影响》，《心理与行为研究》2004 年第 2 期。

特别要建立弱势群体社会心理支持系统，在这方面，政府应该出台相关政策，加大扶持力度。大力发展社会心理咨询业，鼓励和支持社会力量为下岗职工、进城民工和贫困群体提供各种心理咨询服务；加强社区民政工作，帮助市民寻求社会支持。可以考虑在某些有条件的城市试点，建立一些具有心理发泄和倾诉功能的渠道，让某些群体或某些人被长期压抑和积累起来的破坏性能量能够有一个合理的、适当的形式发泄并加以正确引导。开展公民心理健康教育，群体普及心理学的一些简单知识和技巧，如危机应对行为规范培训，危机之中和危机之后的心理咨询，有可能大幅度地提高公众的自我安全风险防范意识，有效地控制危机情境，减少社会恐慌。杭州市拱墅区立足工作平台建设，统筹部署安排，探索建立社区心理健康工作机制。社区心理健康工作室主要承担三方面的职能：为社区工作者提供心理咨询服务，疏导社工情绪；为社区居民提供心理咨询服务，解决心理问题；开设心理调节技巧培训大讲坛，培养社工解决心理问题、疏导情绪的技能。每周安排 1—2 个工作日，由心理咨询专家接待有需求的社区工作者以及居民。从政府角度看，要配合社会心理发展规律，采取有效行动，在技术和策略上注意把握、调整群众对改革的期望指数，工作中防止"吊胃口"、"说大话"、"许诺言"。在具体措施上掌握改革的力度与速度，开展工作要进行"预防注射"，加强"试点"工作和研究，拓宽信息渠道，杜绝非正式信息的传播，使人们对未来或将要面临的改革冲击或震荡产生"心理免疫"和正确预期。

[链接] 信访和谐武汉建设模式——百步亭社区的"小社区，大信访"

武汉百步亭社区位于武汉市江岸区后湖乡，占地 2.5 万平方公里。自 1998 年 6 月，首批居民入住至今，社区住户已达 10 万多人。多年来，百步亭社区把信访工作作为系统工程统筹考虑，坚持"着眼于源头、着力于基础、着手于小事"的社区信访模式，把信访问题全部解决在社区内部。走出一条"小社区做好大信访"的特色之路，成为社区信访工作的先进典型，多次荣获全国、省、市文明社区称号。

坚持预防为主，搭建信访工作的平台。社区坚持"预防为重"，专门成立信访服务中心。社区党委书记为信息服务中心第一责任人，各单位、各组织负责人为信访工作直接责任人；信访服务中心，是社区的政务中心、调度中心，联结千家万户；所有社区工作者和社区志愿者都是信访工作人员，实行开门办公、24 小时值班、首问负责和服务零投诉制度。

坚持源头治理，架起联系群众桥梁。社区坚持"着眼源头"，搭建信访工作网络。一是健全党组织网络。将社区党员组织起来，成立党支部、党小组，关注群众困难，调节矛盾纠纷。二是完善居民自治网络。建立居委会——主管楼栋长——楼栋居民自治网络，组建"关爱小组"、"温馨姐妹"、"邻里情门栋"等一大批亲情志愿组织，实现"事有人管、难有人帮、苦有人问"。

坚持以群众为基础，建立社区服务平台。社区坚持把群众需求、追求、诉求作为推进社区建设、管理、服务的主线，采取政务服务网络前移的方式，变管制型政府为服务型政府，尽可能解决群众最关心、最迫切的问题。为减少社会成本，社区服务中心与社区物业管理公司联合办公，共同构成以其为主体的社区服务网络，派出所、法庭、城管、工商、交通、社保、计生等政府职能部门进驻社区后，实行"一个窗口"对外、"一站式"服务，满足群众的综合需要。

完善工作机制，畅通群众信访渠道。一是利益协调机制。社区居委会定期召开居民恳谈会，按照居民提出问题——恳谈会讨论——参事会制定条例——公告社区吸收意见——社区专家审定条例——居民代表大会表决六个步骤，通过协商民主，较好地解决了涉及居民切身利益的生活卫生、宠物管理、车辆停放、环保噪音等棘手难题。二是权益维护机制。针对政策型诉求，建立信访代理制度，由社区工作者代表居民到有关单位和部门咨询、落实相关政策。针对困难型诉求，构筑"社区援助"、"居民互助"两道保障线，为困难群众提供救助。针对发展型诉求，进行公益设施建设，建立社区教育、文娱休闲、医疗保健、信息服务等系统。针对参与型诉求，引导开展健康向上的社区活动和各种形式的志愿活动。三是应急处置机制。动员每户居民出 1 人参加社区义务应急队，每个单元推选志愿应急员，轮流参与社区应急工作，形成信息灵敏、反应迅速的应急组织网络体系。

（五）信访矛盾"第三部门"组织化化解机制

预防信访问题和矛盾激化，最有效的办法是发挥基层组织的力量。因为它们贴近群众的生活，能最早也最能深切地感受到群众的情绪和需求。问题是，目前中国社会矛盾的解决还主要限于各种体制内资源，这是很不够的。这就要求我们在发挥好基层党组织、行政部门、司法机关等体制内资源的基础上，顺应时代发展的要求，充分调动好"第三部门"这种体制外的力量，充分发挥基层自治组织和各种社会团体、民间组织在化解社会矛盾中的作用，呼应转型社会的发展需求，建立新的社会治理工作模式，消解矛盾，实现社会良性、和谐、可持续的发展。

"第三部门"作为政府和公民之间的桥梁和纽带的作用，可以上情下达、下情上报，预防社会矛盾的发生。"第三部门"可以建立理性的不同阶层、群体的利益整合机制，将社会矛盾的解决纳入理性有序的轨道。近年来，我国"第三部门"发展迅速，在治理不同类型公共冲突中发挥了很大作用，如：劳资冲突中的自下而上的劳工权益维护组织的利益维护；社区冲突中业主委员会的维权运动和组织化拓展；拆迁冲突中基层自治组织的参与模式；邻避冲突中的社会组织公益维护①。

政府也可以用购买服务的方式，发挥"第三部门"在利益协调、矛盾化解中的优势作用。政府应该出台鼓励政策，进一步发挥"第三部门"的社会整合作用，把不同的社会群体和利益群体通过阶层、行业、职业、信仰和其他社会特征组织起来，在国家和个人之间建立一个中介，将松散的、消极的、为"集体无意识"控制的个人变成一种积极的、自为的、有意识形态的、为特定的群体目标所凝聚的社会力量，从而建构理性利益表达和矛盾有序解决所必要的组织化渠道和方式。甘肃省民乐县北街社区为了搞好群众的信访接待工作，有效处理群众的来信来访事宜，建立起了信访预警机制，积极做好信访工作，取得了明显的效果。首先，加强组织领导，健全工作机制。其次，排查矛盾纠纷，消除安全隐患。最后，调处纠纷问题，构建和谐社区。对一些邻里之间发生的能够解决的纠纷，社区采取成立组织、派人入

---

① 赵伯艳：《社会组织在公共冲突治理中的作用研究》，人民出版社 2012 年版，第 136—159 页。

户、现场处理等方式进行解决，尽量把问题消除在萌芽状态。针对一些积怨较深、反映问题不易处理、比较棘手的问题，采取社区主要负责人与有关部门联系，相互协调的方式，力争将问题化解在社区。①

"第三部门"就是社会组织（行业协会），在政府与企业之间具有桥梁纽带作用。目前，"第三部门"尚未普遍建立，表面上看，有的行业也建立了协会组织，但空有其名，不能真正反映群体性诉求，无力及时化解难题，其本质性的功能空间恰恰是被相应的政府部门挤压掉了。发挥"第三部门"的作用，政府部门要开明大度，主动为其让渡功能空间。从某种意义上说，"第三部门"的架构性设置，具有更加公开、公平、公正的民主参与意义。发挥"第三部门"作用的目的不是取代执政党、取代国家、取代现政权的作用，而是对新的经济格局、社会结构下的社会治理和矛盾消解模式进行优化、重构，使社会个体的利益诉求和内心不满，通过公共渠道得以表达，可以在很大程度上预防、缓解、化解影响稳定的社会矛盾。

调解型社会组织及其典型代表已经涌现出很多，如②：地域性人民调解组织——李琴人民调解工作室③；专门性人民调解组织——小小鸟调解委员会④；地域性民间调解组织——"和事老"协会⑤；专门性民间调解组织——山东省济宁市医患维权协会⑥。西安市临潼区借鉴域外非常流行的"太平绅士"制度和临潼区的历史经验，建立了全国首个专门以促进社会和谐为宗旨的社会团体"临潼区和谐使者协会"，把基层德高望重的老者和群众身边的"能人"组织起来，担任"和谐使者"，义务担当起党的政策宣传员、矛盾纠纷调解员、良好风尚传播员、民间道德仲裁员及群众疾苦调查

---

① 臧玉琴：《北街社区建立信访预警机制》，甘肃省民乐县北街社区网站，发布时间：2010 年 9 月 14 日。

② 赵伯艳：《社会组织在公共冲突治理中的作用研究》，人民出版社 2012 年版，第 239—243 页。

③ 潘毓霞：《人民调解的好品牌"李琴工作室"》，法苑，2004 年 2 月 1 日，http：//www. dfjj. gov. cn/dfjj/dfjj/web/5_ content. aspx？upid＝570&id＝334＼。

④ 陈巍：《调解中的社会规则——立足"小小鸟调解委员会"的调研与分析》，《甘肃政法学院学报》2010 年第 5 期。

⑤ 吴仲达：《"老娘舅"、"和事佬"的社会调解功能探析》，《现代经济信息》2010 年第 9 期；百度百科，http：//baike. baidu. com/view/4404639. htm。

⑥ 魏然、张子扬：《医患纠纷不再"私了"——济宁市维护医患双方权益新追近（上）》，《大众日报》2008 年 12 月 22 日。

员。临潼法院适时而动，立足审判，积极参与，大力开展"和谐使者"活动，扎实推进民商事调解工作。2008 年全院共受理民商事案件 1596 件，审结 1582 件，调撤结案 1175 件，调撤率为 74.28%。通过调解化解纠纷，定分止争，最大限度地减少不和谐因素，全力维护辖区的和谐稳定。①

① 范文瑜、张华：《西安市临潼区法院打造"和谐使者"活动新平台》，临潼法院网，发布时间：2009 年 3 月 11 日 16：05：09。

第　五　章

信访预警何以可能——预警理论构建

假设信访发生已为"警情"，那么，探寻信访产生原因——"警源"、"警兆"，关口前移，提前化解矛盾，是否可以实现信访问题预警呢？

信访和谐要求我们必须将矛盾化解在警源、警兆等初级形态，防患于未然；减少不和谐因素、增加和谐因素——追求和谐的过程其实就是矛盾预警和及早化解的过程。信访和谐是信访预警的价值目标和指导原则，信访预警是信访和谐的实现途径和机制保证。信访问题作为信访中反映出来的以及在信访过程中衍生出来的问题总称，是我们要着眼和切入的要害。通过对信访预警的机制设置，遵循科学理论与方法，与信访系统预警机制相适应的辅助机制来配合，共同构筑中国社会转型期社会良性运行、和谐发展的制度平台①意义重大。

一、信访预警的概念及其意义

社会系统各方面的问题或多或少都会反映在信访上，因此，信访部门相关机制的设置，可以使我们对社会问题见微知著，从青萍之末去化解各种潜在的社会矛盾。

（一）信访预警概念界定

我们所要预警的信访问题，是群众在信访中所反映的具体问题以及在信

---

① 宋协娜、周念群：《略论信访预警系统建设》，《理论学刊》2007 年第 2 期。

访活动过程中所引发的问题。根据《信访条例》第二条规定，信访被认为是"公民、法人或者其他组织采用书信、电子邮件、传真、电话、走访等形式，向各级人民政府、县级以上人民政府工作部门反映情况，提出建议、意见或者投诉请求，依法由有关行政机关处理的活动"；再联系我国历史上对待信访或者说准信访活动的治理方式来看，应当说通过信访反映民意，提出意见、建议和投诉本身应该是一个很正常的社会现象，是"不成问题的"。所以本文所指的"信访问题"，要联系我国进入社会转型期以来出现的"信访洪峰"来理解。据有关部门统计，1993 年以来，我国信访总量呈持续上升趋势①，其间出现过若干次被称之为"信访洪峰"的信访高峰，据有关媒体披露，目前我国有高达两千万的信访大军。② 据 2004 年统计全国发生的 100 人以上的群体性事件，农村每天要发生 90—160 起，城市每天要发生 120—250 起③。信访洪峰的总体特征是信访量非常之大，成千上万的人来到党委和政府部门或者重要公共场所"上访"，表达形式具有激烈化倾向，而信访部门和相关政府部门对其诉求一时难以解决，从而对社会稳定构成严重威胁，也是很大的"信访问题"④。但是，由于"信访问题"与信访所反映的具体问题有着千丝万缕的密切联系，所以我们把"信访预警"定义为：运用现代实证性社会预警方法⑤，在对信访及信访过程中所反映的一系列问题进行系统监测、评估和研判的基础上，提前发现并预报可能引发的信访问题的过程。其目的是早发现、早调处、早解决，从而避免信访问题的发生。

信访预警系统是我国整个社会预警体系中的一个子系统，但是由于信访问题的产生具有深层的综合性原因，而信访制度又是一种覆盖全社会各个领域和层次的政治制度，所以信访作为反映中国社会问题的一面镜子，它要比其他预警子系统（如生产安全预警子系统、公共卫生安全预警子系统等）具有更强的综合性和覆盖性，因而信访预警在整个社会预警体系中具有十分特殊的重要地位。"为之于未有，治之于未乱"⑥，开展信访预警，不仅可以

---

① 于晓明：《社会转型期山东信访形势分析与对策研究》，山东人民出版社 2006 年版，第 13 页。
② 国外华人媒体《看中国》，2009 年 7 月 17 日第 116 期。
③ 于晓明：《社会转型期山东信访形势分析与对策研究》，山东人民出版社 2006 年版，第 11 页。
④ 宋协娜、周念群：《略论信访预警系统建设》，《理论学刊》2007 年第 2 期。
⑤ 阎耀军：《现代实证性社会预警》，社会科学出版社 2005 年版，第 6 页。
⑥ 《归钰·老子》第六十四章。

提高我们对信访问题的预见性，从而使信访工作由被动的反馈控制向主动的前馈控制转变，而且对于实现信访和谐，维护社会稳定具有极为重要的意义。

（二）信访预警的意义

1. 预警设置具有现实针对性

信访问题的发生，总是要经历一个酝酿、准备、发生和发展的过程，这期间总有一些可供捕捉的蛛丝马迹，高度重视这些最初形态的蛛丝马迹，着实做好初信初访工作，就能见微知著，有效地制止和避免矛盾冲突的演变激化。当前，影响社会稳定的一个重要因素就是，某些领导干部身上存在着严重的官僚主义，为了政绩往往在信息传递过程中无原则地筛掉了大量有关人民疾苦的真实信息，导致原本性质并不严重的问题因得不到及时处理而上升为具有冲突性质的问题，其中相当多的就表现为信访问题。社会管理体制中由于预警对策不够灵活完善，不能很好地应对突发事件，造成了人、财、物的巨大损失。这种情况迫切要求我们通过多种渠道，及时了解社会中的矛盾、摩擦、冲突和风险，让决策层能够真正地掌握不稳定信息，及时发现问题的征兆，在各种矛盾和冲突爆发之前提出预警和预测，给相关部门提供解决问题的方案与对策。

2. 信访预警设置具有预见和监测性

预警系统主要的作用就在于科学预见。具体说来是通过对特定信访问题指标的某些指标要项的研究，从中找出某些敏感性指标的异常变化并预先指出信访问题的先兆来实现。这种科学的预见性是信访预警系统的首要功能。监测也是预警系统的重要功能，就是通过对有关信访问题指标的评估而定期或及时地监视信访问题的现状。未来的严重问题始于现在问题的状况，现有的问题也正在造成一些负效应。人们运用某些模型和某些方法可以有效地对信访问题的总体状况及轻重程度作出明确的评估。对信访问题的现状可以用特定的几个警限①，将之分为重警、轻警、正常等几种类型，而对于不同类

---

① 警限是指衡量风险度的适度指标，人们根据确定的原则、方法提出预警信号和评价模型。参见《有道词典》。

型的信访问题，还可以再具体化，即运用相关的一组具体指标对之进行更为具体的描述和分析，从而使人们对信访问题的监测更为具体化、精确化，对信访问题的了解更加详细和具体。

3. 信访预警设置具有化解和防范性

尽管信访问题的完全避免是不可能的，但在一定程度上、一定范围之内，或者说某些条件下，避免某些突发性问题，或者是减轻未来某些问题的强度，则是可能做到的。这就需要借助于信访预警系统，预测的目的是化解和防范。通过信访预警系统，人们可以在一定程度上预测到在哪个部位最可能、最先出现哪些信访问题。据此，人们可以预先制定预防性的并且是具有可行性的、可操作化的对策，以尽可能地消除问题至少是减小即将出现问题的负作用。

二、信访预警的可能性

一般而言，问题解决的可能性的存在，离不开主体意识的觉悟、对事物规律性的把握、解决问题科学理论储备和科学方法的应用等几个方面。从这样的角度看来，信访预警系统的设置基本上具有了这种现实可能性，主要从三方面作以说明。

（一）信访问题发生的规律性是人们认识、预测与控制信访问题的前提

信访问题的发生为我们认识警源、预测预报警情并排除警情，从而把事件发展过程始终控制在公平、合理、稳定与秩序的轨道上提供了可能。因为它的生成与演化总是有一个萌芽、生成、发展、恶化的原因和时间，在这个过程中，会散发出一些特有的信息流。正是基于这种信息流，信访问题的生成与演化才有了征兆和有迹可寻。因此，对于信访问题的生成、演化及信访问题所产生的负效应就是可以预测预警的。把有关的信息即征兆条理化、系统化，便可形成信访预警系统。凭借这种预警系统，人们便可以在一定程度上预测预警信访问题的趋势。

（二）预警系统设置理论和实践为信访预警提供了可能

尽管我国在社会问题预警研究方面的起步很晚，但现在也已经产生很多的优秀成果。在实践方面，国家对社会预警系统建设给予了足够重视，整个社会的预警机制建设工作正在逐步展开。社会预警系统通过对社会问题的预见、监测、防范、化解，维护社会系统协调发展。信访预警是依据对信访工作状况的判断，按照信访系统整合关系的模型分析，对信访系统运行的质量和后果进行评价、预测和报警。应该强调的是，我们要建立的信访预警系统的目的，不是仅仅为了应付现实问题，更主要的在于增强宏观调控的预见性，就是实现信访工作系统和部门职能的根本性转变，即从被动应对向主动前瞻转变，见微知著，通过科学方法进行定性分析和定量分析相结合，从而对宏观形势运行状况进行整体把握和科学预测，对其发展趋势作出科学分析与判断，提出预案，及时采取措施，防止某些局部性的或苗头性的问题转变为全局性问题。总之，通过预警系统可以做到对一定会发生的，要做好政策提前应付；对有可能会发生的，提出相应的解决办法，如此便能从容不迫地应对各种挑战。

（三）社会"保健医生"作用为预警功能发挥奠定基础

从发生学角度看，解决问题固然重要，但预防问题的发生是最积极、最主动的做法。那么，从制度设置和权力监督的视角看，在一个宏观的制度体系当中，设置某种特殊的机制以完成制度的内在反思、缺陷查找和及时补救的功能，应该是预防问题发生的最积极、最主动的做法。通观我国各种制度和各类公共组织，似乎还没有专门设立这样一个类似的机构，即使成立了用来协调冲突、缓解矛盾的机构，也没有充分发挥作用。现实情况非常需要一个反思、协调、整合、监测、补救社会问题的部门出现，显然信访部门实际上已经承担了大量的此类工作和类似的责任，成为上下左右各职能部门的一个信息输入的总窗口，发挥的是整个社会制度的"保健医生"的功能。它的优势在于，既可纵向在信访系统内分流交办信访事项，又可横向牵头向其他部门进行协调，召集有关部门进行"会诊"，起宏观"调控"作用。虽然从现实的情况看，目前的信访部门已经不堪重负甚至是难负重任，但从另一方面看，整个社会制度的"保健医生"的功能对信访制度而言，可能意味着一种重要的改革机遇，或许这也是信访部门走出困境、摆脱尴尬局面的发展契机。整个社会制度"保健医生"的定位，就是社会问题的预警要求，发挥的是协调、维护、化解、修复等预警作用。事实已经证明，由信访部门担当社会预警部门、发挥预警功能是可能也是可行的。由此也启示了一种改革方向和任务：整个信访系统应如何围绕预警要求真正发挥作用。这个问题已提到议事日程上来了。

三、信访预警的原理

社会预警系统是各种社会政治组织的有机结合体，应包括预警报告系统、预警分析系统和预警协调系统三个层次①。信访预警系统是社会预警系统的重要组成部分，其工作的原理也要遵循一般规律。首先选择一组反映信访问题状况的敏感指标，运用有关的数据处理方法，将多个指标合并为一个综合性指标，然后通过一组类似于交通信息符号红、黄、绿灯的标志，利用这组指标和综合指标对当前的信访系统工作运行状况发出不同的报警信号，以此来判断信访领域各方面情况的发展趋势，提出意见和建议，帮助决策者选择正确的对策。

（一）信访预警信号的构成

预警的信号是由一整套警戒性指标的不同颜色构成。通常可以设置3—5种颜色。我们选择以下五种颜色：（1）红色：表示问题发展和运行状态混乱；（2）黄色：表示问题发展和运行状态呈现轻微的动荡；（3）蓝色：表示问题发展和运行状态处于明显地向动荡转折的可能；（4）浅蓝：表示问题发展和运行状态短期内有动荡的可能；（5）绿色：表示问题发展和运行状态稳定；这五种颜色的信号预警系统结构是通过一系列反映信访问题实际运行状态的指标加以量化，在先行指标、同步指标和滞后指标中选出敏感性

---

① 王彩波、李智：《论我国社会转型时期的政治稳定机制》，《吉林大学社会科学学报》2002年第5期。

指标，然后经过综合而得到的。

表1　警级阈值划分表

警级	阈值	具体情况
绿色	0.8—1.0	表示处于良性运行状态，信访管理非常稳定，处于无警状态
蓝色	0.79—0.6	表示处于中性运行状态，存在潜在不稳定因素，但尚未影响，属于轻警状态
黄色	0.59—0.4	表示处于不良运行状态，不稳定因素较多，一些矛盾凸显，属于中警状态
橙色	0.39—0.2	表示处于恶性运行状态，矛盾激化，有比较严重的警情，属于重警状态
红色	0.19—0.0	表示处于危机运行状态，矛盾爆发，有十分严重的警情，属于巨警状态

（二）信访预警指标的选择和编制

　　我国社会指标研究大约是在20世纪80年代开始起步，有关社会预警方面的研究也逐步展开。朱庆芳研究员认为，警报指标体系就是把一系列比较敏感而又对经济社会具有决定意义的指标组成体系，进行动态分析，以及时发现社会和经济问题，维护社会稳定。她根据我国国情设定的社会风险警报指标体系包括4大类40多个指标：一是反映经济方面的指标；二是反映生活水平和生活质量的指标；三是反映社会问题的指标；四是反映民意的主观指标[1]。有学者认为，中国"社会风险早期监测系统"应包括更多方面的指标[2]。宋林飞提出了5种社会风险预警理念，并且设计了"中国社会风险预警系统"[3]。张春曙1995年针对上海市的情况对大城市的社会发展预警进行了研究，提出了由经济物质、收入与消费、劳动就业类、居住与市政建设、公共安全、环境污染、社会发展不平衡、社会风气与廉政建设8类18个警情指标组成的社会预警指标体系，并根据历史经验比照全国的情况对上海市

---

[1]　朱庆芳：《社会指标的应用》，中国统计出版社1993年版，第29页。朱庆芳：《社会指标课题研究初见成效》，《社会科学战线》1990年第4期。

[2]　刘建明：《天理民心——当代中国的社会舆论问题》，今日中国出版社1998年版，第360、416页。

[3]　宋林飞：《中国社会风险预警系统的设计与运行》，人大复印资料《社会学》2000年第1期。

社会发展的 18 个警情指标的警限作了初步分析①。参考上述情况，结合信访问题种类繁多、涉及面广的特点，我们选择一组较为敏感的而且是能够从总体上反映现阶段信访问题基本特征的信访问题。对于这样一组信访问题的预警和监测，相对来说可以准确、及时地把握住信访问题的大致现状和基本趋向。而要弄清这一点，就必须从中国信访问题的成因亦即信访问题的警源开始分析。由于目前我们还没有现成的统计指标，需要做专门的调查与评估，因而难于量化与操作。所以，暂且只有利用各部门现行的公开与内部统计指标来设置信访问题监测与预警指标体系。按照这一思路，借鉴国内外近年来设计社会预警指标体系的方法②，我们尝试将信访预警指标体系用德尔菲法求得，提出信访预警指标体系，在此基础上，构建理论模型和数学模型，为实际工作应用做好理论准备。

图 1　预警理念在各地的运用

---

① 张春曙：《大城市社会发展预警研究及应用初探》，《预测》1995 年第 1 期。
② 邓伟志：《关于社会风险预警机制问题的思考》，《社会科学》2003 年第 7 期。

（三）信访问题警级、警限与预警预案

信访预警系统的另一项重要内容是有关信访问题警级、警限的界定。根据历史经验并借鉴外国的情况，我们可以对信访问题的警级、警限作出规定。警级、警限设定之后就是制订预警预案。针对不同警级状态对应地要编制注意预案、修护预案、治理预案、应急预案 4 种不同预案，根据实际情况予以启动和实施。

上述工作需要有一个专门的信访预警机构来执行。信访预警指挥系统负责全面情况汇总，作出决策；信息管理系统负责信息收集、信息分析、信息预报；信息应用系统负责制定各种预案，等等。在这个系统中，各部门要定期向预警部门提交本部门社会安全监测指标状态的信息，并确定采取的预控措施。预警部门通过监测、识别、诊断、评价警情征兆现象，确认指标处于正常、警戒、危机状态，进一步提出预控对策并实施。当指标处于正常状态时，则继续监测；当监测指标处于基本正常或低度危机状态（即警戒状态）时，预警部门根据具体情况提出预控对策方案，提交决策层，再由决策层下达各职能部门执行，直至社会运行恢复正常，同时将对策方案输入对策库以备用；当判断为危机状态时，整个社会运行管理工作进入危机管理，成立危机管理领导小组，由预警部门提出危机对策行动方案，组织人员按照方案采取措施并将对策方案输入对策库。此时危机管理领导小组取代了日常社会安全管理工作中的决策层，全面负责危机状态下的社会活动，直至危机消除、恢复正常。

四、信访预警理论模型与指标体系

现代实证性社会预警方法区别于传统的哲理性预警和经验性预警，更不同于古代的神灵性预警[①]。现代实证性社会预警方法需要建立一套可以量化评估的指标体系，而建立指标体系的前提和基础是其理论模型的设计。因为指标体系作为测量社会现象的"量具"，最忌随意堆砌或简单罗列指标，它

---

① 阎耀军：《加强社会管理的前馈控制研究》，《国家行政学院学报》2006 年第 4 期。

必须依附于一个科学的架构，而这个科学架构实际上就是从特定社会现象中抽象出来的一个理论解释系统，对此我们称之为理论模型。指标体系需要借助理论模型来组织逻辑，理论模型是统率指标体系的灵魂，没有灵魂的所谓指标体系，不可能具有信度和效度，亦不能科学地完成任何测量任务。至于信访预警的理论模型设计，其难度在于复杂现实的困惑，也正因为如此，才更需要理论予以解释和明晰。通过对大量信访问题产生机理的分析研究，结合相关理论，我们对信访预警理论模型设计如下：

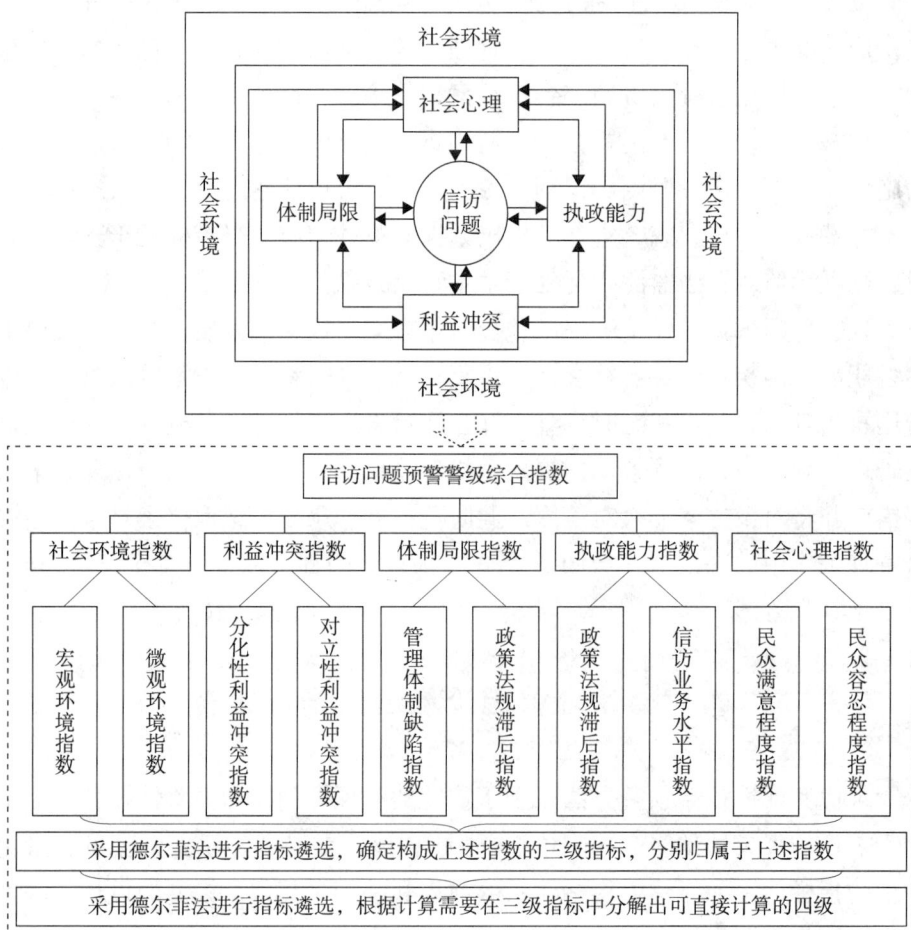

图 2 信访预警理论模型

现将上述模型中各个模块的理论内涵及其衍生的指标阐释如下。

（一）信访问题模块及其指标

如前文所述，"信访问题"从字面上可以有两种理解。一是信访所反映的问题，如对某问题的建议、检举、诉求、求决等。二是由信访处置过程中产生的问题，如重信重访、集体访、越级访以及由信访引起的群体性突发事件等。本模型中"信访问题模块"作为信访问题的集合，主要是指后者，但同时也包含前者，因为后者与前者有着极为密切的联系。两者的区别在于，前者是因问题而信访，后者是因信访而产生问题。但是由于信访预警必须通过监测引起信访的具体问题及其原因，才能达到预警信访过程中产生的"信访问题"的目的。因此，本模型把"信访问题模块"定义为以后者为目标指向的，前者与后者相关联的集合。

"信访问题模块"是本模型的核心目标模块，即警情模块；其余模块（社会环境、利益冲突、执政能力、体制局限、社会心理）均为警源模块即产生信访问题的因素模块。它们各自从不同的角度揭示和反映"信访问题"之所以产生的原因，并相互依赖、相互制约和相互影响，发生多向度的和全方位的联系；它们可以单独滋生或诱发信访问题，也会在相互影响中共同滋生或诱发信访问题。因素模块和目标模块之间构成因果关系。

（二）社会环境模块及其指标

在本模型中，社会环境是指与产生信访问题的政治、经济、文化等所有相关的社会因素的总和。如前所述，信访已有上千年的沿革，新中国的信访制度也有半个多世纪的历史，经验告诉我们，其间信访内容和数量波动的曲线，实际上是社会生活流变的反映，信访问题的形成尤其是"信访洪峰"的出现，与其所处的社会环境密切相关。

我国现阶段的社会环境可从宏观和微观两个层面来观察，从宏观环境来看：我国处于人均 GDP1000—3000 美元的风险高发期。根据国际发展经验，人均 GDP1000—3000 美元通常是一个国家从传统社会向现代社会转变的重要阶段，在这个阶段中，产业结构、城乡结构、就业结构都会发生迅速转型。由于产业、城乡、就业结构迅速转型，社会利益格局剧烈变化，往往容易引起经济失调、社会失序、心理失衡、社会伦理混乱，致使各种社会矛盾层出不穷，各种社会风险爆发概率增高。由此可见，社会发展的宏观环境，是形成信访问题的"大气候"。

从微观环境来看：首先，我国各地区的微观环境有所差别。较先进入1000—3000美元发展阶段的地区，社会矛盾较之其他地区突出，因而信访问题产生的可能性要高于其他地区；其次，处于社会转型事件节点（如城市化过程中的征地、拆迁；经济结构调整中的企业改制、改组、工人下岗二次就业等）的地区或单位，社会矛盾较之其他地区或单位突出，因而信访问题产生的可能性要高于其他地区或单位；再次，社会变动敏感期（如党政机构换届选举，高端外事活动，重大节日纪念日等）易使社会矛盾外显，诱发信访问题的可能性要高于其他时期。为此，我们从宏观环境和微观环境两个方面来设置信访预警测量指标如下。

——宏观环境指数：

（1）经济发展阶段：以进入1000—3000美元发展阶段为阈值区间，分接近、达到、超过三种情况取值。

（2）城市化速度指数：由征地、拆迁以及农民工进城数量等若干表征城市化发展速度的具体指标的综合值构成。（理由提示：随着城市化进程的加快和城市建设的飞速发展，必然涉及大量的征地和拆迁问题以及农民工的社会保障问题）

（3）所有制结构变化：由反映企业改制改组、劳动就业方面的若干指标的综合值构成。（理由提示：随着大批企业进行改制改组和破产倒闭，劳资双方的利益矛盾开始显性化，因劳资纠纷引发的群体性信访必然大幅度上升）

——微观环境指数：

（1）民生问题指数：特指当地所有与政策相关的 N 个涉及民生问题的具体指标的综合值。（理由提示：不同地区或不同时期的民生问题是动态变化的。为了使这一指标具有普适性，其指数中的具体指标应该是因时因地制宜的，不可强求一律和一成不变）

（2）政治敏感期指数：指容易引发或被信访人利用的换届选举期间、重大外事活动期间、政治性纪念日等。

（三）利益冲突模块及其指标

利益冲突模块在本模型中表达与社会环境相联系并由其决定的各种利益冲突之总和。社会环境中经济基础和社会结构的变化，导致形成新的利益群体和利益格局，社会利益格局的剧烈变化，使社会开始出现较大面积的利益不和谐现象。由利益矛盾引发的群众信访带有很强的物质利益性。民以食为天，物质利益矛盾反映的是分配上的不公平。不平则鸣、不和则访，是现阶段群众信访量激增的主要原因，亦是我们进行信访预警的主要警源。

"无直接利益冲突"就是当前社会转型时期我国人民内部矛盾发展的一种新动态。面对频频发生的众多与事件本身并无直接关系的参与者，借助偶发事件来发泄长期积累的对社会不满情绪，从而引发大规模冲突，使个案演变为"无直接利益冲突"群体事件的社会现实问题，当前最为紧要、最为关键的，是设计出能够有效整合社会冲突的调节机制，缓和人们在利益、需要、价值观方面存在的差异，化解由资源、地位、权利、尊严等的争夺而引发的社会矛盾，使多元趋于一致，使对立走向合作，以维护社会稳定有序和谐科学地发展。从微观上，应健全防止利益冲突管理制度，明确管理机构及其国家工作人员职责权限。完善利益冲突制度实施效果评估制度，利用社会调查、政风行风评议、民主评议、专家学者评估等方式，使利益冲突管理更加科学规范。完善防止利益冲突监督管理制度，进一步拓宽防止利益冲突监督渠道。[①]

利益冲突的产生有两种情形：一是利益群体分化所产生的不同利益群体的利益分化性矛盾，即当改革触及体制硬核，利益分化割裂了改革共识，强势集团利用掌控的公共资源优势，在公共政策的制定和执行过程中恣意侵吞社会资源，使制度变迁中出现"改革效益强势化"和"改革成本弱势化"的趋向，各种利益差距扩大，致使社会出现大面积的不和谐现象进而导致利益冲突。二是个人私欲膨胀所产生的与公共利益对立的利益对立性矛盾。掌握公共资源的人一旦私欲膨胀，便形成侵占公共利益的贪官污吏。从古至

---

① 杨绍华：《健全防止利益冲突制度的理论分析与实践路径》，《湖南社会科学》2011年第6期，第1—5页。

今，只要有贪官污吏侵吞公共利益，就有为维护公共利益奋起反腐倡廉的正义之士。由此，在揭露腐败和掩盖腐败；伸张正义和打击迫害两者之间便形成了尖锐的对立性利益冲突。"在许多发达国家，防止利益冲突制度是整个廉政制度体系的核心，是防治腐败的基础性法规。"[①] 加拿大政府颁布了《利益冲突章程》，并制定了《公职人员利益冲突与离职后行为准则》。美国颁布的《利益冲突法》针对各种利益冲突行为规定了相应的罚金刑和有期徒刑。英国制定的"利益声明"制度，要求官员在参与决策之前首先说明拟决策事项是否关联到个人利益。由此看来，利益冲突普遍存在。由此分析也不难看出，利益冲突模块应该从分化性利益冲突和对立性利益冲突两个层面测量信访问题的形成。

——利益分化性冲突

（1）收入差距指数：由城乡收入差距和阶层收入差距的综合值构成。

（2）涉农利益冲突指数：现阶段以失地农民补偿安置到位率；进城务工农民社会保障覆盖率、农民工工资拖欠率等指标综合构成。

（3）涉工利益冲突指数：由调查失业率；下岗职工低保覆盖率；劳资纠纷信访率等指标构成。

（4）特殊利益群体指数：由存在的和潜在的利益受损群体所占的比例综合构成。如环境污染与生态破坏致使利益受损者的比例；复退伤残军人和困难企业军转干部待遇受损者比例；征地拆迁利益受损者比例等。

——利益对立性冲突

（1）公款消费占财政总支出上升率

（2）公务人员经济犯罪率

（3）反腐败举报上升率

（四）体制局限模块及其指标

体制局限模块在本模型中，是指在信访处置过程中，由于新旧体制冲突和政策滞后而导致的对某些问题暂时不能妥善解决（或从根本上解决）的

---

① 杨绍华：《健全防止利益冲突制度的理论分析与实践路径》，《湖南社会科学》2011 年第 6 期，第 1—5 页。

信访现象。大量信访事实说明，和新形势新情况不相适应的旧的管理体制和政策法规，以及面对新形势新情况而显现的体制缺失和政策空白，是许多信访诉求久拖难决，从而造成越级上访、重复上访和对抗性上访的重要原因之一。

体制局限可以从两个方面看：一是管理体制缺陷。现行信访制度在职能定位和制度设计上，并不具有行政职能和权力，处理信访事项的权力有限，不可以也不可能去解决本应由负有一定职责的国家机关办理的社会事务，面临着法治的挑战。因此现行信访体制中存在的一些不足被认为是制约化解信访矛盾的瓶颈；二是政策法规滞后。在社会转型过程中，处理信访诉求的难易程度之所以发生了很大变化，就是因为现在有许多问题尚缺乏从根本上进行处理的政治条件和法律条件。比如，国有企业破产可以按照《破产法》进行，但集体企业破产则无法可依；城市房屋拆迁可以按照有关条例办理，而农村房屋拆迁补偿则无章可循，补偿标准过低；还有困难企业军转干部问题以及进城农民工的社会保障问题等均属此类。

为了在信访预警中客观地反映上述情形，我们分管理体制缺陷和政策法规滞后两个方面进行测量。

——管理体制缺陷指数

（1）信访有序化程度（从信访标准的建立和实行方面定性考察）

（2）大信访机制整合程度（从信访整合机制的建立和实行方面定性考察）

——政策法规滞后指数

（1）无法可依的信访案件占总信访量的比重

（2）新旧政策冲突信访案件占总信访量比重

（五）执政能力模块及其指标

信访活动作为一种社会现象，其动态从来就与执政者的执政能力高度相关。我国所处的社会转型期既是发展的黄金期，亦是矛盾凸显期、利益格局调整期和矛盾纠纷多发期，由此而带来的信访量的增多，从某种意义上讲也是一种正常现象。解决的办法不是消除信访也不可能消除信访，而是如何实现信访正常化。包括信访总量和上访规模的正常化，处理信访案件程序和效率的正常化，信访人心态和期望值的正常化等。从某种意义上讲，这对执政能力是一个考验。经验告诉我们，越级访、群访大都事出有因，或因一项政策或法令出台失当，或因政府一项行政行为谬误。由此可见，低劣的执政能力和复杂的社会矛盾所形成的反差，是信访问题产生的一个十分重要的警源。

我国是一个大国，如果所有的信访案件都集中到中央，势必造成秩序的混乱，从而影响社会稳定。国家信访局认为：当前进京群众信访反映的问题中，有80%是可以通过各级党委和政府的努力在基层得到解决的。[①] 地方政府没有提供应有的帮助是导致来京上访人数增多的重要原因。所以，要实现处理信访案件程序和效率的正常化，杜绝信访问题的出现，加强基层的执政能力是关键。

基层的执政能力也包括基层信访部门的业务能力。信访部门业务水平是执政能力在信访工作中的具体体现。目前居高不下的信访量以及上访秩序的混乱虽然主要不是由信访部门的工作质量所引起，但现时期信访部门作为调节人民内部矛盾的重要部门之一，具有利益表达、矛盾疏导、问题督察等重要功能，其业务工作水平的高低无疑也会对信访问题产生某种影响。因此，对其业务工作质量的测量，亦应该是信访预警的重要方面之一。为此，我们在本模块中设置基层执政能力指数和信访部门业务水平指数两个指数指标。

——基层执政能力指数

（1）施政不当引发信访案件占总信访量比重

（2）信访首次性结服率

（3）重信重访率

（4）越级集体访次数

——信访部门业务水平指数

（1）信访工作前置程度：由领导下访次数等反映信访关口前移的具体指标组成。

（2）信访工作规范程度：县、乡、村实行信访工作标准化比率。

（3）信访问题预测能力：由反映开展问题排查、舆情分析、风险评估、

---

① 王永前：《国家信访局局长周占顺：调查显示80%上访有道理》，《半月谈》2003年第11期。

预警预控工作情况的指标组成。

（4）安全情报沟通能力：由反映信访工作信息化的软、硬件水平和他们与安全、公安等部门情报信息互动的指标组成。

（六）社会心理模块[①]及其指标

信访行为是信访者带着激烈情感活动的行为，所以信访预警实际上是对信访人"人心"的测量。众多人心的聚合，形成反映民众心态的社会心理（第五部分信访心理建设对此有专论）。社会心理不易直观因而往往被忽视，但是社会心理一旦对信访问题产生强化作用，就会让人对信访形势的变化感到突然，从而丧失了在形势变化面前的主动权。这就是有时候我们对信访形势的分析，无论多么符合"理性"，多么"科学"，但由于忽视了群众的思想情绪和社会心理的变化，在实践中出现判断失误的重要原因。所以信访预警不能见物不见人，见人不见人心；所以我们在信访预警模型中设置"社会心理模块"，用以测度社会心理形势变化对信访问题产生的影响。

"人们采取集体行动对抗基层政府的群体性冲突事件是转型期社会冲突的一种重要表现形式，它在某种程度上客观地反映了社会利益整合及社会秩序状况"。参与者的多元性赋予了该类事件的代表意义。[②] 实践经验表明，在许多群体性事件中，会有不少非直接利益群体参与其中，这说明不满情绪的蓄积会形成潜在的社会心理形势，从而使人们的行为趋向发生变化。这种变化在信访过程中是以相对平和的方式出现还是以突发震荡的方式出现，取决于社会心理问题的蓄积能否适时有效地予以缓解。当然，也不是所有社会心理现象都是信访问题的构成因素，需要注意的只是对信访问题可能会发生作用的为数不多的若干社会心理现象，这些社会心理现象不是固定不变的，但在一个时期里又具有相对固定性。因此，我们选择"民众满意指数"和"民众容忍指数"，从正负两个方面来测度社会心理形势对信访问题的影响。这两个指数的具体指标构成如下：

——民众满意指数

① 王二平、张本波、陈毅文：《社会预警系统与心理学》，《心理科学进展》2003 年第 11 期。

② 李琼：《政府管理与边界冲突》，新华出版社 2007 年版，第 11 页。

（1）对政府官员秉公办事的满意度

（2）对干群关系的满意度

（3）对政府执政能力的满意度

——民众容忍指数：

（1）对司法不公的可容忍程度

（2）对行政不作为的容忍程度

（3）对收入差距的可容忍程度

总结上述指标体系框架：共分为5个层次4级指标：第一个层次是目标层，即信访预警警级总指数；第二个层次以下都是因素层，第三层次是第二层次内部构造的分解，第四层次是第三层次内部构造的分解。形成既层层向下深入分解，又层层向上递归综合的金字塔结构式的预警指标体系。各级指标中每个指标的权重，均系运用德尔菲法和AHP法确定。需说明的是，本文所设权重值为特定区域和特定时期的调查值，仅供实际用户参考。具体用户在使用本指标体系时，尤其是第四级指标，其权值乃至指标设置，可根据当时当地的具体情况适当调整。

各指标模块及具体指标见表2：

表2 信访预警指标体系一览表

一级指标	二级指标	三级指标	四级指标
信访问题预警警级总指数	社会环境指数 宏观环境指数	01 经济发展阶段	以进入1000—3000美元发展阶段为阈值区间，分接近、达到、超过三种情况取值
		02 城市化速度	由征地、拆迁以及农民工进城数量等若干表征城市化发展速度的具体指标的综合值构成
		03 所有制变化	由反映企业改制改组、劳动就业方面的若干指标的综合值构成
	微观环境指数	04 民生问题指数	根据当地当时的情况由N个涉及民生的具体问题的综合值构成
		05 政治敏感期指数	领导班子换届选举期；重大外事活动期；政治性纪念日

续表

一级指标	二级指标	三级指标	四级指标
信访问题预警警级总指数	利益冲突指数	06 收入差距指数（分化性利益冲突指数）	城乡收入差距；城乡阶层收入差距（按五等分法）。其他……
		07 涉农利益冲突指数	失地农民补偿安置到位率；进城务工农民社会保障覆盖率；农民工工资拖欠率。其他……
		08 涉工利益冲突指数	调查失业率；下岗职工低保覆盖率；劳资纠纷信访率。其他……
		09 特殊利益群体指数	由存在的和潜在的各个利益受损群体所占的比例综合构成
		10 公款消费占财政总支出上升率（对立性利益冲突指数）	（已是具体统计指标不再分解）
		11 公务人员经济犯罪率	（已是具体统计指标不再分解）
		12 反腐败举报上升率	（已是具体统计指标不再分解）
	体制局限指数	13 信访有序化程度（管理体制缺陷指数）	主要领导接访比率；接访场所达标率；接访档案规范程度；由信访转为来访比率；
		14 大信访机制整合程度	成立"接访中心"比率；信访联席工作会议；相关信息和情报共享程度；接访听证制度……
		15 无法可依信访案占总量比重（政策法规滞后指数）	（已是具体统计指标不再分解）
		16 新旧政策冲突信访案占总量比重	（已是具体统计指标不再分解）
	执政能力指数	17 信访首次结服率（基层执政能力指数）	（已是具体统计指标不再分解）
		18 重信重访率	（已是具体统计指标不再分解）
		19 越级集体访次数	（已是具体统计指标不再分解）
		20 信访工作前置程度（信访部门业务水平指数）	由下访次数等反映信访关口前移，把信访接待场所设到最基层的具体指标组成。
		21 信访工作规范程度	县、乡、村实行信访工作标准化比率
		22 信访问题预测能力	由反映开展问题排查、舆情分析、风险评估、预警预控工作情况的指标组成
		23 安全情报沟通能力	信息化硬件水平；从业人员比率；网络情况
	社会心理指数	24 对官员秉公办事的满意度（民众满意指数）	
		25 对干群关系的满意度	
		26 对政府执政能力的满意度	
		27 对司法不公正的容忍度（民众容忍指数）	
		28 对行政不作为的容忍度	
		29 对社会不公平的容忍度	

五、信访预警指标体系选定及计算方法

（一）信访预警指标遴选的原则

专家在遴选指标时除了要遵守遴选指标的一般原则（如典型性原则、可比性原则、数据可取性原则与可算性原则）以外，尚需注意处理好各种原则之间的关系，具体有以下几个方面。

1. 兼顾指标的完备性和精练性

完备性就是要求内容要全面。信访预警是内容相当广泛的概念，其指标会涉及方方面面，因此在指标选择上不应遗漏重要方面，应力求涵盖全面一些。但需要注意的是，我们不能单纯通过增加指标的数量来实现指标体系的完备性，因为如果指标数量过多则会加大运行成本，降低运行效率，甚至无法操作。因此还必须遵循精练性原则。精练性就是要求指标要少而精，尽量选择那些最具有代表性的指标。"少而精"是为了便于操作与管理，达到运作快、成本低，便于对比的目的。但是指标数量也不宜过少，过少则不便于检查问题所在，从而减弱指标体系的分析功能。

2. 兼顾指标的科学性与可行性

科学性就是选择的指标要能够科学地反映认识对象。信访预警是一个十分复杂的逻辑体系，需要一系列具有科学性的指标才能揭示其性质、特点、关系和运动过程的内在规律。但是实践经验告诉我们，有些理论上科学的指标在实践中并不一定可行，具体来讲就是这些指标或无法采集、或无法计算，在实践中是难以操作的。这就是为什么还需要遵循可行性原则的原因。可行性原则要求我们在选择指标时要充分考虑资料来源以及指标的计算方法等可操作性问题。但是我们也不能片面追求可行性而损害指标体系的科学性，造成指标体系理论上的过多破绽甚至重大残缺，那样整个指标体系的科学说服力也就会大打折扣。对这两者之间的度的把握，需要各位专家多费心思。

3. 兼顾静态性指标与动态性指标

静态性指标是反映事物的现有规模和发展水平的指标，如各种比例指标和绝对数指标；动态性指标是反映事物的发展方向、发展速度和变化趋势的指标，如各种比率（增长率、下降率等）指标。由于本指标体系的目的不仅仅是为了监测和评估信访问题的现状，更重要的是为了对未来的信访趋势进行预警。因此我们希望本指标体系的指标构成能够做到动静结合。

4. 兼顾客观性指标和主观性指标

主观性指标是与客观性指标相对而言的，它是用来反映人们主观感受，反映人们对特定社会现实的直接体验和主观感觉的综合质量与数量的标志。因此也称为感觉性指标。它通过对人们的心理状态、情绪、意愿、满意度等进行测量而获得。研究证明，客观性指标与主观性指标两者常发生不一致的情况：客观的肯定性指标的上升（如收入水平的提高）并不等于人们满意程度的提高。一方面，在相同的客观指标下往往会掩盖着不同的主观态度；另一方面，在不同的客观指标下也会掩盖相同的主观态度。所以，一些复杂的社会现象需要靠主观指标来说明。

5. 兼顾科学研究与实际工作需要

科学研究的直接目的是探索事物的内在规律性，实现其学术认识价值；实际工作的目的是要解决某种现实问题，实现其社会功利价值。本课题是一项对信访预警的科学研究活动，当然要遵循科学认识规律，但是建立这套指标体系的直接目的是为了指导实践活动，因此必须要考虑到这套指标体系将来在实际的信访预警工作中的应用问题。所以在选择指标时，应该充分注意它们和与信访工作实际联系的程度，以及相关职能部门在实际工作中使用上的便利性。

6. 兼顾现行统计制度和时代发展

有一种观点认为，所选指标必须是在现行统计资料里能够采集到的指标，否则就是纸上谈兵。这种观点是有道理的，但是不能绝对化。因为社会指标来源于社会实践，而社会在发展变化，所以社会指标也要与时俱进。选一些虽然一时难于采集，但能够反映新的时代特点的现象，体现出转型社会特征的指标，不但可以使得指标体系更具有时代性和科学性，而且还能促进现行统计制度的改革和统计指标的完善。当然这类超前性的指标也不能选择过多，过多则会使指标体系的操作难度加大。

（二）信访预警指标及权值的确定

1. 指标遴选的方法——德尔菲法

德尔菲法是第二次世界大战后发展起来的一种直观评估和预测方法。德尔菲法是美国兰德公司首先提出和使用的一种方法，它是兰德公司的杰作，成为全球近 200 种评估和预测法中使用比例最高的一种。德尔菲法的本质是利用专家的知识、经验、智慧等无法数量化的带有很大模糊性的信息，通过通信的方式进行信息交换，逐步地取得较一致的意见，达到评估或预测的目的①。本书所进行的专家咨询严格按照德尔菲法的要求进行：

其一是匿名性。本书将所要咨询的内容制作成调查问卷由课题组采用匿名函询的方式向专家征求意见。被邀请参加咨询的专家互不见面，姓名保密，只同课题组保持联系，通过信函调查表来回传递进行意见交换，这就是通常所说的背靠背方式。由于是匿名进行，专家可以参考前一轮各专家的评估结果修改自己的意见。采用匿名函询的方式可使专家打消思想顾虑，进行独立思考，不会出现专家会议的易屈服权威和大多数人的意见，以及碍于情面，不愿公开发表自己意见的情况。

其二是反馈性。在第一轮征询意见回收后，课题组以匿名的方式将各种不同意见进行综合、分类和整理，然后分发反馈给各位专家，再次征询意见。各位专家在第二轮征询意见的过程中，可以坚持自己第一次征询的意见，也可以参考其他专家的不同意见，修改补充自己原来的意见，再次寄回给课题组。如此几经反馈后，各位专家的意见趋于一致。

其三是量化性。在经过多轮的专家意见征询后，对最后一轮的专家意见用统计分析加以集中整理，我们主要采用平均法求其平均数，以平均数作为评估的最后结果。

2. 实施德尔菲法的程序

为了确保信访预警指标体系建立方法的科学性，运用德尔菲法进行专家咨询时，要遵循一定的程序。我们实施德尔菲法经历了三个阶段（程序）。

第一阶段：问卷设计阶段。专家咨询问卷的设计是运用德尔菲法的关

---

① 阎耀军：《现代实证性社会预警》，社会科学出版社 2005 年版，第 6 页。

键。为了避免专家对咨询课题出现理解上的分歧，因而由此导致提供的咨询结果杂乱纷繁，无法归纳，故在制作问卷时，我们不仅详细地向专家们介绍了本项研究的理论框架等方面的背景资料，而且明确提出了指标遴选的原则和具体方法。每次问卷的意见征询表都留有供专家修正或补充的栏目。

第二阶段：选择专家阶段。选择好专家是德尔菲法成败的关键性一步，因为指标选择的最终结果来自专家。因此，所选的专家应当是对信访问题有比较深入的了解和研究，具有专业知识和丰富经验，思想敏锐，富有创造性和分析判断能力强的人员。我们针对每一轮调查的目的和特点，分三个批次先后共选择了25位专家和具有丰富实际工作经验的信访干部进行问卷咨询。

第三阶段：意见征询阶段。完成上述准备工作后，我们即进入意见征询阶段，轮番向专家征询意见。

第一轮问卷咨询主要是征询对信访预警理论模型和指标体系框架的意见，由于问卷内容理论性较强，我们在课题组之外只选择了5名专家进行了小范围的咨询论证。主要参与者包括山东省委党校宋教授课题组部分成员及信访部门有关人员，天津工业大学阎耀军教授、王革副教授，天津市信访办孙宏波处长、天津市北辰区信访办公室主任康世龙等。通过该轮咨询，基本确定了信访预警的理论模型和指标体系框架。

第二轮问卷咨询主要是对信访预警的二、三级指标的权重进行判断和对第四级指标进行初步遴选。我们选择了信访部门的干部和专家学者共20名。在问卷中我们详细交代了设计思路和指标遴选的原则和具体方法，要求专家们按调查表的内容发表自己的意见，并按规定的期限寄回。我们将寄回的问卷进行了整理、统计和分析，在此基础上制订第三轮咨询问卷。

第三轮问卷咨询由于涉及对具体指标的重要性程度进行判断，专业性很强，所以我们只选择了少数具备这方面专业知识的资深专家。我们将第二轮专家问卷的结果汇总整理并添加一些要求的补充背景材料，形成第三轮问卷，再反馈部分专家进行第三轮意见征询。请他们对别人的遴选结果加以评论，对自己的遴选结果进行新的判断和修正。收到专家们寄回的意见后，我们再次进行整理、统计，求出各位专家评估结果的平均值，获得指标遴选的最终结果。

专家意见以匿名方式经过轮番征询后（注：国外的经验一般进行三四

轮，甚至五轮，本次研究因为时间和经费的关系作了简约化的处理），多数人对预测问题的意见渐趋一致，少数人的分歧意见也明朗化。我们将轮番征询的结果用统计方法加以集中整理，最后由课题组确定比较切合实际的指标体系方案。

第四阶段：数据处理阶段。在征询意见过程中或在意见征询终结时，为归纳出有代表性的意见，评估值的典型水平可用统计方法加以集中整理。我们主要采用了以下数据处理方法：

第一，均值法。（1）简单算术平均数。（2）加权算术平均数。

第二，期望值法。

第三，中位数法。中位数 m 是一列数据中居中的一个数据值，常用它代表专家预测的集中意见。

3. 信访预警指标体系及权值确定

经过数轮的专家论证和遴选，通过计算我们得到信访预警指标体系中的各项指标及其权重，现列表如表 3：

表 3　信访预警第一、第二级指标及权值

一级指标	权值	二级指标	权值
社会环境指数	23	宏观环境指数	10
		微观环境指数	13
利益冲突指数	29	分化性利益冲突指数	21
		对抗性利益冲突指数	8
体制局限指数	16	管理体制缺陷指数	7
		政策法规滞后指数	9
执政能力指数	20	基层执政能力指数	13
		信访部门业务水平指数	7
社会心理指数	12	民众满意指数	5
		民众容忍指数	7

（1）信访预警指标体系权值分布

表4 信访预警指标体系权值分布一览表

一级指标	参考权值	二级指标	参考权值	三级指标	参考权值
信访问题预警权值100	社会环境指数 23	宏观环境指数	10	经济发展阶段	2.9
				城市化速度	4.5
				所有制变化	2.6
		微观环境指数	13	民生问题指数	7.3
				政治敏感指数	5.7
	利益冲突指数 29	分化性利益冲突指数	21	收入差距指数	5.4
				涉农利益冲突指数	5.4
				涉工利益冲突指数	5.2
				特殊利益群体指数	5.0
		对抗性利益冲突指数	8	公款消费占财政支出比重	2.1
				公务人员经济犯罪情况	2.5
				反腐败举报上升率	3.4
	体制局限指数 16	管理体制缺陷指数	7	信访程序化程度	3.6
				大信访机制整合程度	3.4
		政策法规滞后指数	9	无法可依的信访案件占信访总量比	3.3
				新旧政策冲突信访案件占信访总量比	2.7
				涉法涉诉案件占信访总量比	3.0
	执政能力指数 20	基层执政能力指数	13	信访首次结服率/（初信初访率）	4.2
				重信重访率	3.1
				越级集体访次数	2.8
				信访事项处置逾期比	2.9
		信访部门业务水平指数	7	信访工作前置程度	2.0
				信访工作规范程度	1.8
				信访问题（分析）预测能力	2.0
				安全情报沟通能力	1.2
	社会心理指数 12	民众满意指数	5	对政府官员秉公办事满意度	1.5
				对干群关系的满意度	2.3
				对政府执政能力满意度	1.2
		民众容忍指数	7	对司法不公正的容忍度	2.3
				对行政不作为的容忍度	2.8
				对社会不公平的容忍度	1.9

（2）信访预警指标计算方法

具体指标的计算方法主要分为两大类，一类是定性指标，一类是定量指标，其具体计算方法如下：

符号说明：

X_i'——变换后的数据；

X_i——原始数据；

$X_{\max}$——指标原始数据 X_i 历史记录中的最大值；

$X_{\min}$——指标原始数据 X_i 历史记录中的最小值；

P_{ij}——指标第 j 事件的程度；

n——指标中事件总数。

定性指标的五等分评价

若指标为定性指标，无法量化，则可采用德尔菲法对其进行五等分评分，专家根据问题的程度情况直接打出 X_i 的分数即可。

对于程度情况的赋值范围为 1—5，1—5 的赋值表示该情况的表现程度指数，"1"是最小的程度指数，为程度最轻的状态，"3"是程度指数的中值，是程度适中的状态，"5"是最大的程度指数，为程度最高的状态。程度类型的指标又分为程度越高越好，程度越低越好和程度越居中越好三种情况。无论属于哪种情况，均需具有至少 10 年的数据作为研究基础。

对程度越高越好的指标，在计算分析时应取其中数值最大者为 1 分，最小者为 0 分。

$$X_i' = \frac{(X_i - X_{\min})}{(X_{\max} - X_{\min})}$$

对程度越低越好的指标，在计算分析时应取其中数值最小者为 1 分，最大者为 0 分。

$$X_i' = \frac{(X_i - X_{\max})}{(X_{\min} - X_{\max})}$$

对程度越居中越好的指标，在计算分析时取其中数值最小者为 1 分，最大者为 0 分。

$$X_i' = 1 - \left(\frac{|X_i - 3|}{2}\right)$$

定量指标的评价方法：

指标体系的定量指标分为极大型、极小型、居中型三类（本指标体系中定量指标目前只涉及前两种），极大型是取值越大越好，极小型是取值越小越好，居中型是要求它不大也不小，靠近一个理想值才是最好。[1] 由于信访预警要给出各地信访工作所处的状态，即信访问题爆发的危机状态的等级，所以必须对这些定量指标进行无量纲化处理，各种不同类型的指标评价计算采取以下公式。

公式一：

对数值越大越好的指标，在监测中，需要至少 10 年的数据作为研究基础，取其中数值最大者为 1 分，最小者为 0 分。

$$X_i^{'} = \frac{(X_i - X_{\min})}{(X_{\max} - X_{\min})}$$

公式二：

对数值越小越好的指标，取其中数值最小者为 1 分，最大者为 0 分。

$$X_i^{'} = \frac{(X_i - X_{\max})}{(X_{\min} - X_{\max})}$$

公式三：

对于涉及事件数量及事件程度的指标，如"劳资纠纷信访情况"指标，其无量纲化过程如下：

$$X_i = \frac{\sum_{j=1}^{n} P_{ij}}{n}$$

将 X_i 带入公式一即为公式三。

公式四：

将 X_i 带入公式二即为公式四。

公式五：

城乡收入差距

=（城市居民人均可支配收入−农村居民人均可支配收入）/（城市居民人均可支配收入+农村居民人均可支配收入）

公式六：

---

[1] 周永生：《企业危机预警评价体系构建研究》，广西师范大学出版社 2005 年版，第 169 页。

阶层收入差距（10%最高收入者与10%最低收入者的比值）

＝（10%最高收入者的平均收入−10%最低收入者的平均收入）／（10%最高收入者的平均收入＋10%最低收入者的平均收入）

公式七：

复退伤残军人问题

＝伤残军人安置率（得到安置的复退伤残军人数/总的复退伤残军人数）＊权值

公式八：

困难企业军转干部问题

＝困难企业军转干部问题再就业率（困难企业军转干部再就业人数/困难企业军转干部总人数）

表5　第三、第四级指标计算方法表

三级指标	四级指标	计算方法
01 经济发展阶段	以进入 1000—3000 美元发展阶段为阈值区间，分接近、达到、超过三种情况取值。	定性指标，按权值平均分为三等，根据当前情况直接赋值
02 城市化速度	城镇人口占地区总人数比重的上升率	按照公式一计算
	非城市用地变为城市用地比率的增长率	按照公式二计算
03 所有制变化	企业所有制改革幅度（过小、小、适中、大、过大）	按幅度用五等分法，越居中越好
	劳动就业体制改革力度（过小、小、适中、大、过大）	按力度用五等分法，越居中越好
04 民生问题指数	农村土地征用补偿问题	按问题的严重程度，用五等分法计算，越低越好
	城镇房屋拆迁安置问题	按问题的严重程度，用五等分法计算，越低越好
	复退伤残军人问题	按照公式七计算
	困难企业军转干部问题	按照公式八计算

续表

三级指标	四级指标	计算方法
05 政治敏感期指数	领导班子换届选举期	按照敏感程度，用五等分法计算，越低越好
	重大外事活动期	按照敏感程度，用五等分法计算，越低越好
	政治性纪念日	按照敏感程度，用五等分法计算，越低越好
06 收入差距指数	城乡收入差距	按照公式五计算
	阶层收入差距	按照公式六计算
07 涉农利益冲突指数	失地农民补偿安置到位率	按照公式一计算
	进城务工农民社会保障覆盖率	按照公式一计算
	农民工工资拖欠率	按照公式二计算
08 涉工利益冲突指数	失业率	按照公式二计算
	下岗职工低保覆盖率	按照公式二计算
	劳资纠纷信访情况	按照公式四计算
09 特殊利益群体指数	环境污染与生态破坏致使利益受损者情况	按照公式四计算
	复退伤残军人待遇和困难企业军转干部待遇受损者情况	按照公式四计算
	受非法经营影响而利益受损者情况	按照公式四计算
	因征地拆迁利益受损者情况	按照公式四计算
10 公款消费占财政总支出上升率	（已是具体统计指标不再分解）	按照公式二计算
11 公务人员经济犯罪情况	（已是具体统计指标不再分解）	按照公式四计算
12 反腐败举报上升率	（已是具体统计指标不再分解）	按照公式二计算
13 信访有序化程度	主要领导接访比率	按照公式一计算
	接访场所达标率	按照公式一计算
	接访档案规范程度	按五等分法计算
	由信访转为来访比率	按照公式二计算
	督办部门督办案件情况	按照公式三计算

续表

三级指标	四级指标	计算方法
14 大信访机制整合程度	成立"接访中心"比率	按照公式一计算
	信访联席工作会议	按效果用五等分法计算，越高越好
	相关信息和情报共享程度	按程度用五等分法计算，越高越好
	接访听证制度	按效果用五等分法计算，越高越好
15 无法可依信访案占总量比重	（已是具体统计指标不再分解）	按照公式二计算
16 新旧政策冲突信访案占总量比	（已是具体统计指标不再分解）	按照公式二计算
17 信访首次结服率	（已是具体统计指标不再分解）	按照公式一计算
18 重信重访率	（已是具体统计指标不再分解）	按照公式二计算
19 越级集体访次数	（已是具体统计指标不再分解）	按照公式二计算
20 信访工作前置程度	由下访次数等反映信访关口前移，把信访接待场所设到最基层的具体情况构成	按程度用五等分法计算，越高越好
21 信访工作规范程度	县实行信访工作标准化比率	按照公式一计算
	乡实行信访工作标准化比率	按照公式一计算
	村实行信访工作标准化比率	按照公式一计算
22 信访问题预测能力	信访研判机构设置	按合理性用五等分法计算，越高越好
	调研人员比率	按照公式一计算
	调研论文上级签批数	按照公式一计算
23 安全情报沟通能力	信息化硬件水平	按水平用五等分法计算，越高越好
	从业人员数量	按照公式一计算
	网络建设情况	按建设情况用五等分法计算，越高越好
24 对官员秉公办事的满意度		用五等分法计算，越高越好

续表

三级指标	四级指标	计算方法
25 对干群关系的满意度		用五等分法计算，越高越好
26 对政府执政能力的满意度		用五等分法计算，越高越好
27 对司法不公正的容忍度		用五等分法计算，越高越好
28 对行政不作为的容忍度		用五等分法计算，越高越好
29 对社会不公平的容忍度		用五等分法计算，越高越好

六、信访预警的全面整合模式

信访预警机制是指信访系统为发挥其预警功能，以一定的规则规范系统内各组成要素间的联系的内在协调方式。这里提出对信访预警机制"全面整合"，一是因为信访制度是一种覆盖全社会各个领域和层次的政治制度，其涉及的部门相当广泛和庞杂；二是因为预警工作本身即是一项复杂的系统工程。由此决定了任何局部的、单一的、狭义的、零散的、片面的所谓"预警机制"，都无法真正达成信访预警机制的"系统构建"。

（一）全面整合信访预警机制的必要性

全面整合信访预警机制，是指在高层领导者的统一领导和参与下，通过法律的、制度的、政策的作用，在包括预警专业技术在内的各种资源支持系统的支持下，通过整合组织和社会协作，通过全程的预警管理，提升政府对信访问题管理的能力，以期有效预防、回应、化解各种信访问题，从而保障社会的稳定，实现社会的正常运转。

全面整合信访预警机制，不仅指整合信访部门内部现有的各种资源，还包括与信访相关机构的组织和协作，因为只有建立起内外结合、上下联动、主辅交叉的预警网络，信访预警机制才具有普适性和全面性，才能保证预警机制运行的规范、协调和高效。

全面整合信访预警机制，对于提升对潜在信访问题的预警能力，应对近年来不断攀升的信访总量和频频发生的大规模越级上访，尤其是带有冲突性的信访行为具有重要意义和迫切性。当前，我国正处于社会转型的关键时期，由于产业结构、城乡结构、就业结构迅速转型，社会利益格局剧烈变化，往往引起经济失调、社会失序、心理失衡、社会伦理混乱，致使各种社会矛盾层出不穷，各种社会风险爆发概率增高。信访是反映中国社会问题的一面镜子，1993 年以来我国信访总量呈持续上升趋势和数次"信访洪峰"，鲜明地印证了这种情况。因此，中央从十六届三中全会以来的历次全会上反复强调要建立健全社会预警体系。信访作为一种反映社会稳定的晴雨表，不仅是全社会预警体系的有机组成部分，亦是一个具有相对独立性的重要的预警子系统。这个子系统是否能够形成中央在《关于加强党的执政能力建设的决定》中提出的"统一指挥、功能齐全、反应灵敏、运转高效"的管理机制，对于我们超前化解和应对信访问题，维护社会稳定影响甚大。

然而不容乐观的是，尽管我们在信访工作的局部地区、局部环节或个别单位中建立了一些诸如"信访风险评估"、"信访问题排查"等具有信访预警意义的制度和做法，但就整体而言，仍为一鳞半爪，不仅不成体系，也不尽符合预警规范；尤其是在组织机构上，信访机构庞杂繁多，归口不一，不仅信息难以共享，而且政策掌握不一，工作范式各异。所以我们可以认为，具有全面整合意义的系统的信访预警机制远没有形成。毋庸讳言，信访预警机制的不完备直接导致了我们对"潜在信访问题"的超前预知能力，进而对"信访洪峰"的到来应对乏力。

因此，我们必须按照中央建立畅通、有序、务实、高效的信访工作新秩序，实现新时期"统一领导、部门协调，统筹兼顾、标本兼治，各负其责、齐抓共管的信访工作新格局"①的要求，对信访预警体系和机制进行全面整合。

---

① 参见《中共中央、国务院关于进一步加强新时期信访工作的意见》中发［2007］5 号文件，2007 年 6 月 24 日 17：21：17 来源：新华网。

| 用户层 | 社区用户　　街道用户　　区级用户 |
| 工作系统 | 界面整合 |

图3　地方运行的综治信访维稳应用系统

（二）全面整合我国信访预警机制的基本原则

全面整合我国信访预警机制是一项复杂的系统工程，涉及方方面面的工作。但择其要者，不外乎预警所依附的载体——预警组织结构的整合；预警所依赖方法——预警工具系统的整合；预警所指向的目标——预警和预控的整合。为了达到这三个方面的整合，我们必须提出信访预警机制系统构建的基本原则。

1. 科学规范

预警活动自古有之，人类历史上曾先后出现过神灵性预警、经验性预警、哲理性预警和实证性预警四种形式，逐步走向科学。可以说现代预警作为一种基于超前认识的管理活动，已经发展成为一种比较完备的科学体系。构建信访预警体系要遵循科学规范原则，表明信访预警机制系统的构建，要以科学化为追求目标。预警机制系统是否具有科学性，是决定该机制系统在实践工作中是否能够发挥作用的关键和前提。信访预警机制构建的科学性主要体现在理论模型的科学性，预警指标的可靠性、动态性、可操作性，预警过程的规范性、严谨性，预警组织设置的合理性和运行程序的有效性等方面。例如现代实证性预警理论认为，实施预警的主要工具是由一系列先兆指标组成的预警指标体系①。如果没有指标体系，就无法实现定性和定量结合的科学预警。但是我们在调查中发现，一些地方自称已经建立了信访预警机制或开展了信访预警工作，但他们并没有建立起一套预警指标体系，所以他们这种预警是不符合科学规范的。围绕着预警指标体系这个核心工具，还会有德尔菲专家调查法，舆情或民意调查法，风险评估法等一系列预警工具，这些都需要在科学规范的原则下予以整合。总之，构建信访预警机制是一项系统工程，必须在符合科学规范的条件下才能真正建立。

2. 尊重实践首创

构建信访预警机制不能闭门造车，不能单靠逻辑演绎，更不能简单照搬西方的理论和做法。信访制度是一项中国特色的政治制度，必须从中国的国情出发，必须从中国信访工作的实践出发，将广大信访工作者的相关做法和创造，加以总结提炼并使之与现代预警理论相结合，进而形成适用于中国国情的信访预警体系。事实上，在多年的信访工作实践中已经存在着不少有信访预警意义的相关做法，如信访工作"关口前移机制"，"领导干部下访机制"，"潜在信访问题排查机制"，"信访风险评估预测机制"，"信访代理机制"，"舆情分析机制"，以及具有会诊和协调性质的"信访工作联席会议机制"等。这些做法和经验都是十分宝贵的，只是犹如一片散落的无线之珠，

---

① 阎耀军：《现代实证性社会预警》，社会科学出版社 2005 年版，第 6 页。

需要我们以现代预警理论之线加以串连和编织，形成科学的信访预警体系。这也是我们所倡导的"全面整合"的题中之义。

3. 预警与预控相结合

在预警机制的构建中，预警和预控应该是不可分割的两个方面，因为预警的目的在于实现预控。离开预控，预警也就没有任何意义。但是从学理上分析，预警和预控确有区别：

——从"预警"来讲，有两种情况：一种是成功的预警之后人们可以通过事先纠偏等调控措施，掌控事态的变化和进程，使警情不致出现，这就无所谓"应急管理"；另一种情况是预警虽然成功，但人们无法掌控事态的发展变化，所以事先准备应对预案，以防不时之需，这种早有防备的应对是从容的应对，而不属于严格意义上的"应急管理"。

——从"预控"来讲，也有两种情况：一种是有预警但预警失效（这是难免的），始料未及的事件突然发生了，这就必须有对"突发事件"的应急管理；另一种情况是根本无法预警（因为有些事情是不能预警或者很难预警的，所谓天有不测风云即是），人们只是根据过去的经验提出种种假设：如果某种事情一旦发生了应该怎么办？所以事先制订种种相应的预案以防不测，这就必须有对"可能事件"的应急管理。

上述分析说明：预警的目的在于实现预控，而要预控就必须做好预警和在预警失效情况下的预案，社会预警的实质在于实现社会控制。社会控制分为反馈控制（事后控制）和前馈控制（事前控制）①。"预警"属于前馈控制，"应急"属于反馈控制，两者是辩证统一的，亦是不能脱离和不能偏废的。中央对社会预警的提法，从原来单纯提"建立健全社会预警体系"到进一步提出"建立健全社会预警机制和应急管理体系"的改变，其重要的用意之一，我们理解就是要把预警和预控更好地结合起来。但是现在的问题是预警和预控的脱离仍为预警机制建设中的通病。学者们只关心预警研究，至于如何预控，他们认为那是政府的事情。学者们认为他们的任务是发现和指出问题，而解决问题乃是政府官员们的事情，因此多疏于预控研究。从实践上看，政府官员们对学者们的那些似乎耸人听闻的预警，只是姑妄听之。

---

① 阎耀军等：《加强社会管理的前馈控制研究》，《国家行政学院学报》2006 年第 4 期。

由于缺乏一种约束机制尤其是具有刚性的制度约束，他们对一些预警研究往往敬而远之，束之高阁，认为是自己任期内解决不了或心存侥幸不会遇到的问题。有鉴于此，在信访预警机制全面整合的系统构建中，必须把预警与预控的结合作为一个重要原则并给予高度重视。

（三）信访预警机制的全面整合模式

整合，是指整理、组合。全面整合，是指为了达到所要追求的目标而进行的调整、组合。在大信访格局的概念下建立信访预警机制的模式系统，不仅需要对信访和涉及信访的系统的静态结构进行一定程度的要素调整，更重要的是需要对信访和涉及信访的系统的动态结构进行创新和重塑。任何机制都是一个系统。在机制系统中，我们把系统的构成要素和要素间的组合秩序称之为系统的静态结构，把系统要素间相互作用的方式称为系统的动态结构。系统的静态结构是系统的"硬件"，它决定该系统是此系统而非彼系统，是系统具有其特定功能的基础；系统的动态结构是系统的"软件"，它决定着系统要素间动态作用的方式，调整着系统要素功能发挥的方向与强度，以实现系统整体功能最大化的目的，规定系统要素和系统整体运行所依据的基本准则[1]。鉴于此，我们对信访预警机制模式系统的设计拟从静态结构和动态结构两个层面展开：

1. 系统的静态结构——信访预警机制组织结构模式的设计

全面整合理论中的一个重要概念是组织整合（又叫组织化）[2]，是指通过组元之间的制度和组织结构的设计以实现各部分之间较为稳定的关联过程与状态。组织机构犹如机制的骨骼，它不仅构成机制运行的载体，同时也反映机制的宏观架构。要想从建立信访预警机制的角度对原有的信访组织体系进行整合，必须在分析信访系统现行组织机构结构的基础上，按照建立信访预警机制的要求进行必要的调整和重塑。现将我们设计的信访预警机制模式的静态结构图示如下：

---

① 阎耀军、张美莲、王樱：《我国民族关系预警机制研究》，《中南民族大学学报（社会科学版）》2009 年第 6 期。

② 冯磊、张明毫：《我国公共危机管理机制模型的构建——基于组织整合理论的分析》，《武汉科技大学学报（社会科学版）》2007 年第 2 期。

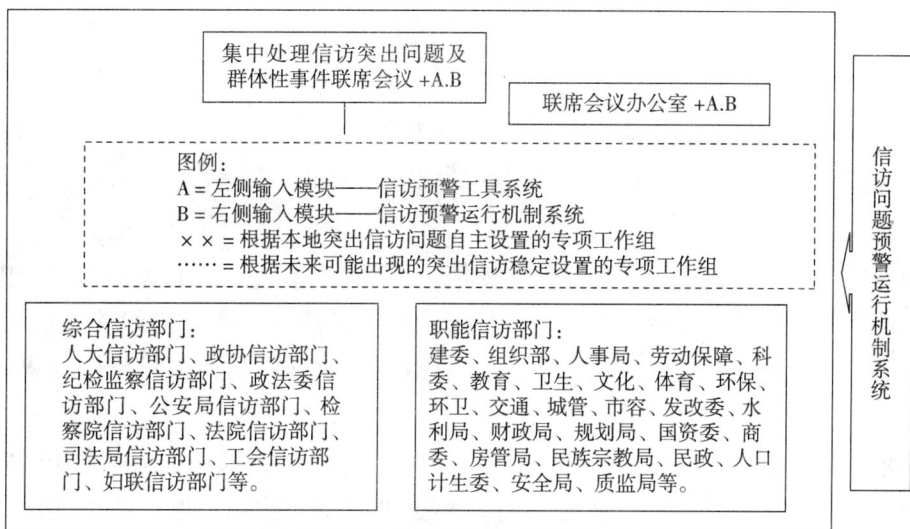

图 4　信访预警机制模式的静态模型

上述模型表示，要想使庞杂的信访系统全面整合为"统一领导、部门协调、统筹兼顾、标本兼治、各负其责、齐抓共管的信访工作新格局"，必须依靠信访联席会议制度。实践证明，信访联席会议是一种对庞杂林立的信访机构的有效整合方式，其全称为"集中处理信访突出问题及群体性事件联席会议"，其主要职责是：了解、掌握信访突出问题及群体性事件的情况和动态；针对信访突出问题及群体性事件提出对策建议；组织协调有关方面处理跨部门、跨行业、跨地区的信访突出问题及群体性事件；督促检查有关部门和地方处理信访突出问题及群体性事件各项措施的落实。其实这些职责中已经隐含了对信访预警的职能，我们在模型中添加 A、B 两个要素群，意在对其进一步突出、强调、系统化和规范化。

[链接] 信访联席会议制度。2004 年 8 月，根据胡锦涛同志的批示，中央建立了"信访联席会议"制度，即"中央集中处理信访突出问题及群体性事件联席会议制度"。该联席会议包括中央办公厅、国家信访局、北京市政府等 28 个部门和单位。根据群众来访反映突出的问题，联席会议成立了 5 个专项工作小组，每个小组设有具体负责人，并

每月定期举行会议。随后全国各地都建立了信访联席会议制度，开始了
一场新的信访治理运动。①

　　从预警的角度看，信访联席会议不仅具有舆情汇集和信息共享的功能，
而且还具有沟通链接警情和集体研判的功能。因此，模型要求各省、市、县
以及乡镇政府，均应以信访联席会议的形式，对信访预警机构进行整合。信
访联席会下设联席会议办公室，作为信访预警的常设机构，行使信访预警中
心的职能。信访联席会议办公室主任应由高于同级各部委办局的领导担任，
或由"低职高配"的信访办（局）主任兼任，以确保信访组织整合的权威
性效果。

　　模型图还显示，在信访联席会议及其办公室下面，根据突出的信访问题
设立若干专业工作组，如征地拆迁问题、国有企业改制问题、涉法涉诉问
题、企业军转干部问题等，每个小组模块有两条线连接所有的"综合信访
部门"和"职能信访部门"，表明他们有权就专门领域的信访预警，进行多
维交叉的跨部门整合。

2. 系统的动态结构——信访预警机制组织结构模式的设计

　　图中左右两侧的输入模块，左侧的模块表示预警工具系统的输入：在模
型的各个层次中，均需运用以预警指标体系为核心工具的一系列规范的预警
方法和技术手段，通过专用的政务网络平台，形成信息共享和制度化的沟通
和交叉连锁机制；右侧的模块表示预警运行机制系统的输入：在模型的各个
层次中，均需与信访预警运行机制的动态模型（即操作流程模型，见图5）
相链接并切实贯穿到各自的工作中去。在每个层面内部形成相对独立的信访
预警体系的同时，保持对外部的开放性和有效的链接与协同。

　　上述模型由 A、B、C、D 和 Ⅰ、Ⅱ、Ⅲ、Ⅳ 的多维矩阵组成：从纵向排
列来看，信访预警运行机制模式主要由以细虚线分割的 A、B、C、D（见图
右侧）自上而下的四大模块构成：

　　A——指标体系构建和维护模块：该模块位于整个运行机制的最上方虚
线框内，这意味着指标体系是预警工作的依据和前提。指标体系的形成主要

---

　　① 刘英丽：《信访改制的石狮版本》，《中国新闻周刊》2004 年 12 月 27 日。

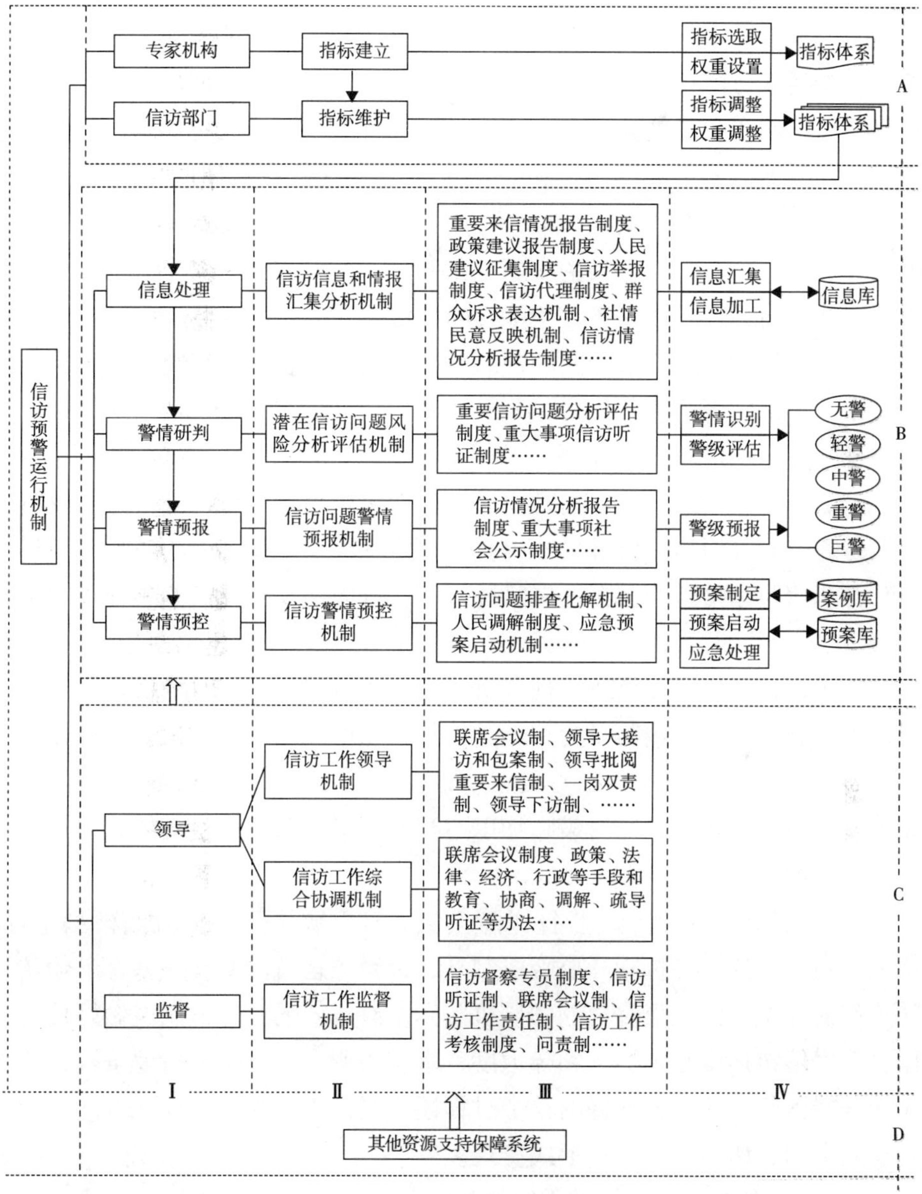

| | 专家机构 | → | 指标建立 | → | 指标选取
权重设置 | → 指标体系 | |
| | 信访部门 | → | 指标维护 | → | 指标调整
权重调整 | → 指标体系 | A |

信访预警运行机制	信息处理	信访信息和情报 汇集分析机制	重要来信情况报告制度、政策建议报告制度、人民建议征集制度、信访举报制度、信访代理制度、群众诉求表达机制、社情民意反映机制、信访情况分析报告制度……	信息汇集 信息加工	← 信息库	
	警情研判	潜在信访问题风险分析评估机制	重要信访问题分析评估制度、重大事项信访听证制度……	警情识别 警级评估	无警 / 轻警 / 中警 / 重警 / 巨警	B
	警情预报	信访问题警情预报机制	信访情况分析报告制度、重大事项社会公示制度……	警级预报	
	警情预控	信访警情预控机制	信访问题排查化解机制、人民调解制度、应急预案启动机制……	预案制定 预案启动 应急处理	← 案例库 / ← 预案库	

	领导	信访工作领导机制	联席会议制、领导大接访和包案制、领导批阅重要来信、一岗双责制、领导下访制……		
		信访工作综合协调机制	联席会议制度、政策、法律、经济、行政等手段和教育、协商、调解、疏导听证等办法……		C
	监督	信访工作监督机制	信访督察专员制度、信访听证制、联席会议制、信访工作责任制、信访工作考核制度、问责制……		

| Ⅰ | Ⅱ | Ⅲ | Ⅳ | D |

其他资源支持保障系统

图5　系统的动态结构——信访预警运行机制模式的设计

依靠专家机构和信访部门的工作人员共同研发设立，并在实践中不断修正和完善。指标的多少、权重都是随着信访问题的变化而不断变化和调整的。

　　B——预警运行流程模块：该模块位于整个运行机制的中间部位，表明其为预警运行系统的核心流程。根据预警活动的一般管理过程来看，信访预警主要包括信访信息处理、信访问题警情研判、信访问题警情预报、信访问题警情预控四个主要任务。

　　信息处理指信息汇集和分析。信访预警运行机制系统内的各个部门要严格按照既定指标体系的范围采集，将能够反映信访问题发展趋势的重要信息进行分类、汇总、存储，以生成新的信息库。再从信息库中提取有用信息，进行数据的简单整理和加工，初步诊断信访问题的态势。

　　信访警情研判指警情研究和判断警级。根据信息处理部门汇报的预警状态数据值来识别警情。寻找警源并最终对警级进行评估，在警情演示系统中用五种不同颜色来表示"无警"、"轻警"、"中警"、"重警"和"巨警"。

　　信访警情预报。警级评估判定后一方面要按规定程序向有关部门及时呈报，另一方面可根据需要借助媒体力量发布警级，并公布相应的预控对策；同时要密切跟踪报道警情的发展状况，使各方面都及时参与到预控管理过程中来。

　　信访问题警情预控指在发现危机或得到危机警报后，对危机发展态势进行及时、有效的预先控制行为。通过警势预控可以用较小的代价迅速化解危机，避免危机的扩大和升级，掌握危机应对的主动权。做法是从已有的案例库中提取类似问题的预控对策，加以适当改进形成新的预控对策，并进行最佳选择，最终落实。

　　C——信访预警领导、监督保障模块：该模块位于运行机制模型下部，这表明强有力的领导机制和监督机制是整个系统运行的基础性条件。信访预警工作的开展离不开强有力的领导机制和卓有成效的监督机制。做好信访工作，搞好信访预警必须加大领导力度，事实表明，只有领导高度重视，工作才能开展得好。此外，预警的整个过程还应当接受监督，可以通过岗位责任制、问责制、评估、奖惩等形式实现。

　　D——其他各种资源支持保障系统模块：位于整个大虚线框下方，是该机制运行和发挥作用不可或缺的重要基础，具体包括组织保障、制度保障、技术保障和资金保障等。

　　本模型从横向排列来看，信访预警运行机制模式主要由以粗虚线分割的从左至右的顺序由Ⅰ、Ⅱ、Ⅲ、Ⅳ四部分构成，即预警活动、预警机制群，相应具体制度群，具体任务以及台账、库等构成。

　　Ⅰ——预警流程模块：依次是信息处理—警情研判—警情预报—警情预控。此外还包括领导、监督两个重要关键任务。统一领导，严格监督是预警活动有效的保证。监督是针对整个过程而言的，采取的形式和机制多种多样。

　　Ⅱ——机制保障模块：对应Ⅰ中的预警流程依次建立相对应的保障机制：信访信息汇集分析机制、潜在信访问题风险分析评估机制、信访问题警情预报机制、信访警情预控机制。

　　Ⅲ——机制构成模块：对应Ⅱ中的机制，汇集整合各种相关制度、措施或子机制。从实践来看，全国各地已经产生了众多带有机制性的做法和举措，图中仅为列举而已。

　　Ⅳ——功能输出模块：表示前述模块Ⅰ、Ⅱ、Ⅲ运行后生成的具体功能。这些功能如图所示有调整后的指标体系、各种信息资料库，如案例库、预案库以及警情报告显示系统等。

　　在信访预警概念提出之后，全国各地纷纷尝试，形成诸多案例。这些案例虽然还处于初创阶段，甚至很不完善，但反映了处于信访工作第一线的广大干部的创新精神，他们从实践中获得的宝贵经验是我们总结和升华理论的重要源泉，也验证了我们的理论研究在实践中的活力，同时也指示了信访预警研究未来发展的方向。

第 六 章

信访信息化之理想——信访信息智能化应用

互联网对社会变迁的影响所体现的大趋势就是信息民主化。它把传统的社会权威给降低了，把获取信息的权利交给每个人，使个人权利得到极大的提升，互联网变成 60 亿人共同的神经中枢系统，能造成人类的集体反应。信访部门担负着受理群众来信来访、调处社会矛盾纠纷、促进社会和谐稳定的重要职责，也必须加强信息资源开发和共享，完善社会管理体系，提高调解人民内部矛盾纠纷和处置突发性事件的能力，以信访信息化与智能化推进社会主义和谐社会建设。

一、信访信息化科学应用的意义

信访信息系统是充分利用现有政务信息网络（政府专网）资源，实现上级政府、本级政府有关部门、下级政府之间和各级信访部门之间信访信息互连互通的全网络化的应用系统，从信访事项的受理、信访事项的处理与协调、信访事项处理过程与结果、信访事项处理结果的报告、信访人的回访、信访信息的查询和信访信息的统计分析等过程都实现信息化管理，是人民群众反映利益诉求的电子渠道，是提高信访工作业务管理水平和效率的电子平台。建立信访信息系统、推进信访信息化建设是信访和谐工作的迫切需要。

（一）信访和谐发展趋势所在，是落实《信访条例》的现实举措

"社会秩序的再生产远不是什么机械过程的自动产品，它只能通过行动者的各种策略和实践来实现自身……行动者则凭借他们的实践诀窍，凭借他

图1　信访工作从接待开始就纳入信息化管理

们的习惯，酝酿出与这种情景相适应的行动策略。"① 信息化带来人们思想观念的多维化、利益诉求反映方式的多样化，对信访工作提出"高速、快捷、便利、高效"的客观要求。《信访条例》从畅通信访渠道、为人民群众反映问题提供便利条件出发，规定"县级以上地方人民政府应当充分利用现有政务信息网络资源，建立或者确定本行政区域的信访信息系统，并与上级人民政府、政府有关部门、下级人民政府的信访信息系统实现互联互通"，这从法律形式上明确了信息化为信访工作服务、为建设和谐化社会服务的目标。通过加强对信访工作的信息化、规范化建设，畅通信访"绿色"渠道，保护信访人的合法权益，维护信访秩序，方便信访人通过网络方式提出信访事项，方便各级行政机关对已受理和处理的信访信息共享，避免重复受理和处理，降低行政成本，提高行政效率，合理利用信息网络资源，建立本地区信访信息系统。

---

① ［法］皮埃尔·布迪厄：《反思社会学导引》，李猛等译，中央编译出版社 2004 年版，第 185 页。

（二）赋予信访工作新的工作方式，为实现信访和谐提供物质条件

信访信息系统把电话、电子邮箱、传真和网络等多种信息资源有机结合起来，它的广泛应用，对于提高信访工作效率，方便群众反映问题，减轻信访工作者的劳动强度，加快信访信息的传递速度，及时化解矛盾，采纳群众建议具有十分重要的意义和积极作用。一方面，它与传统的信访多是申诉求决有很大的差别，开辟了一条不受时间、地域限制的广阔的信访渠道，广大群众可以直接向当地的党政领导反映情况、提出意见和建议，提高了公民献计献策的实效性；另一方面，也把人民群众的疾苦和心声通过先进的互联网技术和政府联结在一起，使广大人民群众与政府直接沟通，释疑解惑，解决问题，从而提高了政府工作的透明度，便于社会监督，推进了行政管理的信息化。

［链接］南京市纪委构建"数字信访"信息管理系统，实时监督信访件办理情况

他们专门开发了一套具有南京特色的信访信息管理系统，于 2009 年 7 月依托该市纪检监察信息专网正式投入使用。2009 年 11 月，又与 13 个区县纪委联网运行，实现了市、区两级纪委信访工作的一体化。承办人将在线接访交谈内容下载录入到管理系统中，系统便会自动生成《信访基本信息登记表》、《重要信访件受理呈批单》。市纪委信访室负责人介绍说，"登记表和呈批单生成后，承办人将以此为依据，规范办理信访件，并在系统内受到实时监督。"依托该管理系统，南京市纪检监察机关信访举报工作实现了全面提升。①

（三）有利于提高处置紧急、重大信访问题快速反应能力

信访人反映问题，尤其是较紧急、较重大的问题，可以利用信访信息系

---

① 袁梅林、丁建国、姜熹、吴德：《南京：构建"数字信访"模式　提升信访举报工作科学化水平》，《中国纪检监察报》2012 年 11 月 9 日。

统便利、快捷的优点，即时向信访部门发送、传递信息，信访部门也能即时收集到信访动态，对较紧急和重大的信访问题及时采取相应的措施，把苗头化解在萌芽状态，把问题解决在当地。利用信访信息系统的即时性，能够及时掌握群众关注的热点、难点问题和带苗头性、倾向性的社会动态，有效化解群众集体上访、越级上访等突发性事件。

（四）对提高信访干部素质、推动信访工作开展有创新意义

先进的通信、网络技术在信访业务方面的广泛应用，是信访工作方式方法的一项重大突破。信访工作者靠"笔"、"嘴"、"腿"的传统工作方法，工作量大，工作效率低，影响了处理信访问题的时效和质量。尤其在处理集体上访和群体性信访等突出问题时，工作手段和方式的落后，制约了信息的传递和情况的沟通，影响了信访部门作用的发挥，阻碍了信访工作的发展，也束缚了信访工作者的思想。信访信息系统的应用将改变传统的信访模式，进一步提高工作效率、管理水平和人员的素质，促进信访工作者思想观念的转变、更新。

（五）建设阳光政府、取信于民的关键环节

"阳光信访"[①] 是指信访过程体现公开、透明原则，在人们可以看得见的状态下，将信访公务行为向信访人和社会公开。公开、透明原则是市场经济对现代公共机构的基本要求，是实现公正原则的基本前提，而各级党委和政府实行政务公开是适应这一趋势的明智之举。"阳光信访"是畅通信访渠道的基本要求。"阳光信访"可以打破信访工作的神秘性，给公众以明白，还政府以清白，避免无谓的猜疑和不满，有利于引导公民依法理性有序信访，有利于公民行使知情权、参与权、决策权和监督权，有利于争取信访工作的主动权，有利于公平公正地解决信访事项，有利于提高党和政府的良好形象和公信力，有利于信访工作走上良性循环的轨道。作为国家机关政务不可或缺的组成部分，信访的公开透明度滞后，主要原因是行政行为欠规范，因此心中无底，担心违规。有的信访事项处理完毕，涉案信访机关甚至迟迟

---

① "阳光信访"，新华每日电讯第7版。

不能出具答复意见书，信访人难得一见对自己问题的处理报告。当然，也有不宜公开而不公开的，信访问题的处理不可能做到像审判公开或村务公开那样，但是实施必要的"阳光信访"的确势在必行。

[链接]　阳光政府——倾听民意，示政于民

广东：把"一元官司"折腾成向省政府和21个地级市政府申请公开信息，再到提起15宗行政复议，揭阳二级残疾人夏楚辉2010年6月3日终于松了口气——广东省政府作出复议决定，称政府超期回复行为违反《政府信息公开条例》。"这个结果出乎意料，政府拿出了承认错误的勇气，让我感受到了阳光政府的态度。"

四川：规范"省长信箱"，群众建议5天内可得到回复。有事给省长信箱写信，属于"建议、咨询类"的，工作人员必须在5个工作日内回复；属于"投诉、求助类"的，须在20个工作日内办结并回复，需要调查处理的可延至30个工作日……四川省政府办公厅发布《"省长信箱"来信办理工作规则》。

合肥："群众公议"让自由裁量更"阳光"。安徽省合肥市政府2010年6月4日前出台了《合肥市行政处罚案件群众公议制度实施办法（试行）》，通过从全市党代表、人大代表、政协委员及有关社会团体中选取，市直机关和各县区政府、开发区管委会及有关单位推荐，向社会公开招募等方式招募公议员，对一些涉及自由裁量权行使的行政处罚案件，经群众公议团开会讨论后方可实施。这是合肥市为进一步规范行政执法机关的自由裁量权而推行的制度。

银川：推行政务"点题公开"，把群众最需要知道的事情公开。2010年宁夏银川市将在权力运行的监督制约上狠下功夫，深入推进源头治腐工作，并以政务公开为突破口，推行"点题公开"，确保权力在阳光下运行。

成都：对政务公开弄虚作假将严格问责。成都市政府2010年6月4日前出台政务公开工作要点，提出将加大行政决策公开力度，通过畅通民意收集和反馈渠道，建立健全公众参与重大行政决策的规则和程序，促进科学民主决策，保障人民群众的知情权、参与权、表达权和监

督权。

深圳：政府不采纳公众意见需说明理由。从管理型政府向服务型政府职能转换，深圳在行政服务领域作出新规定，《深圳行政服务管理规定》提出，深圳政府今后要减少行政审批数量，增加行政服务数量。行政机关起草的法规、文件征求公众意见时，对公众提出的建议不予采纳的，都应该在起草说明中给出不予采纳的理由。

二、信访信息化科学应用的要求

依照《中共中央、国务院关于进一步加强新时期信访工作的意见》和《信访条例》的规定，"网上信访"是指公民、法人或者其他组织通过向党委、政府及其工作部门设立的网站反映情况、提出意见建议或者投诉请求的活动，是新时期拓宽信访渠道的一种重要形式。网上信访的受理内容即指公民、法人或者其他组织通过向党委、政府及其工作部门设立的网站、电子邮件等网络形式反映的情况、提出的意见建议或者投诉请求。《信访条例》第十一条提出：国家信访工作机构充分利用现有政务信息网络资源，建立全国信访信息系统，为信访人在当地提出信访事项、查询信访事项办理情况提供便利。县级以上地方人民政府应当充分利用现有政务信息网络资源，建立或者确定本行政区域的信访信息系统，并与上级人民政府、政府有关部门、下级人民政府的信访信息系统实现互联互通。《信访条例》从法律的角度明确了信访信息化建设的地位。

信访信息系统具有的基本作用，就是方便信访人提出信访事项；监督信访事项的受理、办理，使上级政府和信访机构能够及时了解、督促有关行政机关办理信访事项，避免多头信访和重复信访，节约行政成本，减轻信访人负担。切实增强政务的公开透明度，通过建立政府网站、建立新闻发言人制度、设立专门负责接待公民查阅和咨询信息公开的机构等方式，提高政府的开放形象，树立政府坦率、坦白、坦然的品质。同时，信访信息系统的智能化应用，就会在此基础上发挥预警功能，对社会整体和政府工作提供决策参考意见。

```
┌──────────────┐              ┌──────────────┐
│     信访     │              │     查询     │
└──────────────┘              └──────────────┘
         │                           │
         └─────────┬─────────────────┘
                   │
         ┌──────────────────┐
         │  登录网上信访平台  │
         └──────────────────┘
```

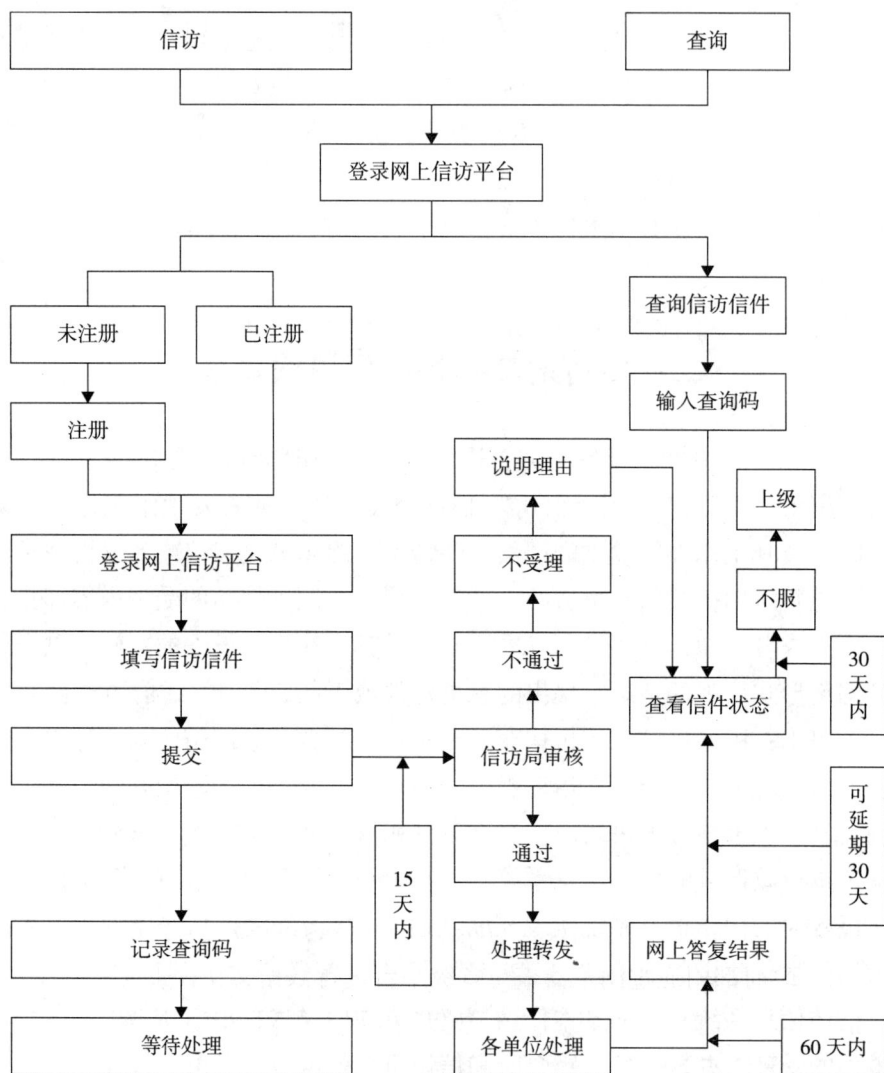

图 2　温州市网上信访流程图

（一）坚持目标化实施

信访信息系统是政务信息化工程的重要组成部分，是实现信访系统信息化的关键措施，是建立和完善信访和谐工作格局、实现"网络大信访"的基础工程。完善信访信息系统必须消除数字鸿沟。数字鸿沟是指在全球数字化进程中，不同国家、地区、企业、人群之间由于对信息、网络技术发展的应用程度的不同以及创新能力的差别而造成的"信息落差"、"知识分隔"和"贫富分化"的问题。[①] 要坚持"安全可信、先进可靠、经济实用、灵活方便"的总体要求，坚持以网络为基础、管理与服务应用为中心、信息资源开发利用为重点，本着通用性、先进性、开放性、可扩充性和系统化、规范化、标准化的设计原则，统筹规划、分步实施。信访信息系统建成后，以信访信息网络为平台，实现信访投诉受理、信访业务处理、群体性上访事件应急管理、非正常上访管理、重点人员监督、信访信息分析预测、系统安全保障、系统运行维护八项业务处理的功能，开通网上信访、信访事项网上办理、信访事项办理情况网上查询、网上答复、信访信息网上传输等工作项目，为国家和省投诉受理中心受理公民投诉提供便利条件，为各级信访部门办理信访事项提供统一应用平台，为各级领导同志及时掌握信访信息、指导信访工作、科学决策提供服务。

（二）坚持重点突破整体推进

从全国看，实施信访信息系统建设的工作重点在省级，工作难点在市县两级。目前，各省信访局大多已与省政府专网连通，依托省政府门户网站建立了外网，并开展了网上信访工作项目，围绕建设一个中心（信访数据中心）、两个平台（综合信息服务平台、公众意见服务平台），加强机房、网络设备、计算机设备、存储设备、安全设备建设和网络连通，使各级信访工作机构、政府部门通过浏览器来与省级平台进行数据交互，实现各地、各部门之间的信息传递和信息共享，业务性事务网上办理；市、县两级信访工作机构要与当地政务专网连通，在此基础上，利用政务专网（与国际互联网物理隔离）实现全省各级信访工作机构工作业务的网络化和信息化，实现各级信访工作机构之间的互联互通。

---

① 薛伟贤、刘骏：《数字鸿沟主要影响因素的关系结构分析》，《系统工程理论与实践》2008年第5期。胡延平：《跨越数字鸿沟》，社会科学文献出版社2002年版，第11页。

（三）注重实际应用

实施信访信息系统建设要以充分发挥网络作用、加快推进信访信息化建设为着眼点，注重在完善系统功能、强化系统应用上下功夫。一是充分运用网络载体，建立信访网站。各级信访工作机构及省政府各部门中省直有关单位可在国际互联网上自行建立信访网站，也可依托当地的政府门户网站进行建设。通过网站加强网络信息发布，公开政策法规、机构设置、办理流程等便民服务措施。二是积极推进网上信访。要通过多种形式在各类新闻媒体上定期公布各级信访部门网址，对信访群众在网上反映的问题，及时登记、整理、分类、归档，并及时办理，及时回复办理结果。三是逐步实现网上办公。要加强网上信息的传递，发挥电子邮箱功能，实现基层信访工作信息的及时报送；要加快网上报表软件程序的开发、升级和应用；要通过已建立起来的办信、接访、督查督办工作等信访信息系统专项程序，全面开展网上办公。

（四）精心组织，确保质量

从公共治理角度来看，"不可衡量，则无法管理"。[1] 信访信息网络系统建设是一项系统工程和民心工程，是党和政府与人民群众保持密切联系的"绿色通道"。要结合实际，制订具体实施方案，切实加强领导，落实专人负责，认真搞好建设规划，认真抓好落实。各地信访信息系统建设工作要纳入全省信访工作目标管理体系中进行考核。要加强信访局信息中心建设，进一步强化管理，完善功能，明确机构建制，加大技术力量投入，提高实际工作运营水平。严把信访信息系统建设实施的技术关、质量关、运行调试关，加强实际操作技术知识培训，使系统建成后能用、管用、会用。

三、信访信息化科学应用的实践进展

目前我国从中央到省市两级信访局基本建设了信访网站，并发展到几乎

---

[1]　张成福、唐钧：《电子政务绩效评估：模式比较与实质分析》，《中国行政管理》2004 年第 4 期。

涵盖所有政府热点部门和行业。随着全国信访信息系统应用软件的日趋完善，其覆盖面和应用范围进一步扩大，投诉事项实现了全程网上流转以及相关数据的统一管理和资源共享，形成了以程序规范带动工作流程、以整体规范促进工作效率提高的良性互动，不断推动网上投诉受理工作整体提高了水平。积极推动投诉受理工作规范化建设，还需实现省、市、县三级网络的互连互通，确保投诉事项网上流转顺畅、办理及时。依托网络平台，建立信访信息系统，实现群众来信的信息资源共享和网上流转办理，是群众信访办理规范化、标准化的客观要求。

（一）依托网络平台，完善信息系统，为实行网上办信提供有力技术支撑

网上信访的普及，使信访人信息、信访内容全部数字化，有助于建立健全信访工作数据库。相对于传统的电话录音、来信内容扫描等方式，网上信访做到信访事项可明确分类，信访事项能全文检索，更便于查询和分类汇总、统计。同时，数据库的进一步完善与共享，可以帮助信访干部积累经验，充分挖掘信息，掌握类似案例的办理方法，提高矛盾化解率。

一是提高了办理效率。二是规范了程序。办信信息系统对信件登记、转送、交办、流转、反馈、审核、发布做到了编号、格式、要求、操作"四个统一"，并通过办信信息系统专门的督查督办功能，对即将到期的信件提前2天进行黄牌警示、对超期办结报送信件进行红牌警告，并通过网上进行督办和催办，系统自动记录相关情况，直接作为考核依据，使考核更加简便和客观公正。三是做到了来信件件有结果。四是提高了按期办结率。实行网上办信后，办信信息系统可随时统计显示群众来信的按期办结率和反馈率，使各单位的办理情况一目了然，增大了办理单位责任。同时，每月还要对各单位来信办理情况进行全市通报，促进了来信办理时效的提高。五是便于存档、查询、回复和监督。

（二）开发健全"网上信访"系统，规范"网上信访"办理工作

随着改革开放的深化和利益格局的不断调整，各类矛盾纠纷和不稳定因素日益增多，信访渠道作为党和政府联系群众的桥梁、纽带也承担了更多的

责任。不断畅通和拓宽信访渠道，确保民情、民意、民智顺畅上达，切实维护群众的合法权益也成为维护社会稳定、促进社会发展的重要内容。而伴随着信息化技术的飞跃和发展，网上信访也必将成为信访工作的发展趋势。例如早在 2008 年年初，青岛市信访局与市政府计算机中心一起，开发完成了青岛市的"网上信访"办理系统，将"网上信访"与"网上办信"接轨，修订完善了"网上信访"办理程序，使"网上信访"软件具备了外网受理、内网办理和外网反馈的条件，实现了区市、市直单位信访部门，对群众发送的电子邮件直接接收、流转、办理、反馈，既提高了"网上信访"的办理时效，也通过优化整合资源，简化了流程，为提高"网上信访"办理工作的规范化水平奠定了基础。

图3　昆山网上信访系统标识

（三）"网上信访"系统推动电子政府改革，实现社会矛盾"前馈"控制

网络技术介入信访领域，使民主政治发生了变革，导致公民向政府投诉、问政的速度、广度和深度也在不停的变革之中，所以网上信访是网络政治研究的重要内容，同时研究网上信访如何为群众办事，对引导民主政治、实现虚拟社会有效管理等相关问题，具有一定促进作用。网上信访处理的透明化，能够体现政府的办事效率和规范的处理过程，使政府工作主动接受群众监督，也有利于规范各部门的信访工作，提高工作效率。电子化政府提供开放的信息平台，能使政府及时发布政府工作信息，改进政府与公众间信息不对称的状况，使利益相关人能快捷了解政策目标、变动趋向等，并以"无限度"的接口为公众表达意愿提供渠道，通过网络平台表达诉求、评议政府工作、对改进政府工作提出建议等。由此，借鉴和引进国际流行的新的管理机制、管理技术和工具，努力提高政府的效能，政府绩效评估也由此走上了实践舞台[①]。

网络技术具有双向传递的特征，可以推动政府官员与民众的直接对话，

---

① 　王谦：《电子政务@——战略、标准、绩效与智能决策》，重庆大学出版社 2005 年版，第 239 页。

并谋求公众需求与政府意图之间最大限度的契合，以便达成共识。网络技术还具有突破时空限制的优势，使政府基层接触到的实际情况，能够不经过系统内的传导，通过网络平台直接地、真实地反映到政府的上层，使政府上层根据公众真实需求及时作出应答，从而实现前馈控制。前馈控制具有面向未来、防患于未然的特征，其在流程循环的前置环节上就清除危机要素，在问题处在潜在状态之时，通过政策制定阶段前瞻性预测与前置调控措施设置，以较易控制的措施使社会发展朝着有利于人民利益增长的方向运行；运用前馈控制防患于未然花费成本较小，可以避免执行不当政策带来的巨大的损失①。

　　[链接] 国外政府重视公民意见反馈

　　美国白宫除了设有"总统通信办公室"外，美国联邦政府门户网站同样为公众留有网上投诉和民意调查的入口；新加坡政府网站在"电子公民中心"里，设置有政府与公民的在线交流、建议反馈等政民互动的渠道。国外对相关内容的研究多在电子政务及服务型电子政府中进行论述，如哈佛大学肯尼迪学院中的"网络服务与政府"政策组曾分析指出，通过网上信息高效高质量回复及应用可以获得公民对政府的信任与支持。②

（四）全国进展参差不齐，部分省市率先构建网络信访新格局

　　为了引领和提升全国网上信访工作整体水平，更好地发挥网上信访在维护社会和谐稳定中的独特作用，国家信访局在全国部署 100 家单位进行试点的基础上，确定 12 个省、市、县为全国网上信访工作联系点，其中有山东省、广东省、江西省、上海市、成都市等。

　　山东省信访局在全国率先构建网络信访新格局，以"省长信箱"、"网上信访"、"国家信访信息系统"多管齐下打造网上信访工作新格局，为"和谐山东"作出了突出贡献，同时进一步整合网络资源，将互联网上受理

---

① 阎耀军：《维护社会稳定需要建立前馈控制机制》，《中国党政干部论坛》2006 年第 7 期。
② 张向宏：《服务型政府与政府网站建设》，清华大学出版社 2010 年版，第 35—38 页。

的网上信访事项全部纳入全国信访信息系统办理，实现内外网对接，形成了"两头在外、中间在内"的运行机制。该省网上信访成效在于发挥网络优势，迅速解决涉及群众生产生活的"短、平、快"问题；形成示范带头作用，网上信访形式多样，百花齐放；加大对疑难险重案件的办理力度，化解了大量可能引发恶性事件和群体性事件的信访问题。例如青岛市实现了"网上信访"电子邮件与信件并轨办理，首创了群众来信"网上办理"和"网上信访"外网受理、内网办理和外网反馈办理方式，使群众来信渠道更加畅通，办信方式更加便捷，办理方法更加灵活，办信标准更加规范，实现办信工作由"背靠背"向"面对面"的转变。烟台市在"胶东在线"建设有关平台后，信访总量持续下降，其中到市上访案件下降53.1%，集体上访案件下降10.1%，特别是一些热点部门和窗口行业案件均实现大幅下降。

广东于2011年9月集网上信访、手机信访、电话信访于一体的"广东网上信访大厅"开通接访，将省市两级连通，使得该省网络问政工作迈入了更加科学化、规范化、制度化的发展轨道。视频信访首创支持单对单、多对单、多对多的接访形式，有利于对群众反映的疑难信访事项作出正确诊断；首创支持视频信访群众围观、网民可在线直接观摩视频信访现场全过程的模式，扩大了视频接访的影响力。一人视频接访，千人可以"围观"。同时，视频信访系统可与网上信访处理平台有机结合，领导在视频接访的同时，可阅批处理信访事项，完成整个信访事项的批示交办。网上信访大厅虽然虚拟，但是对于群众信访事项的办理却要落在实处。广东将在现有网上信访查询热线的基础上，利用现代先进通信技术，尝试开通可视电话信访渠道，同时细化受理窗口，开辟书记、省长信箱，方便群众诉求。广东省的视频信访已经覆盖到村镇街和园区，将扩大领导参与接访群众的层次，除了请分管省领导参与接访外，还邀请省直有关部门领导参与接访。同时，网上信访平台的网络问政功能也将不断拓宽。

江西省成立网上信访工作机构：江西省信访局成立省投诉受理中心专门处理网上信访反映的事项和信访系统信息化工作，全省设区市相继成立了网上信访工作机构，县（区）一级也整合力量，省信访局为所有设区市、99个县（市、区）和120多个省直单位建立网上信访工作平台，有的省直单位还将网上信访控件进行二级构建，使网上信访的触角延伸到系统内的下属各单位。全省集中公用一个数据库，有效避免了多头受理、重复交办的问题。同时，省信访局对全省领导信箱、政府热线和网上信访网站的数据进行统一标准、统一报送、统一汇总和统一进行分析；扩大宣传，引导群众走网上信访之路。

河南省郑州市搭建网络问政全媒体平台"心通桥"：2011 年 12 月 29 日，河南省郑州市网络问政全媒体平台"心通桥"正式上线。老百姓和政府之间就像开通了一趟"直通车"，为老百姓提供了一个网络信访的平台。在每一次上报或转发后，系统会自动根据工作时间，对问政帖子有无人员处理和回复计时。

浙江省宁波市：浙江省宁波市各级党委政府为了开辟网民表达民意诉求的新渠道，纷纷利用现有政务网络平台，采取电话 81890（拨一拨就灵）、12345（市长公开电话）、市长信箱、信访信箱等"二合一"或"三合一"等模式，开展网上信访工作。这些举措，为化解当前社会矛盾、维护社会稳定发挥了极其重要的作用。

四、信访信息化科学应用的拓展

（一）智能化应用拓展的设想

信访信息化基础条件在我国业已成熟，为信访信息智能化应用提供了不可或缺的平台①。借助这个平台，可以使相关部门能够同步得到原始信息、获得更多的信息评价、进行多渠道的信息对比，集中精力分析处理那些对信访问题有重大或潜在重大影响的信息，获得危机的先兆信息为准确的危机决策或为决策咨询提供保证，估计出危机发生的概率及危害程度，然后决定每一种危机预警范围和预警对象，对可能出现的危机进行实时监控并迅速作出反应，从而达到准确、及时、事半功倍的效果。

通过较为全面、系统地分析信访预警的理论模型，我们构建了一套综合、系统地判别信访工作是否处于危机状态的指标体系，并建立了较为完善的信访预警机制。然而，如果在使用过程中，人工利用该指标和机制来完成

---

① 王宏冰：《浅谈信访信息化建设》，《电子政务》2008 年第 3 期。

信访预警工作，由于专家数量和数据量较多，其难度很大并且成本极高。同时，预警管理的核心在于危机及相关指标的实时跟踪、监测和反馈，大量的重复计算是任何部门都难以承担的。因而，有必要实现评估模型的软件化，开发出相应可操作的电脑软件，这就是构建信访预警管理信息系统的设想。

信访预警管理信息系统，是指在信访监测—评估—预警—预控理论基础上，利用国家信访工作计算机管理系统平台和互联网信息技术，通过建立统一的法定的规范、数据标准、数据交换格式的软件系统，制定相应的制度和管理办法，实现各级信访管理部门之间，以及信访管理部门内部各职能部门之间的信息共享，使相关部门作出及时准确的预警，并启动应急机制消除危机的一套软件系统。

（二）智能化应用的广阔前景

目前，随着危机管理研究领域的扩大和研究深度的加强，危机管理中的信息问题日益突出，国内外专家学者越来越注意到信息技术在危机管理中的应用，但关于信访多见于信访信息管理系统的构建，专门针对于信访预警管理的信息系统研究尚属首创。但全局性的危机信息管理、公共卫生、企业预警等方面的研究已经有很大的进步，对我们研究信访预警管理信息系统的建设起到了很好的范例作用。早在 1984 年，沙特朗（R. L. Char-trand）、美国国会图书馆国会研究部、调查与监督委员会共同编制了一份名为《用于应急管理的信息技术》的研究报告，该报告着重研究了应急通信系统、与自然灾害有关的信息存储与检索系统，以及其他信息技术在减灾和危机管理等方面的应用问题[①]。此后，信息技术与公共危机管理交叉研究领域的理论成果逐渐完善及被运用于实际，许多发达国家已把信息技术，特别是危机信息管理系统（Crisis Information Management System）用到了危机管理中，并作为一种重要的工具。2008 年 8 月 5 日，由危机响应与管理信息系统国际研究协会（the International Association for the Study of Information Systems for Crisis Response And Management，简称 ISCRAM Association）组织，哈尔滨工

---

① Nick Collin. Information Management in Crisis: "Getting Value for Money from it Investments by Rethinking", *the Management of Information and Technology*, Computer Audit Update, February 1995.

业大学承办的"第三届国际危机响应与管理信息系统中国大会"与"第四届灾难管理地理信息系统国际研讨会"的联合会议在哈尔滨召开，来自美国、荷兰、澳大利亚、瑞士等十几个国家的 120 余名专家学者以及政策制定者与会。会议主题覆盖涉及企业危机管理（包括危机的预测与响应）、城市发展中的公共安全与危机管理、灾难管理的地理信息系统、行业危机管理、事故管理等领域，大会将就用户需求、监控与处理、地理信息系统、系统与软件开发、人机交互、训练与仿真及其他相关内容进行探讨。预警管理与系统软件开发的联系日益密切，其理论研究及实际操作都爆发出前所未有的盛况，对信访预警软件系统的开发研究都有着重大的帮助和启发。

信访信息系统在未来的应用，有着广阔的发展空间。首先，促进数据整合。使信访人信息、信访内容全部数字化，有助于建立健全信访工作数据库。相对于传统的电话录音、来信内容扫描等方式，网上信访做到信访事项可明确分类，信访事项能全文检索，更便于查询和分类汇总、统计。同时，数据库的进一步完善与共享，可以帮助信访干部积累经验，充分挖掘信息，掌握类似案例的办理方法，提高矛盾化解率。

其次，推动网络问政。网络的特点是使潜在的社会矛盾通过网上信访的方式不断显现，群众的思想动态也可以通过网上信访反映的事项来具体掌握。通过网上信访加强民情调研，科学分析群众反映的热点、难点问题，第一时间把握群众诉求，为领导科学决策、指导工作提供帮助。另外，通过网上信访广泛集中民智，筛选出群众的优秀建议，为城市发展当好助推器，这样才能从深层次推进网上信访系统建设，使之健康良好发展，发挥出更广泛的作用。

政务微博可以看做是网络信访升级版。2010 年以来，许多地方政府及官员开通"微博"，与网民互动更为直接。"微博"作为一种集信息公开、即时互动、流程透明于一体的新媒体，为政府与群众提供了更有效的沟通互动平台，逐渐将成为新时期的信息咨询中心和社情民意集散地，开辟了网络信访的新格局。"微博"具有"私信"功能，这种互动是隐蔽的，私下一对一交流，具有极强的针对性，不适宜公开说的话，如举报，可通过"私信"交流；对"缠访"的信访人，也可以通过"私信"倾诉和梳理情绪。

最后，推动制度创新。网上信访技术革新只是新的手段、新的方法、新的工具的运用，有助于提高工作效率、降低运行的成本；而信访制度创新则是一种新的关系、新的体制、新的机制的引进，最终导致人们行为方式的改变。从目前的情况来看，对信访信息进行管理的系统，只能算是一种技术革新，并没有在整体上为信访制度引进一种新的关系、新的体制、新的机制。但从发展的角度来看，它也许会成为制度创新，这取决于关键环节：在量上，信息系统管理的网上信访案件占据主体，成为一种主要的信访形式；在质上，网上信访能够被政府部门和信访人所认同接受，成为表达民意诉求的渠道、解决利益冲突的平台、沟通政府和民众的桥梁。[①]

五、信访信息的智能化应用——信访预警管理信息系统

（一）软件设计总体目标

（1）根据客户的需求，对信访预警综合指标体系进行分析，确立具体的指标收集项目，设置预警指标权重，确定预警指标临界值，为该指标系统每一项具体指标提供不同的数学模型。

（2）把数学模型与计算机软件相结合，提出实际、可行的软件体系构架。

（3）建立一个统一数据库，及时、全面地获取相关管理人员及专家的研究资料信息、预警指数等信息。共享数据库平台是信息服务的基础，通过该平台将相关数据引进数据进行集成、集中存放，通过统一的可靠性、安全性等方面的设计为用户提供稳定、可信的数据服务。

（4）建立角色与权限分配机制，针对本系统的不同使用者，提供对应的账号、权限管理，同时提供统一的用户管理、身份认证、安全保障服务，建立一个独立的、高安全性和可靠性的身份认证及用户权限管理系统。

（5）根据不同时期的预警指标的需要，本系统能灵活配置指标及修改权重，确保预警和预测结果的合理性和时效性。

（6）具有数据的处理能力，将采集原始数据进行分析、计算，并进行存储。

（7）系统采用浏览器/服务器架构模式，为系统管理员提供基于浏览器

---

① 吴天昊：《网上信访：技术革新还是制度创新》，《社会观察》2008 年第 4 期。

的完整的管理功能。

（二）业务流程和数据流程

信访预警管理信息系统作为信访预警运行情况的晴雨表，应以系统业务流程和数据流程为依据。为此，系统的功能设计划分为指标维护、信息处理、警情研判、警情预报、警情控制、信息公告与帮助退出等几项，其详细功能结构及权限分配如下图所示：

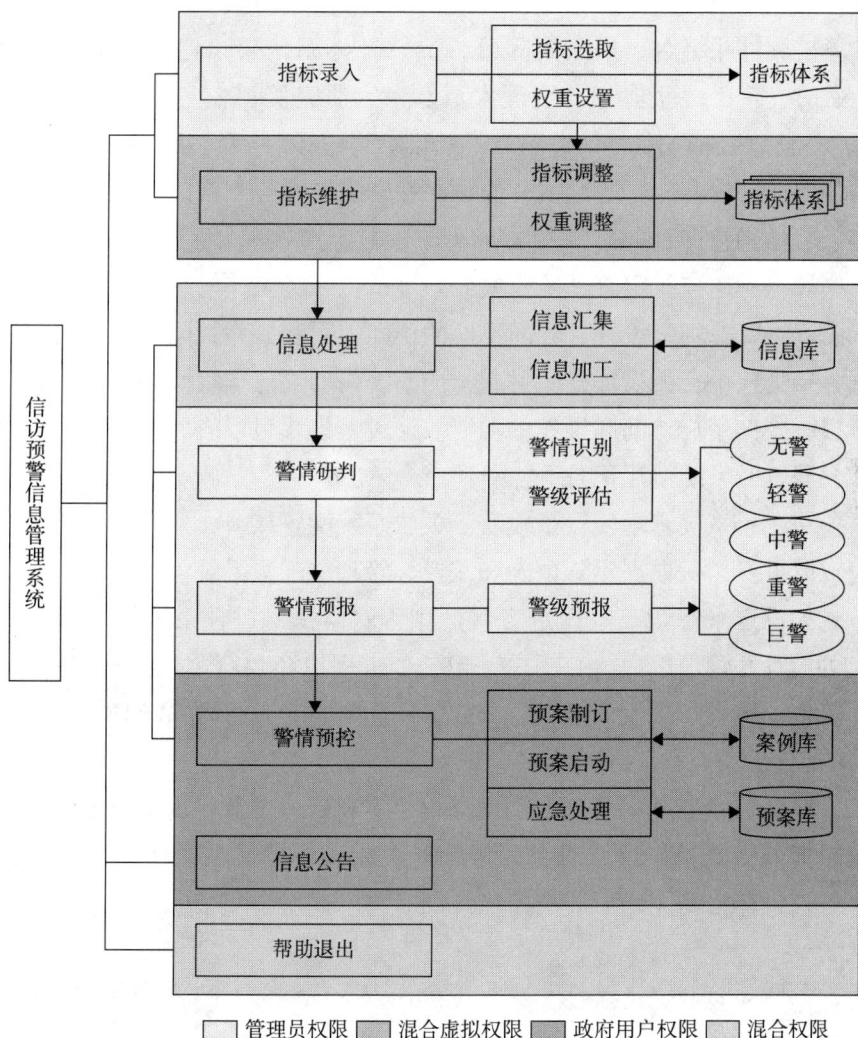

图4 预警管理信息系统功能结构及权限分配

（三）信访预警管理信息系统的模块设置

根据信访预警实际工作要求，把现在应用的业务处理系统（电子数据处理系统）、管理信息系统、决策支持系统以及办公信息系统，置于统筹规划，全面安排控制与管理之下，把信息作为资源来看，予以处理，以实现信访预警管理目标。该系统总体目标是根据客户的需求，对信访预警综合指标体系进行分析，确立具体的指标收集项目，设置预警指标权重，确定预警指标临界值，为该指标系统每一项具体指标提供不同的数学模型；把数学模型与计算机软件相结合，提出实际可行的软件体系构架；建立一个统一数据库，及时、全面地获取相关管理人员及专家研究资料信息、预警指数等信息[①]。共享数据库平台是信息服务的基础，通过该平台将相关数据引进行数据集成、集中存放，通过统一的可靠性、安全性等方面的设计为用户提供稳定、可信的数据服务。主要设置以下功能子模块：

模块一：用户权限管理子模块。系统依据相关工作管理部门人员的工作范围、职责等原则，设置、分配不同的访问权限和操作权限。用户权限的具体划分要适应平台的设计，满足必须的系统访问及操作权限，从而实现根据用户权限限制用户访问和操作的功能。通过本模块可以查看、设置用户的角色、权限以及系统使用记录等。

模块二：系统管理配置子模块。关联系统配置接口，通过该模块用户可以完成以下操作：根据实际情况和需要，管理、配置系统各功能模块的运行参数，如设定采集策略、设定告警规则等；监视、查看系统模块的运行状态；可设置并管理用户组、用户（包括专家用户和政府用户）权限等资源，用户管理子模块则执行角色权限分配等操作；查看并管理系统日志、各功能模块的运行日志。

模块三：专家基本信息子模块。主要实现信访预警管理信息系统中相关专家包括该领域专家重点研究领域、最新相关研究成果等的初始化数据收集、录入、存档功能，形成专家库。同时与上述用户权限管理子模块结合自

---

① 阎耀军、宋协娜、张美莲：《信访预警的理论模型及指标体系》，《国家行政学院学报》2010年第3期。

动生成专家用户权限。

模块四：预警指标体系子模块。该子模块的功能除了配合信息监测收集子模块实现其信息收集功能外，还承担着预警指标维护的功能。首先，该指标体系是信访预警监测指标体系及其监测等级研究的成果，由 3 级共 31 个指标构成。指标体系的时效性要求决定了我们要随着信访预警的发展来不断更新该指标体系，使其构成与时俱进以发挥最大的效用。该子模块的指标维护功能实现可设定为德尔菲法与 APH 法的合体，由德尔菲法进行具体指标的收集，而后通过 AHP 法对指标权重进行修改，从而全面完成指标体系修改。德尔菲法通过设置在线调查问卷的形式对相关人员进行调查，可进行四轮征询调查。运用 AHP 法进行系统分析分为四个步骤，首先要把问题层次化，即根据问题的性质和达到的总目标，将问题分解为不同的组成因素，并按照因素间的相互关联影响以及隶属关系，将各种因素按不同层次聚集组合，形成一个多层次的分析结构模型。

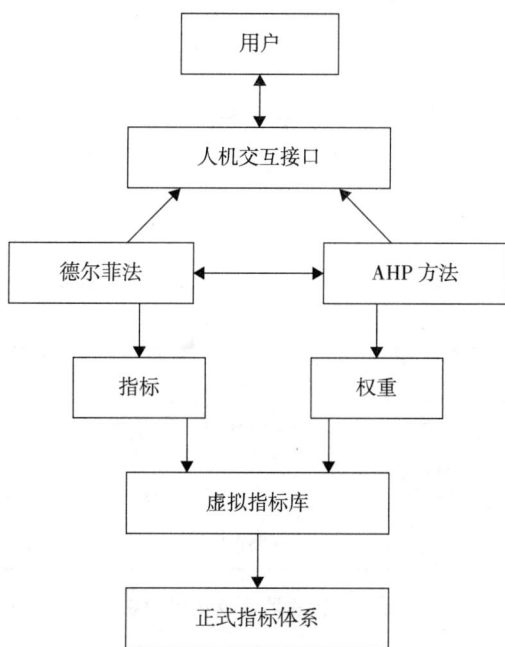

图 5 预警指标体系子模块

模块五：信息监测收集子模块。对于所构建社会稳定监测预警信息管理系统来说，关于社会稳定的信息是维持它正常运作的前提和基础。没有及时可靠的信息的支持，整个系统就如巧妇难为无米之炊，没有存在的价值。由此可见，此子模块的主要功能就是在信访预警监测指标体系的基础上监测数量众多的信息渠道和收集各种相关信息。信息监测收集子模块是对有可能引发不稳定现象的分散蕴涵在不同时空域的有关信息的采集和积聚系统。准确及时、先进可靠的信息采集，是该管理工作的基础，对整个信息系统活动的成败将产生决定性的影响。长期以来，我国的信息采集局限于单一的正规组织上行信息流。这种方式存在难以克服的弊端——信息的迟滞和真实性的缺乏。信息因为某些组织结构、技术、人为等因素，在一级级地向上传递过程中被损耗殆尽，使得领导层或有关机构无法及时了解并正确应对社会稳定问题爆发。该子模块可以在一定程度上大大减少有效信息的遗失，可以实现信访预警监测指标体系基础上的多元化危机信息收集、传递，并形成相应的基本数据库。

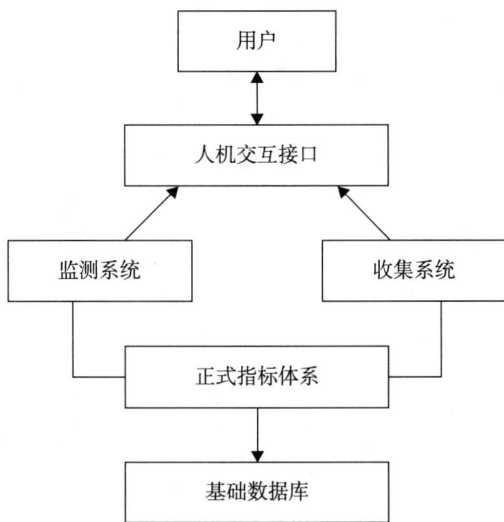

图 6　信息监测收集子模块

模块六：数据处理子模块。该子模块主要实现对"信访预警监测指标体系"中具体指标原始数据的处理和数据计算的功能，即处理基本数据库中的数据生成处理后数据库。

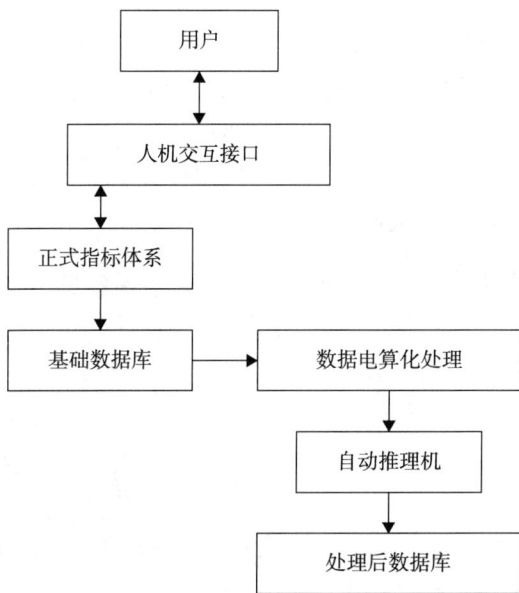

```
                    ┌──────────────┐
                    │     用户     │
                    └──────────────┘
                           ↕
              ┌────────────────────────┐
              │      人机交互接口       │
              └────────────────────────┘
                           ↕
        ┌──────────────────┐
        │    正式指标体系    │
        └──────────────────┘
                  ↕
        ┌──────────────┐          ┌──────────────────┐
        │  基础数据库   │────────→│    数据电算化处理   │
        └──────────────┘          └──────────────────┘
                                           ↓
                                  ┌──────────────────┐
                                  │     自动推理机     │
                                  └──────────────────┘
                                           ↓
                                  ┌──────────────────┐
                                  │    处理后数据库    │
                                  └──────────────────┘
```

图 7　数据处理子模块

　　根据指标的不同，可分为定性指标和定量指标，鉴于不同类型的定量指标又可运用不同的量纲化数学模型。若指标为定性指标，无法量化，则可使用专家评分法在权重范围内设定定性等级打出 Xi 的分数即可，即直接赋值，系统提供五点量表，根据学者 Berdie（1994）的研究经验，大多数情况下，五点量表（points）是最可靠的，选项超过五点，一般人难有足够的辨别力。综合考虑，为便于数据处理，我们选用五点分量。对于压力承受度，分别是："重"、"较重"、"一般"、"较轻"、"轻"。对于不满意度，分别是："不满意"、"比较不满意"、"一般（说不清）"、"比较满意"、"满意"①。

　　模块七：预警子模块。信访问题管理的最理想状态是将信访事件造成的社会不稳定消灭在潜伏时期或萌芽时期。这有赖于政府部门对信访事件发生程度、趋势和结果的预测、预报能力。该子模块的功能就是通过数值计算来

---

　　① 邝孔武、王晓敏：《信息系统分析与设计》（第三版），清华大学出版社 2006 年版，第 38—40 页。

判断各种指标和因素是否突破了警戒线，根据判断结果决定是否发出警报、发出何种程度的警报以及用什么方式发出警报。一般来说，在对信访事件应对过程中如果能在最短的时间里通过分析手头拥有的信息及时发现不稳定前兆，进而采取一些必要的防控措施，就有可能把其造成的损害减至最小。但在另一方面，也必须清楚地认识到预警功能并不是万能的，面对当前瞬息万变的国内外环境，要想绝对避免不稳定事件的发生是绝对不可能的。因此，此功能的最终目的绝不是将所有的不稳定事件都消弭于无形之中（毕竟有许多因素是政府自身所无法左右的），而是尽早地发现前兆，进而及时地发出警报，以保证政府有更充裕的反应时间以减少损失。

模块八：预控子模块。所谓预控指在发现不稳定事件征兆和信号并进行确认后，或者在事件已经开始形成但还没有造成巨大损失时，迅速采取措施，对其进行及时、有效的控制，尽可能用较小的代价迅速化解，避免扩大和升级，造成大规模的人员伤亡和财产损失。实施预控一方面是对警情、警源和警兆等信息的回复性、反馈性行为；另一方面，也是对所预报警级的准确性进行检验与评价的行为。因此，该子模块主要功能是实现在有警状态下完成对不稳定事件的预控，而后启动相应的预案库、案例库和专家库。

处理后数据库为经过数据处理后的指标数据。包括各个评估指标通过不同的量化数学模型得到社会稳定监测定量指标数据，以及管理人员、专家学者依据相关知识和经验定性的各种有关社会稳定的定性数据。预案库是处理方提供的关于社会不稳定问题预案，以特定的结构存储的相关联的预案模型的集合。人们可以根据预案的性质、用途等属性的不同对其进行分类和维护并提供使用。案例库是事件时间、地点、起因、经过及处理方法的收集和积累，用于支持不同信访事件引发情境的决策活动，具有智能作用的人机系统。案例库汇聚了历史上针对不同的社会不稳定问题的成功处理经验，通过人工智能系统实现危机管理的科学决策，避免因管理中非程序化决策可能造成的失误。

模块九：应急处理子模块。一般来说，在信访事件的应对过程中如果能在最短的时间里通过分析手头拥有的信息及时发现前兆，进而采取一些必要的防控措施，就有可能把损害减至最小。但另外，也必须清楚地认识到预警功能并不是万能的，因此建设相应的事后应急处理信息管理也十分必要，是

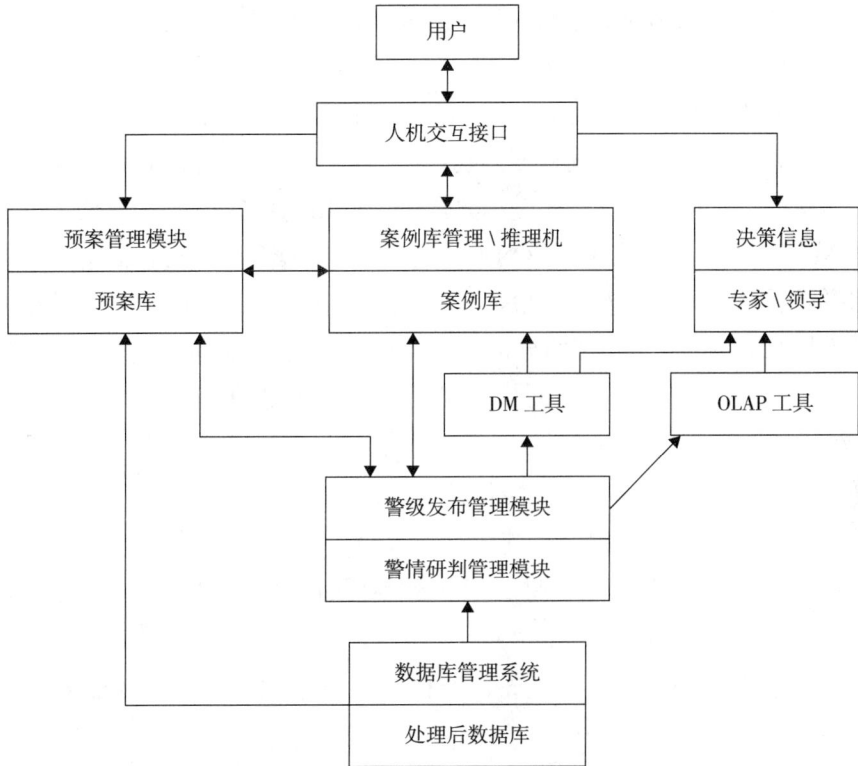

图8 预控子模块

信访预警管理信息系统的有效组成部分。

模块十：预测子模块。该子模块主要是指根据有关过去和现在的相关信息、情报等数据，即处理后数据库中的数据，运用逻辑推理和科学预测的方法、技术，对某些信访现象出现的约束性条件、未来发展趋势和演变规律等作出估计与判断，并向社会和管理者发出确切的警示信号，使相关部门能够提前了解社会稳定发展的状态，以便及时采取相应的措施和策略，防止或消除不利后果。该模块主要由读取数据库、选择拟合曲线、得到回归方程、得到预警信息以及信息发送五个过程构成。我们可根据历史样本值选取拟合曲线，进行回归曲线拟合，我们需要根据从处理后数据库中取出的对应过去每一时间粒度内攻击 X_i 所发生的频度值 Y_i，这对应一组数据（X_i，Y_i），然后根据该组数据值选择所要拟合的回归方程。

预测子模块定时远程访问处理后数据库，并读取量化后的数据。读取历史数据以后，要依据所观察时序列建立预测模型，然后用趋势外推法对将来可能发生的攻击行为进行预测。在给定一个实际观察时间序列 yt（t = 0，1，2，…，n）的条件下，能建立的预测模型可以不同，但预测模型选择的正确与否直接关系到预测的准确程度。我们将通过以上方法所选取的曲线，进行回归曲线拟合，我们需要根据对从数据库中取出的对应过去每一时间粒度内攻击 Xi 所发生的频度值 Yi，这对应一组数据（Xi，Yi），然后根据该组数据值选择所要拟合的曲线方程，根据最小二乘法使得其误差的平方和最小。利用计算机在本模块中进行回归分析的基本方法，可选的曲线模型如下：

（1）线性模型：线性模型是曲线模型中最简单的一种，其数学公式为 $y = a + bx$；

（2）指数模型：也叫复比增长模型，其数学公式为 $y = k + ab^x$；

（3）修正指数曲线模型：其数学公式为 $y = k + ax^b$；

（4）Logistic 曲线模型：呈 S 形，是生长曲线的一种，又称为皮尔曲线模型，其数学公式为 $y = 1/(ab^x)$；

（5）非线性模型：是多项式回归模型中最常用的一种，其数学公式为 $y = a + bx + cx^2 + dx^3 + \cdots\cdots$

前面我们已经得到了在过去对应每一种攻击频度的拟合函数，通过这个函数，我们选取适合的 x 值，对信访事件延伸影响情况进行预测[①]。针对每一种的拟合函数，我们计算出未来一段时间将要发生社会不稳定事件的可能性，得到将来一段时间最有可能发生的预测信息。此外，还应特别要注意信访预警管理信息系统相关的数据标准至少应包括数据元标准、信息交换标准和业务流程标准三项内容：

（1）数据元标准。对信访预警指标领域的基本数据对象进行规定和属性描述。尤其是对于公用的信息单元，赋予一致的定义。例如公款消费占财政支出比例上升率、信访工作前置程度等。数据元标准使得在相关语境下的基本信息对象有一个唯一的、准确的描述，避免产生歧义。数据元标准是其他规范的基础，使得相关系统有"共同语言"。

---

① 彭学君：《大学生群体危机生成演化机理与控制研究》，北京理工大学学位论文，2006 年，第 43—44 页。

（2）信息交换标准。信息交换标准描述不同信息系统间需要交换信息时所遵循的技术标准和内容格式，它是系统间协同作用的基础，尤其是与国家信访工作计算机管理系统的对接。有了这些信息结构规范，相关的信息系统就做好了信息交换的准备，消除"信息孤岛"，实现业务协同和数字化的真正"联动"。

（3）业务流程标准。信访预警管理信息系统的成功运行离不开好的预案体系和优化的流程。突发公共事件虽然有突发性，但如果没有平时对各种信访危机事件预案（国家、地方、部门）的科学整合，对相关业务流程的反复推敲、演练，再好的信息系统在实战中也难以充分发挥效率。所以，业务流程标准的建立为实际的信访预警管理信息系统操作起到了很好的规范作用。做好信访预警，必须依赖可靠的规范的各项标准的形成，为此，我们提出了信访工作标准化建设理念和实务实施建议[①]，得到山东省委有关领导和信访部门的肯定和支持；目前，信访工作标准化的试点工作正在山东聊城顺利进行。

六、构建信访预警管理信息系统应注意的问题

（一）需要克服的困难

信访信息智能化在具体运行过程中可能遇到许多问题和困难，应当引起我们足够的重视，及早采取措施应对。

1. 信息收集得不完整或盲目地重复收集

管理工作所需要的信息没有及时、准确、完整地记载下来，也就无法有根据、有把握地作出是否上马的决策。然而，现在普遍存在的是无计划地盲目地重复收集信息。这种情况不仅造成各级工作人员重复的无效的劳动，而且必然造成信息的不一致，即同一指标多个数值。显然，这种情况对于管理者来说，不仅没有好处，而且造成假象，导致错误的决策，带来巨大损失。信息收集的对象、领域或渠道，都应该打破传统思维，利用网络舆情研判，

---

① 宋协娜、孔红伟：《信访工作标准化研究》，《山东社会科学》2010 年第 3 期；《新华文摘》2010 年第 13 期全文转摘。

可能更便捷有效。

2. 信息收集滞后或严重失真，以致失去了信息支持决策的作用

由于技术条件与体制问题，在许多单位中，信息收集严重滞后，给工作造成许多损失。而信息的失真可能是无意造成的或有意造成的。手工输入信息时难免发生错误，如果再不采取及时有效的措施，这种无意中发生的错误就会累加起来，使信息歪曲到无法使用的程度。在我国这种情况更加突出。在目前情况下，有意歪曲信息的现象还是相当普遍的，从信息处理的角度来看，这也是必须解决的。

3. 信息系统只能满足例行的信息需求，而不能满足随机的信息需求

目前在机关和科室工作的人员，基本上都在从事信息服务工作。但是他们所做的工作主要是完成例行的日报、月报、年报之类的例行信息处理工作，他们对领导或上级主要是提供例行的信息服务。但是，随着体制的改革，各级领导与管理人员越来越多地提出了许多临时性的即随机的信息需求，恰恰是这些信息需求在他们的管理工作与决策中起着决定性的作用，这方面工作应该加强。

以上的几种情况在各级各类信息系统中是相当普遍存在着的。造成问题的原因也是多方面的，例如许多问题的产生来源于管理体制的不合理。其次，技术手段的落后也是产生这些问题的重要原因。这些问题的产生还来源于人们的信息意识不强。所谓信息意识是指对信息的重要性，对自身的信息需求，对自己所承担的信息责任等问题的认识程度与自觉程度。重要的是各级领导干部的信息意识，担负决策任务的各级领导干部对信息的重要性应该高度重视，对于自己所需要的信息应该保持清醒，对信息系统提出的要求必须确切，否则就难以实现对信息系统的有效组织与管理，由此种种弊病的出现也就不可避免了①。

（二）支持条件

1. 信访信息管理法律、制度保障

虽然在构建突发公共事件应急法律体系方面我们已取得一些成绩，但目

---

① 陈磊、任若恩：《时间序列判别分析技术和指数加权移动平均控制图模型在公司财务危机预警中的应用》，《系统管理学报》2009 年第 6 期。

前关于信访预警的立法体系还有待于建设，其中还存在一些问题：一是现行法律没有确立统一的信访预警处理制度；二是现有相关制度不够完善；三是突发信访事件应急体制和机制还不够健全。我国在公共危机信息管理制度建设方面已经形成了具有中国特色的体系结构与规范，但是专业的信访预警相关法律、制度还需要创新。相关制度创新、体制创新和机制创新是今后信访预警管理理论研究和实践探索的一项长期而艰巨的任务，国外及国内其他行业的一些先进经验可值得借鉴和参考。

2. 信访预警信息保障资源配置系统

根据决策参谋咨询人员所在的机构，可以把危机管理中发挥"外脑"功能的智囊组织机构分为三类：第一类是行政性的决策信息、咨询机构，它们在党政机关序列中，隶属于各级党委和政府及其下属部门的从事信息收集、政策研究的机关；第二类是半官方的政策研究、咨询机构，它们是独立的、介于官方和民间的，客观分析政策的研究机构；第三类则是民间的政策研究、咨询机构，包括一些学（协）会的研究组织、公司、大学的研究所等。在危机的各个阶段，这批智囊人员要加强对信访预警的深度研究，建立健全各种数据库和模型，预测危机发生的领域、可能性、频率和强度，帮助信访部门制订反危机的战略规划和应急预案，使信访预警决策和管理建立在科学的基础之上。没有这样一个专业的队伍和专家组合，信访信息智能化体系也难以发挥应有的作用。

3. 提高信访预警管理信息系统应急联动和整体应急反应能力

信访信息智能化体系整体能力的提高可以反应在信访预警管理制度和技术两个层面。一方面，需要加强协调组织建设，明确信访联动部门职责，打破条块分割的管理模式，建立信访各部门之间、不同社会机构之间集中、统一、高效的横向信息沟通渠道和信息沟通机制；另一方面，需要技术上的支持和保障。应用先进的现代化通信技术和计算机网络技术，构成一个跨学科、跨专业的综合系统工程[①]。因此，具有较高的信访事件的处理能力和专业技术水平，是提高信访预警信息管理体系联动和整体应急反应能力的重要保证。

---

① 李晓翔、谢阳群：《危机信息系统研究》，《情报理论与实践》2007年第3期。

4. 加强信访信息管理人员的教育与培训并纳入现行信访工作体制

信息无处不在，但在进行人为的处理和分析以前并不具有任何价值，虽然建立健全了完善的信息收集和沟通的渠道，但不经过处理就等于没有收集到信息，因此需要信息处理、分析方面的专门人才。可首先通过信访预警信息管理实践和培训，培养和提高相关管理人员的预警意识，具有发现信息、收集信息、研究信息的能力，并善于运用先进信息手段传递信息和沟通信息。其次，信访部门还应配备人力资源信息系统，建立信访预警信息管理人力资源库，提供人力支持。再次，将信访预警纳入日常信访工作，并将信访预警管理信息系统的使用纳入考察相关工作人员工作绩效的规定中，促使该系统的使用及推广。从公共治理角度来看，"不可衡量，则无法管理"。① 信访预警管理信息网络系统建设是一项系统工程和民心工程，是党和政府与人民群众保持密切联系的"绿色通道"。要结合实际，制订具体实施方案，切实加强领导，落实专人负责，认真搞好建设规划，认真抓好落实。各地信访信息系统建设工作要纳入全省信访工作目标管理体系中进行考核。要加强信访局预警管理信息中心建设，进一步强化管理，完善功能，明确机构建制，加大技术力量投入，提高实际工作运营水平。各级信访部门可针对信访信息工作管理机制不够规范、现有专业技术力量严重不足的实际情况，适时成立"信访预警管理信息中心"这一专门机构，配齐配强专业人员，加强信访预警管理信息系统建设管理、信访信息的采集、制作与编发以及对信访工作现代化办公设备、电子监控系统、电子网络设备的管理，切实强化信息系统管理和信息服务功能，这样可确保信访预警管理信息系统建设及信访信息化工作规范开展、高效运行。

---

① 张成福、唐钧：《电子政务绩效评估：模式比较与实质分析》，《中国行政管理》2004 年第 4 期。

第　七　章

信访工作质量管理创新
——信访工作标准化试点

亨廷顿把政治制度化和政治参与看作是影响政治稳定的一对有着紧张的关系的两个变量。他抓住了转型国家政治发展的动态内容，并从性质上为政治体系的制度化程度规定了衡量标准，即政治体系的组织和程序所具备的使用性、复杂性、自治性和内部协调下水平[①]。政治体系的制度化程度，可以从制度的配套程度、可操作性、利益表达和实现渠道的可选择性等方面考察。其中，规则的可操作性首先要求制度规范清晰，其次要求有完整的程序。制度要获得预期的目标效果，就必须由涉及方方面面细枝末节的不同层次和过程的程序编织起秩序的网络[②]。在信访领域，目前已有许多相关制度和法规，为进一步的制度完善提供了规则基础，但制度化程度还不高，亟须完善。另外，当前信访工作出现了许多新情况新问题，信访活动呈现异常复杂的局面。《信访条例》局限性日益凸显，亟须进一步推进信访工作法治化，创新信访工作机制，规范信访行为，强化信访工作责任，维护公民合法权益。因此，有效推进信访工作法制化，是理论和实践工作者关注和突破的重点，信访工作的标准化建设就是基于这种要求的积极回应和探索。

"标准的社会功能，总的来说就是将截至时间的某一点为止，社会所积累的科学技术和实践的经验成果予以规范化，以促成对资源更有效的利益和为技术的进一步发展搭建一个平台并创造稳固的基础。"标准化是建立规范

---

① ［美］塞缪尔·P. 亨廷顿：《变化社会中的政治秩序》，三联书店 1989 年版，第 12 页。
② 褚松燕：《权利发展与公民参与》，中国法制出版社 2007 年版，第 202—205 页。

的活动。国际标准、区域性标准以及各国的国家标准，是社会生活和经济技术活动的重要依据，是人民群众以及标准相关方利益的体现，并且是一种公共资源①。我国国家标准 GB＼T20000.1 和国际标准 ISO9001② 质量管理体系，都是一项系统的管理体系，集中了国际上成功的管理经验和众多专家的智慧，浓缩了先进的管理理念和科学成果，对于规范各项工作具有普遍借鉴意义③。我们尝试将质量管理理念和体系认证引入信访工作，运用标准化体系要求构建信访工作持续改进、公开透明的规范化模式，提高信访工作的制度化、规范化、标准化水平。在具体操作中，我们将质量管理体系的基本原则、内容与信访工作相结合，对与信访工作相关的规章制度进行了完善配套，编写了信访工作质量手册和质量认证指导文件。通过对工作目标、职责分工、人员管理等工作流程和质量管理体系进行再造，力求形成以质量目标为核心，以工作流程为主线，以工作过程为载体的优质高效的运转体系，为保证信访工作各个环节有效运转发挥积极作用。

一、信访工作标准化的必要性和紧迫性

作为公民合法的、正当的权利表达途径为何会面临现在的困境，走上了一条怪异循环的道路，这实在是值得我们深刻思考的问题。一般而言，信访总量大小与问题多少成正相关关系。不可否认，目前我国信访中，有的情况是因信访处置中的不规范问题导致重信重访——集体访——越级访——非正常访等。据调研数据显示，上访人主要是基层群众，在问到如何预防和减少越级上访问题时，46.2%的受访者认为应该加强村级工作，33.4%的受访者认为应该加强乡镇工作，合计78.6%。信访问题大多源于基础工作问题，无数案例都说明了基层信访工作程序和标准对于解决问题的重要意义以及信访制度的困境所在，因而信访问题的解决也要在基础信访工作规范化和标准化上做文章。

---

① 李春田：《标准化概论》，中国人民大学出版社 2007 年版，第 11—12 页。
② 国际标准化组织（ISO）于 2008 年 11 月 15 日发布第四版，即 ISO9001：2008 年版。
③ 柴邦衡：《ISO9000 丛书》，机械工业出版社 2000 年版。

（一）从信访人角度看亟须信访工作标准化

中国正进入一个新的公民权利意识觉醒的时代，人们以前不敢争取的权利现在敢争取了，以前没有办法争取的权利现在有了更多的途径去争取，恐怕这是一个不可遏止的趋势。人们通过信访途径来争取的目的很复杂，为了解决困难，申诉冤情，揭发问题，发泄怨气，提出建议，甚至是无理争理，都可以利用信访寻求帮助和救济。由于一般群众特别是信访人的潜意识里都有一种挥之不去的"清官情结"，即便是面对法院已经判决生效的文书，信访人仍意欲通过信访渠道来改变其败诉的结果。群众维权意识强烈但随意性大，大有"我是群众我怕谁"的态势，不遵守《信访条例》要求。

信"访"不信"法"，认为"大闹大解决、不闹不解决"，期望"没政策也能闹出政策"，这与民众权利意识觉醒及"清官情结"的存在有直接关系。信访因其低门槛——法治程度低而成为民众维护权利的重要渠道，承担着政治参与、利益表达与权利救济①功能。从总体考虑，信访法治化是信访发展的方向，但就目前群众整体思想道德水平和法律意识看，群众对提高信访工作的效能要求强烈，而对信访法治化要求并不强烈，如果我们直接用法律解决信访秩序等问题，可能会因信访门槛的猛然提高而出现堵塞言路或有法不依的尴尬局面。因此，现实的选择是，逐步提高信访法治化程度，这就需要信访工作标准化这个基础，大家都从基本标准要求做起，逐步夯实信访法治化的群众基础，培育信访群众的法律意识和习惯，规范他们的信访行为，最终实现信访法治化目标。

（二）从信访部门角度看亟须信访工作标准化

对于信访工作部门来说，目前主要的问题是，如何避免"因问题而信访"，更要避免"因信访而问题"，避免使本来不那么复杂的问题复杂化，从减少信访事项和案件"增量"而减少积案"存量"，已成为迫切需要解决的重要问题。信访部门代表党委和政府受理的信访问题应当是各级党政部门

---

① 我国现行行政救济体制主要由行政诉讼、行政复议、行政赔偿和信访等制度组成。其中，信访制度历史沿革最长、群众的熟知度和认同度最高。

因履职引发又不能通过其他行政救济手段去解决的问题，或是信访人对党委政府提出的意见或建议问题。实际上，信访工作"什么都管，什么都管不了；什么都不能不管，什么也都可以不管"。信访部门受理的信访问题大量越位，行政纠纷、劳资纠纷、干群矛盾、邻里关系，甚至信访人对司法审理终结结果不服的案件，都会寻求信访部门解决。这样便混淆、模糊了各类行政主体关系和职责权限。在社会转型期，通过信访反映出的问题大多是人民内部矛盾，处理这样的矛盾必须严格执行"属地管理、分级负责，谁主管谁负责，依法、及时、就地解决"的原则。但实际工作中，信访部门被推向处理矛盾的第一线，信访人把其作为对立的一方，信访部门代替党委政府充当"灭火器"，代替有关部门充当"挡箭牌"，成了上访人的"出气筒"。信访部门的错位运行影响了信访干部的积极性，群众意见转向信访部门，降低了信访部门也是政府的公信力。从解决问题看，我国学者王惠岩认为：机构改革应遵循的首要原则是行政距离要短，即行政权力对它的客体（管理对象）的距离，越近越好。① 我们强调把问题解决在基层，由此特别需要设定一种统一的工作标准，从工作落实层面规范信访工作部门和工作人员的行为，解决场所、程序、秩序等基本规范问题，信访人明白应该怎么做，信访工作者明白应该怎么做。标准一致，形成共识，坚持下去，推广开来，信访法治即可实现。

（三）从信访法治建设角度看亟须信访工作标准化

信访法治化是指在信访活动中信访主体依法投诉、依法维权和依法办理的信访工作机制，是我国信访制度发展的必然趋势。当前，信访表达渠道的高层级化、表现形式的非理性化、解决机制的非终结化、解决形式的"批条"化，表明我国信访法治化的进程尚需推进。近年来，我国信访制度在规范化和制度化建设方面取得了长足进展，《信访条例》的颁布实施，标志着我国信访工作的发展进入了一个新的历史时期。但从总体上看，我国目前尚未建立完备、统一的信访法制。信访法律法规不够健全，这与当前信访形势需要建立的大信访格局不够适应。我们应该一方面加大信访立法步伐，提

---

① 王惠岩：《政治体制改革的思考》，《高校理论战线》1998 年第 9 期。

高信访立法规格，创新信访体制和机制，实现信访救济与其他行政救济的有效衔接；另一方面，在基层信访中，建立健全并实行统一的信访工作标准，规范和解决信访主体多元化、信访事项宽泛化、信访程序无序化、解决问题复杂化问题。信访工作标准化建设在总体上能够整合信访资源，改变目前我国信访机构庞大而分散的局面；提高信访干部素质，积极运用现代信息网络技术，建立信访工作信息系统。这些信访工作标准化建设的重要方面是建设信访法治化的重要内容和途径。

制定和实行这样一种统一的工作标准，用标准的逐步形成、遵守标准习惯的养成来教育和培养法治化的公民，这样才能从根本上为信访工作法治化奠定更加牢固的基础。从可行性上，信访工作程序性、重复性强，符合标准化的条件要求。多年来，研究出台了一系列文件，提供了标准化的理论依据；一些地方的规范化建设，良好信访秩序的建立，提供了提升工作的基础。

二、信访工作标准化实施的重要作用和意义

当前，信访已经成为人民群众表达利益诉求维护自身合法权益最简单、最直接、最便捷的渠道，也是党委、政府了解民意、解决民忧、依法化解社会矛盾的重要渠道之一。然而，在社会转型、经济转轨时期，信访工作中出现了信访主体多元化、信访事项宽泛化、信访程序无序化、信访行为复杂化等一系列矛盾和问题。推行标准化管理意义深远，具有紧迫性；推行标准化管理内容丰富，具有系统性；推行标准化管理运行控制，具有超前性；推行标准化管理持续改进，具有动态性。"任何人的行为都是以某种形式和在某种程度上解决问题的行为或机制。"① 实施信访工作标准化建设，都是以某种统一、简单、规范、易用的工作标准，对信访工作和信访行为进行科学管理和有序控制，进一步提升信访工作水平，形成"管理靠制度、工作靠程序、操作按标准、人人尽责、事事规范"的良好局面。

---

① ［美］罗纳德·L. 约翰斯通：《社会中的宗教》，尹今黎等译，四川人民出版社1991年版，第10页。

（一）信访工作标准化的政治意义

随着社会的急剧转型而引发的各类矛盾的增加和公民权利意识的不断提高，现行的信访制度迫切需要一种标准来规范信访活动的进行，使其有序、有效、有利。如何进一步规范信访工作行为，优化信访秩序，防止信访问题处理的随意化，减少因信访问题处理不当而引发"次生矛盾"，避免信访事项上升为冲突或群体性事件，推进信访标准化建设就显得尤为重要。在法治型政府、服务型政府建设中，尤其需要一种让大家易于遵守、共同信任的标准来规范信访活动各主体的行为。实施信访工作标准化建设，用标准的逐步形成、遵守标准习惯的养成来教育和培养法治化的公民，才能从根本上为信访工作法治化奠定更加牢固的基础。当前，对信访工作标准化，既存在理论的可行，也存在现实的需要。一方面，从理论层面看，信访工作的行为具有重复性，符合标准化对象要求；近年来，国内外对不同领域的标准化进行了探索，从而引起许多标准化活动开始向一些新领域扩展。标准化体系建设也是我国政府职能转变和行政体系变革的基础技术支撑和现实要求。法治型政府题中之义是服务型政府和阳光政府，也是以民众为中心的"电子政府"[①]。电子政务实现为民服务和政务公开的主渠道是政府门户网站。[②] 现在的问题是，我国政府部门和机构都有自己开发的电子政务系统，但由于缺乏统一的标准和规范，这些系统各自独立，难以兼容，信息资源难以共享，并且为了避免信息孤岛的产生还要重新开发接口程序。因此，标准化体系的建设，对理顺条块分割的行政管理体制具有关键作用和意义。信访工作标准化建设，就是首先在信访系统进行的规范。众所周知，信访工作系统也是非常庞大的复杂体系，首先实现本系统的信息和资源共享非常重要。将来随着跨部门间合作的深入，"电子政府"对实行电子政务的要求，标准化体系建设就会加快推进，从而打破行政体系分割，消除信息孤岛效应，为民排忧解难的人本目标即可达成。

信访标准化是对《信访条例》的真正贯彻落实，有利于完善和健全信

---

① 王谦：《电子政务@——战略、标准、绩效与智能决策》，重庆大学出版社 2005 年版，第 3—4 页。

② 石国亮：《服务型政府》，研究出版社 2008 年版，第 198 页。

访制度依法行政，全面提升信访工作整体水平；有利于提高基层信访依法行政的执行力和效率，降低行政成本；有利于优化信访秩序，促使人们对行为的规范从外部要求内化为行动的自觉，提高自觉守法的意识；有利于依法解决"原生矛盾"，减少无法可依的"次生矛盾"的发生；有利于进一步强化和规范考核检查，依法加强信访"双基"工作；有利于法治政府建设，明确信访及其相关部门的法定职责和信访与其他法定权利救济机制的协调；有利于形成跨地、跨行业、跨部门的统一的法定行为规范，避免利益割据；有利于充分利用现代最新科技成果，形成信息化支持下的现代法治信访，实行传统信访向现代信访的转型。总之，信访工作标准化建设在总体上要求整合信访资源，改变目前我国信访机构庞大而分散的局面；提高信访干部素质，积极运用现代信息网络技术，建立信访工作信息系统。这些信访工作标准化建设的重要方面是建设信访法治化的重要内容和途径。

（二）信访工作标准化的社会意义

通过信访反映民意，提出意见、建议和投诉是正常的社会现象，但当信访量非常大以至于信访部门根本无力解决并且相关政府部门也不能解决，尤其是当成千上万的人来到党委和政府部门或者重要公共场所"上访"以至于成为社会稳定的威胁时，就形成了所谓的"信访问题"①。信访问题直接反映社会和谐与稳定状况，建立信访问题的预警系统，设置治理信访问题的相关机制，是维护社会稳定系统的重要工作和任务，也是完善信访制度的重要条件。逐步建立健全必要的信访监测预警、预防预控和突发事件应急处理系统，有利于及早发现和处理问题，维护社会稳定，将损失和危害减少到最低程度。信访预警是依据对信访工作状况的判断，按照信访系统整合关系的模型分析，对信访系统运行的质量和后果进行评价、预测和报警。信访信息收集和运用、信访系统整合、信访制度运行和协调，必须有信访工作标准化的支持。其中，信访信息、信访程序等各方面的规范、科学、全面及其整合，是对问题处置和化解的前提。

---

① 宋协娜、周念群：《略论信访预警系统建设》，《理论学刊》2007年第2期。

（三）信访工作标准化的价值意义

信访工作标准化建设有利于程序正义理念的贯彻，对于信访有序，真正贯彻信访条例有重要意义。信访工作标准化建设旨在建构一个符合程序正义理念的信访体系，依照程序正义理念来完善基层信访，明天的信访参与者，无论是政府还是民众，都将从一种全新的体系中寻找到自己的位置。无论是要进行权利的表达还是对权利的表达进行维护，符合程序正义的信访机制是最优的策略选择。

程序正义在英美法律传统中被称作"看得见的正义"，这源于一句法律格言："正义不仅应得到实现，而且要以人们看得见的方式加以实现"（Justice must not be done，but must be seen to be done）。在《正义论》中，罗尔斯将正义划分为三类：实质正义、形式正义和程序正义。根据罗尔斯的说法，实质正义是关于社会的实体目标和个人的实体性权利与义务的正义，而形式正义又叫"作为规则的正义"或法治，其基本含义是严格地一视同仁地依法办事。程序正义则是介于实质正义和形式正义之间的一种正义形态①。社会的经济、政治、文化等条件在变，正义的面貌当然也就会变，而程序要符合不断发生着变化的正义的要求，体系也就需要被不断地加以调整和改革。因此，对程序的改革必然是一种常态，我们永远不要期望会一劳永逸地设计出某种不再需要变革的符合正义的程序。

法治政府理念要求政府权力的设定、行使方式和程序都必须有法律依据，符合法律的精神。政府行使公共权力，既不能越权，也不能越位和错位，必须规范行政，依法行政；政府实施行政管理，若无明确法律授权，不得恣意而为、率性而为。这是法治社会程序正义的基本要求。由此，通过对程序正义的强调，应进一步贯彻实施《信访条例》，完善"三级终结"、"六个禁令"、"三项职权"的操作规则，按照依法行政的实施纲要，坚持不懈地探索信访工作的长效机制，依靠法律和制度来解决信访问题，将信访工作纳入法治化、制度化和规范化的轨道中。在现实中，通过政策调整公共信访机关与信访人的关系不仅容易导致信访事项处理的随意性、不可预期性和不

---

① ［美］约翰·罗尔斯：《正义论》，中国社会科学出版社 1988 年版，第 17 页。

公正性，而且也因为政策具有灵活性、时效性和多变性等特点，缺乏程序正义理念的指导，使得信访人互相攀比，产生连锁反应，导致"重访"、"闹访"、"缠访"等信访后遗症。信访制度被人关注最集中的点就在于所谓的"领导批示"制度，这与法治社会所倡导的程序正义理念格格不入，也正源于此，使得实体正义的实现在信访者眼中发生了扭曲。最终的结果因为没有保障它实现的程序而成为一种变相的妥协，成为了信访者博弈的动力。在信访举报标准化体系建立之前，由于种种原因，少数信访件在呈批后会出现延误审批的情况。标准化体系建立后，这一问题得到了彻底杜绝。标准化体系规定，相关负责人在收到呈送的信访件后应立即批阅，延误处理并造成严重后果将承担责任。如果在规定时间内未审批，承批人的手机还会收到系统发出的短信提醒。[①]

信访工作标准化建设，提供一套信访的基本程序和标准化的规范要求，既规范信访行政主体的行政行为，也规范信访人的利益诉求行为，对所有信访事项的处置进入一种程序化管理系统，摒弃了个人的随意性和非理性，是信访法治建设的基础性工作，就是在实实在在地拓宽公众表达诉求渠道。改革现有的信访机制，完善当下中国基层信访制度，是新时期妥善处理社会矛盾，最大限度增加和谐因素、最大限度减少不和谐因素的历史性必然选择。

（四）信访工作标准化的实践意义

信访工作标准化体系中对实际工作有意义的部分很多。下面仅以信访分类和信访工作科学化管理为例。

1. 对信访分类的意义

信访分类有许多观点，在本书中已经涉及大多数方面，如附件图表所示。按照内容分类：维权访、监督访、建议访；按照人数多少分类：个人访、群体访、集体访；按照权限划分：中央部门访、省级访、市级访、区县访、乡镇访；按照信访问题合法度分类：合法利益访、非法利益访；按照信访问题年代分类：历史遗留问题访、现实问题访；按照信访问题利益代表性

---

① 袁梅林、丁建国、姜熹、吴德：《南京：构建"数字信访"模式　提升信访举报工作科学化水平》，《中国纪检监察报》2012年11月9日。

分类：个体利益访、群体利益访；按照信访人身份分类：农民访、城市居民访、机关及企事业单位工作人员访；按照信访态度分类：理性访、非理性访；按照信访所指机关分类：涉法访、涉诉访、涉军访；按照信访目的分类：单一诉求、多样诉求、衍生诉求；按照使用信访的合理程度分类：滥用信访、可用信访；按照信访的介质分类：来信访、来人访、电子访、网上信访、省长信箱；等等。分类可以很多，而且，每一个信访事项和问题的产生都是有一定的原因和目的，按照信访者上访的不同形式和目的等因素，对信访进行分类意义重大。一是能够进一步理清思路、明确概念、找准症结、对症下药，解决问题。二是分类揭示历史和时代背景，要有历史基础、政策基础、国家政权基础，才会科学有效合理。三是客观地研究分析信访分类，有利于信访立法工作的推动。四是做好信访分类，对科学定位信访部门的职能、信访人的权利和义务以及责任追究都是必要的，有利于依法行政。五是信访工作涉及党政工作的方方面面，关系着群众生活的点点滴滴。处理信访案件的原则是公开、透明、便民，对信访受理、交办、答复、结案的期限和程序都必须进行严格的制度设计。分类有利于区别对待不同类别的信访事项，把问题及时地消化在萌芽状态，在法治的轨道上维护好群众的利益。六是深入分析信访类型，研究每一类信访问题处理的最佳途径和方法，了解信访活动的一般规律和群众反映问题的状况，才能掌握信访工作动态，预测阶段性信访问题和信访工作的趋势和特点，才能进一步提高信访工作水平和标准化程度，促进信访制度和理论创新。

2. 对信访工作科学化管理的意义

信访工作标准化为实现信访工作目标管理和考核评价做好基础性工作。"目标管理"的概念是美国管理学家德鲁克在 1954 年最先提出的，其后他又提出"目标管理和自我控制"的主张[1]。20 世纪 60 年代中期，目标管理开始传入我国，最初在一些工商企业应用，称为"方针目标管理"[2]。我国党政机关目标管理，是在国有大中型企业推行目标管理责任制取得明显成效的基础上，由少数省市试行后在全国展开的。而目标管理在我国信访系统应

---

[1]　[美] 彼得·德鲁克：《管理的实践——德鲁克管理经典》，齐若兰译，机械工业出版社 2006 年版。姜朝辉：《谈彼得·德鲁克的目标管理和自我控制》，《时代金融》2006 年第 9 期。

[2]　高晓莉：《浅谈方针目标管理》，《经济师》1997 年第 6 期。

用，最初的是 1983 年由冶金部首先应用于信访工作，并取得成功。信访工作目标管理进行得比较好的是武汉市，在 1986 年开始实行，已经形成一套行之有效的运行机制。江苏省自 1989 年起实施信访工作目标管理，使信访工作由此登上全国领奖台。

目标，是目的和标准的统一。目前信访部门的主要问题是目标和标准都模糊。实施信访工作标准化建设是提高工作效率，降低行政成本，实现由传统信访向现代信访转型的重要环节，有利于提高基层信访依法行政的执行力和工作效率，形成跨领域、跨行业、跨部门的统一法定行为，避免利益割据，构建信息化支持下的现代法治信访。信访工作目标管理是运用目标管理理论的基本原理，由各级党委、政府的信访工作领导小组或信访部门对所辖地区和部门的信访工作，通过确定目标、实施目标、评价达标、达标考评等过程，实现自我控制的一种管理方法。信访工作目标管理由管理者、管理对象、管理内容三个基本要素构成。其中，管理内容部分，就是上述信访工作标准化建设部分所要做的工作。这些工作为科学管理和考核提供了全面、科学、合理的基础工作和内容保证。

多年来，我们的信访工作在没有科学意义的标准的情况下运行，信访工作考核成为目前最大的诟病。信访考核制度不科学，纵容甚至促进了一些无理上访户集体上访，越级上访、缠访、闹访，而地方政府又为了追求所谓"零信访"政绩，截访、堵访等严重破坏信访制度的现象时有发生，从而使信访工作陷入恶性循环的怪圈。为了加强信访工作，各级都制订了严格的考核办法，有的甚至是"一票否决"。而这些考核办法无一例外均是实行量化考核，即以"信访件的发生数量"作为考核评分的基本标准①。在这种信访量化责任追究体制下，上级政府对各地上访数量和规模进行排名，并将这种排名与地方政府的政绩考核挂钩。这种方式固然可以促使地方政府职能部门解决一些信访问题，但是，却很容易陷入"强行捂盖子"、"施行摆平术"，

① 如：温州地区信访工作目标管理考核实行的也是量化考核办法，总分为 120 分，90 分以上为合格，100 分以上为优秀，凡市、县、区辖区内有出现赴京、赴省或来市非正常上访的则以人数为单位进行累进扣分，若上访人携带危险物品，或出现服毒、下跪等恶劣行为的还要加扣分。全年若实现零进京、来市非正常上访的则进行加分。年终考核不合格者市委、市政府予以通报批评，当地党政领导要向市委、市政府作书面检查，且考核结果要与单位评优评先、干部任职使用直接挂钩。考核为末位的则实行信访工作的"一票否决"。

甚至围追堵截的境地。① 这种做法，不仅阻碍了上级决策部门及时获取信访信息，妨碍了政策信息的真实反馈，延误了调整政策内容和纠正政策瑕疵的有利时机，而且导致了某些相当激烈的群体性事件，使社会问题趋于复杂化。② 因此，有人说，如果要说政策的怪异，信访"一票否决"当属排在首位，是不分青红皂白。"一票否决"也使信访陷入恶性循环的怪圈。

从调研情况看，目前，一方面党的基层组织和基层政权建设与信访工作的严峻形势不相适应，基层信访部门的人员编制难以应对大量的信访问题，这样也容易给老百姓以"上面解决问题、下面不解决问题"的错觉。着力点应当放在基层，改变目前倒金字塔式的信访力量格局，认真研究解决基层信访部门人员编制不足的问题，推广其他部门同志到信访部门挂职锻炼的做法。国家信访局也可以考虑成立分大区特派员公署，既方便上访群众，又可以督促地方开展工作。另一方面，以信访量为主要指标的考核办法不合理，建立以信访问题解决程度为主要指标的核查制度。不再通过对非正常进京上访数量的统计来考核地方政府，而是通过对国家信访局交办的重点信访案件的抽样督办、核查、回访，来考核地方党委政府解决问题的能力、水平和程度。这样可以使地方党委政府从围追堵截上访群众中解脱出来，把信访工作的着力点放在解决信访问题上。"零信访"的口号也应该取消。事实证明，压低信访量从来不能真正解决信访问题。

实施信访工作标准化建设是实现信访工作科学化管理的有效手段，在此基础上，才能构建以绩效管理为导向的综合考评体系。这个体系可由"领导决策机构——综合考评系统——咨询系统——执行系统——信息系统——监督体系"六部分组成。运用现代管理技术，推进目标管理方法的创新。

3. 对信访工作主体素质的意义

我国信访工作主体素质不平衡，由于工作人员和部门工作问题造成的"次生问题"影响严重。调查结果显示，基层工作人员在对待来访群众时执

---

① 根据于建嵘教授对"上访村"632 名上访人员的调查，有 55.4% 的人因上访被抄家、被没收财物，有 50.4% 的人因为上访而被关押或拘留，有 53.6% 的人因上访被干部指使黑社会的人打击报复。参见于建嵘：《中国信访制度批判》，《中国改革》2005 年第 2 期。

② 王浦劬、龚宏龄：《行政信访的公共政策功能分析》，《政治学研究》2012 年第 2 期，第 46—61页。

行程序的无序普遍存在。不按程序办：使《信访条例》规定的程序在基层、在源头落实失败。不愿按程序办：对政策法规把握不准，怕被抓住把柄，承担相关责任。不想按程序办：嫌麻烦，认为口头答复就行了。没条件按程序办：有的甚至没固定场所和人员，没存档管理载体等硬件。由此迫切需要国家层面制定指令性和指导性、可操作性的标准化规程，首先规范工作人员，同时规范工作对象，提高信访工作整体水平。

信访处置缺乏统一标准，重信重访难免。我国标准化刚刚跟上世界趋势，正往政府社会管理与服务标准化发展。目前信访体系也没有统一标准。各分系统的信访工作标准往往由不同的政府部门分管，且执行的是本行业标准，这对于整个信访系统各环节的配合和衔接十分不利。相关部门还没有意识到按照标准工作的重要性，标准低、标准化程度低，信访复访率就高，工作效能也低。信访系统缺乏有信访专业或者社会工作知识背景的、真正具有扎实现代信访理论基础与实践经验的人才，工作基础和基本建设环境发育不足是既有工作标准得不到执行的重要原因。

三、信访工作标准化的基本概念

如何进一步规范信访行为，优化信访秩序，减少因信访问题处理不当而引发"次生矛盾"，避免信访事项上升为冲突或群体性事件，推进信访工作标准化建设就显得尤为重要。亨廷顿在《变革社会中的政治秩序》中指出，在社会转型中，人民民主意识的增强会促使人们向政府提出各种要求，并导致政治参与的扩大以满足这些要求[1]。公民对政府提出的要求可能通过合法渠道予以表达，在政治体制的框架内得以协调和整合，这也对我国信访制度化、工作标准规范化提出了要求。随着社会的急剧转型而引发的各类矛盾的增加和公民权利意识的不断提高，现行的信访制度迫切需要一种标准来规范信访活动的进行，使其有序、有效、有利。[2]

---

[1]　［美］塞缪尔·亨廷顿：《变革社会中的政治秩序》，华夏出版社 1988 年版，第 56 页。
[2]　袁梅林、丁建国、姜熹、吴德：《南京：构建"数字信访"模式　提升信访举报工作科学化水平》，《中国纪检监察报》2012 年 11 月 9 日。

（一）标准、信访标准与信访工作标准化

信访工作应该怎么做，怎样才能做得好，首先要解决的问题就是标准问题。标准化管理最初是以顾客为核心、为顾客提供优质服务和产品的理念，却与信访工作要求有很多互融共通之处。

标准是对一定范围内重复性事务和概念所做的统一规定（这些规定最终表现为一种文件）①，是为在一定范围内获得最佳秩序，对活动或其结果规定共同的和重复使用的规则、导则或特性的文件。信访标准就是在信访范围内获得最佳信访秩序、对信访活动或其结果规定共同的和重复使用的规则、导则或特性的文件。

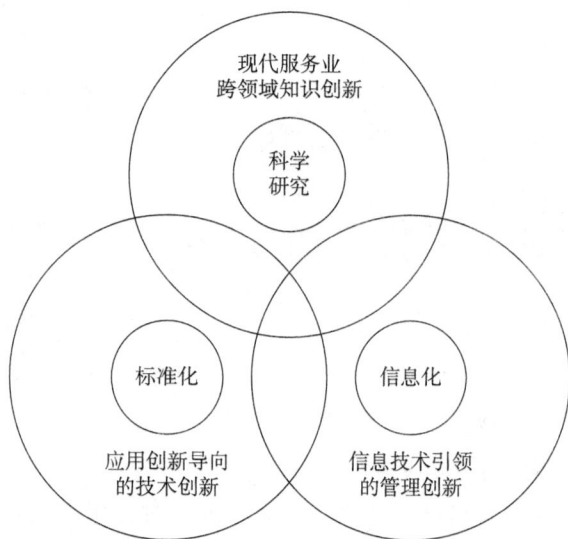

图1　标准化在科技创新体系中的地位

在经济领域，"得标准者得天下"已成为世界经济竞争的法则，我国很多出口商品因未达到国外标准而被退货甚至销毁。经济领域标准化的重要意义是改进产品、过程和服务的适用性，防止贸易壁垒，促进技术合作。如今，"标准化"作为一个被宽泛了的管理理念和管理手段，已日益受到包括

① 国家标准管理委员会：《标准化基础知识培训教材》，中国标准出版社2004年版，第2页。

政府行政管理及公共服务部门在内的社会各界的广泛关注和借鉴、运用。标准化的定义是："为了在一定范围内获得最佳秩序，对现实问题或潜在问题制定共同使用和重复使用的条款的活动"[①]。它包括制定、发布及实施标准的过程。"标准"，即科学的普遍适用的衡量某一事物（行为及其结果）的准则或预期目标；"化"，缀于"标准"之后，当为动词，应包含两层意思，即普遍推行某种既定的标准或普遍达到某种预期的标准。因此，我们认为：标准化应分为过程标准化和结果标准化两种，过程标准化是手段，结果标准化是目标或目的。没有过程就不会有结果，不使用某种手段就难以达到某种目的，过程标准化较之结果标准化更为值得关注和研究。过程标准化，是在一定范围内对群体的共性行为或工作性质相同的单位的同一工作事项或同一工作行为及其结果的品质、效能、作用及影响等要素指标用同一（统一）衡量准则来评判的管理理念和管理行为过程。我们通常所讲的标准化应为过程标准化。

信访工作标准化是指从信访工作系统的整体出发，制定系统及各环节工作标准；研究各环节工作标准的配合性，按照配合性要求，统一整个系统的标准；研究信访系统与服务型政府系统的配合性。换言之，信访工作标准化是指从信访工作系统整体出发，制定系统及各个环节工作标准，按照各个环节工作标准配合性要求，统一整个信访系统标准的过程。

在信访工作标准化研究中，"标准"与"信访工作标准化"是两个最基本的概念，是信访工作标准化基础的基础，也是对信访工作标准化本质的认识与概括。目前，我国对信访工作还停留在争取实现"规范化"、"法治化"和实际的"行政化"、"多样化"状态，信访工作标准化理论的研究在一定程度上还跟不上实践的发展。信访标准化作为以信访过程为主，吸收和容纳各种环节标准要求，最终实现事先确定的目标的过程，对信访和谐和法治信访的建设意义重大。

按照《信访条例》规定，信访工作应坚持属地管理、分级负责，谁主管、谁负责，依法、及时、就地解决问题与疏导教育相结合的原则，以及以群众工作统揽信访工作的原则。信访工作内容主要包括以下方面：受理、交

[①]　国家标准管理委员会：《标准化基础知识培训教材》，中国标准出版社 2004 年版，第 4 页。

办、转送信访人提出的信访事项；承办上级和本级人民政府交由处理的信访事项；协调处理重要信访事项；督促检查信访事项的处理；研究、分析信访情况，开展调查研究，及时向本级人民政府提出完善政策和改进工作的建议；对本级人民政府其他工作部门和下级人民政府信访工作机构的信访工作进行指导。信访工作方式是对信访事项应认真登记，按照有关规定处理来信、来访等信访事项，倾听人民群众的意见、建议和要求，接受人民群众的监督，为人民群众服务。如何把这些要求贯彻到信访过程中，是信访工作标准化要解决的问题。

（二）标准化与规范化

提到标准化就难免要提到规范化，一直以来二者的关系就是实务层面纠结的一个问题，到底哪个才是解决问题的起点呢？实践证明，规范化是标准化的基础，没有规范化就没有标准化。在规范化理念影响下所逐渐形成的统一的岗位设置、统一的职责要求、统一的工作评价体系以及广大员工的规范化意识等，客观上为标准化的实施提供了物质基础和依托条件。标准化是被提升了的规范化，是规范化的最高境界。规范化较为粗略，标准化将更为精准；规范化关注的是过程的"能"和"不能"，标准化不仅关注过程的"能"和"不能"，更关注结果的"是"与"非"；规范化是"小家碧玉"，标准化有"大家风范"①。

标准化是指对现实问题、对重复出现的概念和事物作出统一规定的过程，主要包括产品标准化、工作标准化、管理标准化三项重点内容。《中华人民共和国标准化法》中，对标准化的解释是：在经济、技术、科学及管理等社会实践中，对重复性事物和概念通过制定、实施标准，达到统一，以获得最佳秩序和社会效益的过程。标准化是现代化生产的科学管理手段之一，是企业提高规范化、标准化管理，改善和增强企业素质，实现高效率、高效益的综合性的先进的科学方法。标准化建设是管理领域的先进管理理念与方法，是制度化建设的较高层次，运用到生产、开发、设计和管理等方

---

① 《税收调研》2006年第1期、《九江党刊》2006年第3期、2006年5月30日的九江税务网（国税外网），并入选中央党校理论前沿杂志社大型丛书《走进新世纪》。

面，是一种非常有效的管理方法，它根据需求制定标准，并根据变化不断作出调整，对实现企业科学管理、规范管理、提高企业竞争力都具有重要意义。

图 2 江西省遂川县人口计生委《信访规范化管理制度》

标准化建设和规范化建设的相同点是，两者的目的都是以管理科学化建设为目标，运用现代管理理论，构建规范化管理体系，形成系统、全面、完整的科学管理机制。两者都是以螺旋式提升为发展模式的。标准化建设的基本过程大体上是形成标准、实施标准，并反馈信息的一个过程，在整个基本过程结束时，会开始第二次循环，第二次循环又是第三次循环的起点，整个标准化的过程，就是一个不断实践、不断总结、不断发展、不断提高的过程。而规范化也是如此，两者都是以循环模式递进并不断完善的。

标准化建设和规范化建设的区别是，规范化管理更多的是强调把为达成组织目标的行为过程以具体的标准加以界定，并用所界定的行为过程标准来约束管理者和被管理者双方的行为。标准化管理除了强调要贯彻体现一套完整的价值观念体系，使所制定的目标和行为标准不再是孤立的制度规范之外，还强调对管理行为和标准进行统一，整个管理过程建立在科学的人性理论基础上，建立在一个完整的体系上来实施整个过程。标准化相对规范化来讲，体系更加完备、脉络更加清晰、分支更加细腻。标准化建设有着有力的理论支撑，引入了先进的目标管理理论、绩效管理理论和国际质量管理理论，同时积累了全省各级院的经验和试点成功经验，并不断地通过反馈来整理、提高，通过循环的模式使得标准化建设更加完备。规范化建设相比较来讲，则比较精练、笼统。

标准化建设和规范化建设相对于信访法治来说，它们是逐步推进、提升的关系：标准化建设顺应了规范化建设的需求，是规范化的继承和创新。标准化是对规范化更具体的阐述和任务的分解，是有特色的规范化，是为了更好地实现规范化。在规范化和标准化基础上，形成法治化氛围，最后达到法治化境界。

[链接] 南京市纪委信访室实行信访工作标准化建设，贯彻"信访为民"理念，他们在引入 ISO9001 质量管理体系后，在制定的《市纪委、监察局信访举报工作标准化手册》中规定："在线接访平台在法定工作时间内应始终保持在线状态。接访员应在收到对方信息 3 分钟内应答，不得无故中断接访。接访结束后，应填写《举报受理登记表》，并以 WORD 表格文档形式下载，使用专用移动存贮设备进行拷贝。"

四、信访工作标准化建设的制约因素与有利条件

（一）信访工作标准化的基本问题

信访制度作为国家政治制度的组成部分，与人民群众的切身利益息息相关。一直以来，党和政府对信访工作一直很重视，但由于种种原因，信访工作几经周折，并没有像司法、行政等制度一样形成正式的政治制度。由于信访制度缺乏规范化管理，这就给信访工作埋下了隐患。一方面，众多调查研究表明，不合理上访者数量比以前大大增加了。"一些上访者利用政府的'软肋'，向政府部门提出种种过高的、不合理的要求。他们在上访过程中常常援引一系列意识形态话语、利用党和国家意识形态的弱点和缺陷，占据

道德制高点，对政府造成伦理压力，进而达到诉求目的。"[1] 有的信访群众的利益要求不符合有关政策规定，要求过高或超过政策极限；有的按政策解决了，又提出新的过分要求；有的坚持无理要求，甚至制造事端；信访终结机制不完善，一部分持过高或无理要求的信访人在信访部门结案后仍然继续来信来访，纠缠不休。另一方面，信访工作部门存在问题多，信访渠道不畅，有的具体部门对群众反映的问题不作为，不调查处理，或者互相推诿，矛盾上交；信访机构间互不通气，造成问题拖延堆积；处理信访事项层层转办多，立案率低，解决的问题少；信访工作责任不明确，信访部门责重权轻，对产生信访事项的机关督促的力度不够，工作效率、效能低；对因行政不作为或侵犯群众利益引发越级信访的行政行为缺乏明确的责任追究机制；等等。

虽然我国信访部门众多，但并未形成统一协调机制。党政机关的信访机构与政府相关职能部门的信访机构之间职能交错，缺乏内在的沟通和协调，信息不共享，信访资源被大量浪费闲置。信访渠道不畅通是新形势下信访工作中的一个突出问题，具体表现在，有些政府和政府部门公布的相关信息不清晰明了，使得信访者存有一定的模糊认识和思想偏差，比如：有的群众不了解信访的具体程序，不了解有了问题应该怎样向上反映，结果一信多投、盲目访、无序访的现象普遍存在；一些信访人提出的信访事项办理得不到及时的信息反馈，使信访演变为走访、上访，甚至进京上访、违规上访，严重扰乱了社会秩序；有些信访部门甚至对信访人反映的问题推诿塞责或者截访、堵访，结果导致矛盾激化。

从标准化看，尽管近几年来我国整体上的标准化工作取得了一定的进展，但由于诸多原因，目前我国的标准化状况仍不容乐观，存在着诸多问题。标准的制定相对滞后于科技发展水平；标准制定内容上存在的问题，主要是条块分割、部门分割、地区分割。在现已制定的标准中还存在着标准的系统性欠缺，或者说不配套的问题。信访领域的情况是，信访过程缺乏统一规范，有的地方提出了某些信访标准，但是行政成分浓，制标不规范，各标

---

[1]　田先红：《信访治理伦理困境的政治社会学诠解》，《哈尔滨工业大学学报（社会科学版）》2012年第4期，第13—20页。

准间不配套，不系统，专项工作标准化进展快，整体工作标准化进展慢。随着电子政务的开展，许多部门和单位都在建自己的信息数据库，但数据库的字段、类型和长度都不一致，形成一个个信息孤岛①，严重影响了作为信访管理基础的信息交换和电子信息的运作。尽管我国在 2005 年出台了《信访条例》，建立了信访相关规定，并制定了一些重要的相关规程，但这些条例的推广应用存在有规定而无执行现象，深刻揭示了我国信访标准化管理工作落后的现状。现在我们的主要问题是，缺乏对《信访条例》的贯彻执行手段，缺乏对《信访条例》具体操作层面的标准化规定。因此，我们这里的信访工作标准化问题，指的是具体操作层面的标准化规定，是对《信访条例》内容的展开和具体化。目前这项工作在全国范围还处于初创阶段，我们在此所做探索的意义是在基层局部范围试行标准化建设工作，为最后形成全国统一的标准体系做准备。

（二）信访工作标准形成、推广、执行的制约因素

制约信访工作标准化形成、推广、执行的因素有很多，主要包括以下几个方面：一是体制性障碍。长期计划经济体制的影响，信访管理形成了一种条块分割、部门分割、地区分割的状态。各分系统的标准往往由不同的政府部门分别管理，且执行的是本行业内的标准，这对于整个信访系统各环节的配合和衔接十分不利。二是信访标准化意识淡薄。相关部门还没有意识到按照标准工作的重要性，标准低，标准化程度低，信访复访率高，信访工作效能就低。三是信访工作标准化建设环境发育不足，不足也是既有标准得不到推广的一个重要原因。四是对信访重视的程度不够，人才极其缺乏，真正具有扎实的现代信访理论基础与实践经验的人少之又少。特别是对于信访标准化而言，人才匮乏现象更为严重。五是一些地方和部门在执行信访工作程序中还存在突出问题。不按程序办：其表现是对接待来信来访程序一无所知，对办理的信访事项不知道如何按程序办，仍然停留在过去的"老办法"、"老框框"上，使《信访条例》规定的程序在基层、在源头落实失败，复

---

① 信息孤岛是指相互之间在功能上不关联互助、信息不共享互换以及信息与业务流程和应用相互脱节的计算机应用系统。在一个单位的各个部门之间由于种种原因造成部门与部门之间完全孤立，各种信息无法顺畅地在部门与部门之间流动，这样就会形成信息孤岛。参见百度百科。

查、复核工作无法进行。不愿按程序办：对《信访条例》、政策法律法规把握不准，心里没底，不敢出具答复意见书，怕被信访人抓住把柄，怕承担相关责任。不想按程序办：嫌麻烦，认为只要口头答复信访人就行了，不愿也不想出具答复意见。有的虽然给信访人出具书面答复意见，不是不规范就是不符合要求，或没有按法定程序办事。这些问题如不加以解决，必然会重新导致群体访、越级访、重复访数量剧增。六是信访工作是一种垄断行为，社会团体没有解决信访事项的职能，导致信访本身没有进行标准化的主动性。

（三）信访工作标准化发展的有利条件和机遇

近些年，信访工作标准化的发展出现了良好的机遇，尤其是近几年来，我国的信访标准化基础性工作开始启动，一些地方开始了积极的探索，并取得了一系列成绩。具体表现在以下几个方面：一是制定了一系列信访或与信访有关的部门或地方标准。在信访标准方面，我国已全面制定了条例式的标准；从系统性的角度来看，仅仅是单纯制定工作标准和管理标准；从标准层次性的角度来看，制定的与信访有关的标准有部门标准和地方标准；从部门的角度来看，与信访关系比较密切的一些部门，如法院、农业部、国土资源部等均制定了一系列有关的标准。民政部的标准制定过程正在进行。二是建立了与信访有关的组织、机构。三是积极开展信访标准化的研究工作。标准化工作被提到了前所未有的高度上来，全国不少相关科研院所、高等院校的科研机构，都投入到了这项研究工作。信访学术研究活动取得重要成果，为推进信访工作的开展，确立有关信访专项研究课题任务，国家社会科学基金项目在 2007 年也开始有了信访问题的选题设计。四是各地政府部门高度重视并积极支持信访标准化工作。各地政府和相关部门在经济建设和发展过程中，对建立信访标准科学体系的呼声也十分强烈，各地参与信访标准研究和制定的积极性越来越高。五是信访标准制订从条例、规定向服务性和管理性标准重点推进。进入 21 世纪后，我国信访已经直接面对着国际的关注，全面推进信访标准化，是实现全面建设小康社会宏伟目标的重要手段，是中国特色社会主义社会管理新探索的重要内容。改革开放三十多年来，我国信访工作标准化仍在探索阶段，这就需要信访工作研究人员必须不断研究，正确认识目前我国信访工作标准化发展过程中存在的问题并积极采取措施加以改进，这样才能使信访工作标准化事业步入繁荣发展阶段。

五、信访工作标准化建设的依据、原则和方法

（一）依据

信访标准体系一般需要数个甚至数十个标准支持。在这些标准群中，至少需要应有的技术标准，需要为完成这一过程而设计或约定某些目标、方法及组织形式的管理标准，还要有任务、职责和每一步操作，直至达到理想结果的工作标准。依据《中华人民共和国标准化法实施条例》，第三条"国家有计划地发展标准化事业。标准化工作应当纳入各级国民经济和社会发展计划"；第十条"市、县标准化行政主管部门和有关行政主管部门的职责分工，由省、自治区、直辖市人民政府规定"；第十六条"地方标准由省、自治区、直辖市人民政府标准化行政主管部门编制计划，组织草拟，统一审批、编号、发布，并报国务院标准化行政主管部门和国务院有关行政主管部门备案"；第二十八条"市、县标准化行政主管部门和有关行政主管部门，按照省、自治区、直辖市人民政府规定的各自的职责，负责本行政区域内的标准实施的监督"之规定，参照 GB/T 15496《企业标准体系要求》、GB/T 13016《标准体系表编制原则和要求》、GB/T 13017《企业标准体系表编制指南》等国家标准和有关资料，结合实际，按照信访工作标准化相关法律法规、管理规定的相关要求进行编制。信访工作标准体系是以"建立统一、简单、规范、易用的信访工作标准"为基本原则，按照"准备——试点——总结推广"的步骤进行编制，逐步达到畅通信访渠道与优化信访秩序的有机统一，实现信访和谐。

（二）原则、方法

我们对信访工作标准化原理和方法的研究主要是借鉴了标准化学说中"统一、简化、协调、优选"四原则[①]，并把其作为基本原理与方法，在实

---

① 国家标准管理委员会：《标准化基础知识培训教材》，中国标准出版社 2004 年版，第 19 页。

际研究和分析过程中，从信访工作实际出发，揭示信访工作标准化特有的原理和方法。应该加强信访工作标准化原理的认识，并注重从结构功能角度分析，充分揭示出信访工作标准化基本规律。例如，2011 年，南京市纪委依据相关法律法规及文件规定，在充分汲取借鉴 ISO9001：2008《质量管理体系要求》的基础上，严格按照"写我所做、做我所写、记我所做"的标准，紧密结合该市信访举报工作实际，固化工作岗位，细化职责标准，简化运转流程，强化质量效能，编写制定了《市纪委、监察局信访举报工作标准化手册》（以下简称《标准化手册》）。《标准化手册》具体包括体系表、质量手册、程序文件以及信访举报相关制度，详细阐述了信访举报工作的主要任务、主要职能、组织机构、工作人员岗位职责以及建立标准化体系的质量方针、目标等，重点对文件管理、信访举报受理、信访举报办理、信访件查办、信访监督、自我改进 7 部分 18 项具体内容进行规范。[①]

信访工作标准化方法主要包括简化、统一化、通用化、典型化、系列化、组合化等方法，在具体应用的过程中各个方法不是孤立的，而是互为作用、综合运用的，最终目标是建设信访工作标准体系。所谓信访工作标准体系，就是在信访工作范围内各种有关信访工作的标准按其内在联系形成的科学的有机整体。将信访工作标准体系内的标准按一定形式排列起来的图表就是标准体系表。明确信访工作标准体系，编制信访工作标准体系表是编制标准及制定或修订规划和计划的主要依据之一，是促进信访工作标准组成达到科学合理化的基础，是一种包括现有、应有和预计发展的标准的全面蓝图。没有这个"蓝图"，制定标准就缺乏整体规划，标准就难以协调、系统、配套。

对信访工作标准体系的研究，编制信访工作标准体系表是信访标准化工作的一项基础性科研工作，为了使这项基础性科研工作进行得科学规范，在国家标准《标准体系表编制原则和要求 GB/T13016—91》中，对其工作方法专门作了阐述，即一要调查研究，二要集思广益。所谓调查研究即应深入调查研究国内信访工作的发展动态和现行标准的制定情况，对有关资料进行

---

① 袁梅林、丁建国、姜熹、吴德：《南京：构建"数字信访"模式，提升信访举报工作科学化水平》，《中国纪检监察报》2012 年 11 月 9 日。

分析；所谓集思广益就是应广泛收集标准化专业人员和实际工作、科研、教学及其他有关人员的意见，尤其是要收集掌握总体情况的有关人员的意见。目前这项基础性科研工作进展顺利，标准体系表已形成，并在试行修改中。

六、信访工作标准体系建设的推进步骤

（一）建立信访标准以及各工作标准

从工作落实、矛盾化解效能看，信访工作标准化建设是我国目前化解信访困境、整合政治资源、维护政府形象、促进社会和谐的最有针对性和实际意义的创新工作。实现信访工作标准化，必须要有能够推动信访标准化过程的信访标准以及各工作标准之间的联系、互补和与政府系统工作标准的协商。任何一项标准，均要接受实践的检验和对客观度的反映测量，需要不断地修正和协调，不断提高内涵质量，而有的可能被剔除。当人们对信访过程了解处在模糊阶段，又不能不以标准化方式提高效率的时候，信访标准的量就凸显出来。在信访标准的量化发展期，这一时期的标准，最不能使人满意的是标准之间的协调性和相互联系性很低，甚至矛盾重重，经不起系统过程的应用检验。要解决这些问题，最好的方法是建立信访部门内的标准质量认定的考核机构。这个标准质量认定考核机构要主持标准制（修订）定的直接过程；有过程研究和执行标准后出现问题的解决能力；有监督标准执行和执行后的效果评价能力；能够提出标准综合框架体系，规范后续标准的有序、协调和统一。最后，通过有力督导与评判，促进标准的数量型向质量型的迅速转变。

（二）实现各信访标准间的协调

标准的量化发展是标准形成的必经阶段，也是标准由无序向有序方向转变的基本步骤。标准的量化阶段或长或短，主要取决于当时的科学技术水平和对工作规律的总结、把握能力，特别是对信访过程的变化规律的把握。明确信访过程规律，又是项目分解、形成多个标准基础的条件，也是标准能够统一于一个体系的背景和原因，是标准体系向质的高度发展的前提。可见，一个标准体系的产生，与信访工作研究水平和实践经验的总结以及信访标准的实际应用有直接关系。以往对信访工作标准化问题没有及时或较早地利用标准化理论和眼光审视、总结并提出用以直接规范过程的标准，从而导致了信访工作标准化的研究和标准的实施相对落后，不能真正提高信访工作效能。在实施信访标准和协商的标准化操作过程中，完成系统最优化搭配，获得最佳秩序和社会效益是信访标准的最终目的。其中，真正客观的信访标准体系是信访标准化过程的基础和开端。那么，信访标准体系究竟是何种结构，如何在信访标准化建设中发挥作用，是信访标准化研究的重要理论问题之一。必须遵从标准化的科学规律，在标准系统理论指导下，从标准制定、标准间关系协商、标准体系的一致性以及执行标准的全过程方法步骤等，都要扎扎实实地加以理解和实践。

（三）形成信访工作标准体系

根据标准化学科的基本理论，遵从信访过程的特点，信访标准体系的产生途径应当有两方面：一是有序信访过程的标准体系产生。二是无序信访过程的标准体系产生。在现实信访工作中，信访状态有时会出现无序情况，存在这种无序状态（模糊状态）原因很多，主要是政策、法律和规定本身存在灰色地带；政策、法律和规定固化需要过程，存在是否溯及以往事项的问题，而群众的认识又存在利我要求；机制体制造成重复访、越级访，群众情绪激动，出现无序情形；时间压缩导致矛盾压缩，矛盾发展导致过程压缩，所有压缩导致矛盾激化。由于信访工作管理直接对象和标准规范直接对象是人，所以信访工作标准比一般标准的制定及其标准化的实现要复杂得多。灰色系统理论告诉我们，在具备对应因果关系的条件下，其过程规律有时可不予理睬（当然这与科技发展水平有关）而不会较大程度地影响结果的产生。据此，即便对某些信访过程认识和把握得并不到位，信访标准体系亦可建立。当人们对需要"制标"的某一信访过程不清楚、不可预知，取得的资料和经验只在片段的层次上时，可直接产生标准，也可以在过程中实现技术规范。对资料充足、完全可重复的某个阶段制定标准，并积极研究探索，尽快弄清一些模糊情况，制定新标准，逐步建立初级信访标准体系，再通过不断完善和修定，直至达到理想水平的标准体系。这种信访标准体系产生的方法，是一种具有摸索性质、缺乏系统性的方法，但系统思想贯穿始终。其不足在于标准间具有明显数量意识，标准内存在不协调隐患，并随着体系的逐渐建立，标准化过程中的矛盾会越来越多。但好处在于对某一信访过程的科学探索与标准化管理可同步进行。如果把握得好，可使二者之间产生相互促进作用，从而大大缩短"自由"到标准化进程，实现某种意义上的跨越式发展。但是，由于信访过程的复杂性，使过程多处表现一种"灰箱"逻辑。长期以来，对信访过程探索多为个案实验，更何况还有每一信访事项的外来多因子作用，而信访却表现出高度综合的宏观效应与时滞性，人们手中的信息很难满足制定量化标准的需要。人们便可以用一种"宏观调控"的方法，形成某种"全程性"操作规定，这就是技术规范。以技术规范面目出现的信访标准不是真正的标准，而是信访标准的雏形，所以，对信访活动进行技术规范的过程就是信访标准化过程。

以上工作已经完成，我们主要在县级进行试点，以山东的聊城市高唐县、临清市和东昌府区作为主要试点单位，初步形成信访工作标准化体系框架。

七、信访工作标准化体系框架的构建

信访工作标准体系是以信访工作方针、目标为中心，以信访工作适用的标准化法规、标准化管理规定和国家的法律、法规为依托，以工作程序、办公设施和制度建设等基础标准为基础，以信访事项的办结质量标准为主体，以量化管理考核标准为支撑，以岗位工作标准为保障的子系统组成，不同层次的标准相互关联，相互制约，形成互为补充的有机整体。

信访工作标准化按层次结构分为四层，结构如图 3 所示。

第一层：标准体系建立的依据和基础。包括信访工作定位、工作目标，信访工作贯彻的标准化法规和标准化管理规定，信访工作适用的法律法规和规章三项内容，对信访工作标准化体系具有指导作用，体系的所有标准都要在它们的指导下形成，共包括 45 项标准。

第二层：信访工作基础标准体系。信访工作基础标准位于总结构的第二层，是指信访工作中的各项通用标准，是作为制定质量标准、管理标准、岗位工作标准的基础，包括 17 项标准。

第三层：信访工作质量标准体系和管理标准体系。质量是由有形实物质量、有形的办公设备和办公设施的质量、有形的服务环境的质量和无形的服务劳动的质量构成的统一体，每一部分都是工作质量不可分割的组成部分。工作质量标准体系由办公、环境标准和办理规程组成。其关系为以信访工作质量标准为主体，管理标准作为实施质量标准的保障，质量标准体共包括 24 项标准。信访工作管理标准体系是为保障质量标准实施而制定的，具体分为人员管理标准、设施设备管理标准、信息管理标准、能源管理标准、财务管理标准、文化建设标准、后勤保障管理标准、安全管理标准、环境保护标准、职业健康标准和监督考评标准，共包括 59 项标准。

第四层：岗位工作标准体系。岗位工作标准对信访工作各个岗位的职责、岗位人员基本技能、工作内容等工作事项进行了要求，岗位工作标准体系保证了质量标准体系和管理体系的实施，共包括 24 项标准。

信访工作标准体系的核心内容包括基础标准、质量标准、管理标准和岗位工作标准。信访工作基础标准体系是基础性内容，偏重于工作程序的基本规定和格式规范。信访工作质量标准、管理标准、岗位工作标准是标准体系的主体，反映信访事项的过程以及人民群众满意率质量标准和管理标准，最终的落脚点集中到以人为主体的岗位工作标准上，这也反映了工作上的以人为本。

本项目研究信访标准化建设以县级为重点。从关键环节看，县级是处理信访问题的主要阵地。县级直接面对基层，面对群众，在维护稳定中具有不可替代的作用，处理区域内的信访问题最有发言权、最有办法也最有权威，是预防和控制越级上访的"第一线"。《中共中央、国务院关于进一步加强新时期信访工作的意见》明确提出："预防和解决基层发生的信访问题，县级是关键"，"要高度重视县级信访工作"。因此，我们认为，信访工作标准化建设应该从县级信访标准着手。

以县为研究单位，信访标准化总体框架规范包括分级规范（县级、部门、乡镇、社区和村）和分类规范。县级信访分级、信访情况分类（有序、无序）：信访基础工作标准化框架（各级不同）；信访基层工作标准化框架（各级不同）；信访语言标准化框架（各类信访情况不同）。按信访情况分类

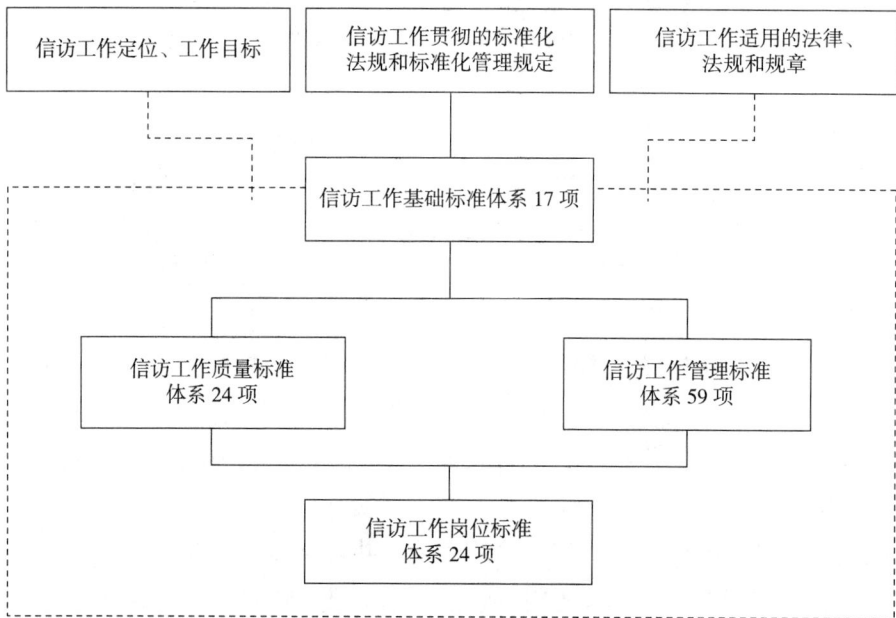

图3　信访工作标准化体系结构图

注：1. 上面虚线表示上排方框中的内容对标准体系的指导关系。
　　2. 虚线方框表示完整的工作标准体系。
　　3. 实线连线表示相关关系。

细化各类情况信访环节并建立标准化（简易程序和语言、规范程序和语言等）框架，主要包括：信访矛盾纠纷排查标准；来信访受理、处理标准；来电访受理、处理标准；网上访受理、处理标准；来人访受理、处理标准；案件查办标准；档案管理标准；信访文书标准等。信访支持系统标准化框架（各级各类不同）；信访信息化标准框架（各级相同）。县级信访情况，可依据上访人数、秩序、次数、内容、形式、程序六类标准分类制定具体标准。

　　信访工作标准化内容细则，可分为基础工作标准化细则（分县、部门、乡镇、社区和村级）、基层工作标准化细则、信访语言标准细则三类。信访术语标准化是信访工作标准化的基础，它不仅涉及信访工作专业术语的规范化与统一化，而且关系到信访工作每个标准的制定与实施。目前我国信访术语标准化研究存在的主要问题是：习惯用语延误了信访术语标准化的进程；信访术语与方法研究不够；信访术语工作的重视程度不够。所以，不进行信访术语标准化规范，整个信访工作标准化的根基就不牢固。在信访术语标准化过程中，概念的命名、定义和解释，往往涉及国家机关、组织、个人包括行政、权益、法律以及传统习惯等方面的因素，影响大、分歧多，因而制定此类标准难度大、周期长。这方面的工作我们在努力进行，进展顺利，已经有草稿文本可以进行修改完善。

我们课题组已经在县级部门进行了调研，与实际工作者合作制定出一整套标准，内容齐全，由近百个图表和几十万字组成，并且已经在山东聊城的高唐、临清等地小范围进行标准化运行试验。现在的主要工作目标，是如何在现有标准基础上形成标准化机制，然后在省内选取几个县进行试点，按照信访工作标准化途径要求的方式去实施、检验、校正，在实践基础上完善修正各标准及其关系，最后形成适用于全国信访系统的科学有效的信访工作标准化体系。

［链接］临清市群众诉求服务中心：为全面贯彻落实中央、省以群众工作统揽信访工作会议精神，切实转变信访工作职能。2010年，临清市投资150万元在原张自忠将军纪念馆的基础上正式动工将其改建为群众诉求服务中心。服务中心全部实现微机化管理，实现内部微机联网，建设了辐射镇、办事处信访办公室和部分市直单位的内网、短信平台及门户网站，构建了信访工作电子化操作平台，集中了登记、受理、接谈、转送、交办、督办、复查、听证、结果反馈等各个环节，为群众提供一站式接待、一条龙服务。

服务中心按功能设立了16个服务室：登记室、接谈一室、接谈二室、联合接谈室、谈心室、涉法涉诉服务室、市级领导接谈室、综合办公室、督办室、复查室、信息中心、听证室、办信室、电话投诉受理室、人民建议征集室、安保服务室。

通过信访工作标准化建设，我们可以看到的成绩所在：一是建立了信访档案信息系统；二是建立信访信息网络平台，电子信访、网上信访、省长电子信箱；三是形成信访职业组织网络，确立信访职业道德伦理，信访民众素质提高；四是信访法治秩序形成，程序正义得以实现；五是信访诸多概念得以界定，诸多关系梳理清楚。当然，信访工作标准化建设还需要社会各方的支持和保障才能搞好。要有好的外部环境，如在信访宣传、信访环境、信访行为的培养模式、人员培训模式、积案处理模式等方面的信访支持标准细则作为机制支持，还要有社会各界在思想、舆论方面的共识和支援，社会信息网络等科技手段的技术支持以及公民的民主法治素养提高、政治参与技能和习惯的养成等，都是很重要的外部环境。

八、基层信访工作标准化建设的初步尝试

近年来，山东省聊城市针对信访工作面临的新情况新问题，就深入贯彻实施《信访条例》，把信访工作纳入法治化轨道这一课题进行了深入调研，提出将标准化建设引入信访工作并大力推行县级信访工作标准化建设的工作理念。调研中发现，当前绝大多数信访问题发生在基层，且应该也能够解决在基层。但由于不少基层单位工作程序不标准，工作随意性强，致使首办环节的工作不规范，信访问题的处理大而化之、解决不到位，甚至久拖不决成为信访积案。解决当前基层信访工作流程无序化、信访事项处理随意化的问题，必须依据《信访条例》和中央5号、中办3号文件精神，在县级以下基层单位建立健全和积极推行科学统一的信访工作标准。只有将县级信访工作标准化，才能夯实筑牢信访基层基础，才能促进信访问题就地就近解决，才能推进信访工作法治化进程。在这一理念指导下，聊城市提出了以维护群众合法权益、促进社会和谐为目标，以促进基层信访工作规范有序高效开展为核心，以推进工作程序、办公设施和制度建设等基础工作标准化为重点，以量化管理考核标准为抓手，以岗位工作标准为基础的县级信访工作标准化建设思路，建立了基础标准、质量标准、管理标准和岗位工作标准等不同层次、相互制约、互为补充的信访工作标准化体系，确定了171项具体标准，从而把基层信访工作的各个环节全部纳入标准化体系建设。

（一）抓信访办理程序标准化

信访办理程序标准化是信访工作标准化建设的核心。他们按信访情况分类细化各个信访环节，统筹为四个工作流程，分别制定统一的标准化框架，

图4 临清市信访工作标准化建设试点会议

出台了操作性强的《基层信访工作标准化内容细则》。主要包括：信访矛盾纠纷排查工作流程；来信、来电、来访和网上信访的受理、办理工作流程；案件督查督办工作流程；信访文书拟制办理工作流程，使信访办理各个环节都有相应程序、相应标准和相应要求。各级实行"四公开、三规范、两承诺、一目标"。"四公开"：即公开首办信访事项的工作原则、具体责任、工作流程和信访工作人员联系方式；"三规范"：即规范信访台帐管理、信访工作流程和接待文明用语；"两承诺"：即承诺文明热情接待每一位来访群众，认真负责办理每一封群众来信，承诺提供"一条龙"服务，坚持谁接待、谁处理、谁督办，全程跟踪，一抓到底；"一目标"：即通过扎实工作，稳控妥处，达到信访群众满意的目标。

（二）抓信访接待场所建设标准化

信访接待场所标准化建设是信访工作标准化建设的保证。他们通过认真研究信访群众的心理、行为特点和规律，在接待场所建设上突出人性化理念，要求做到"三个一律"，即在接访场所一律设置咨询台，配备饮水机、报刊杂志等便民服务措施；接待场所内墙壁一律粉刷为淡绿色，并悬挂或张贴温馨的信访宣传品，以稳定来访人情绪；接访桌一律按"40、40、100"角度设置，便于接访者与来访者促膝谈心和交流，拉近干群距离。探索建立信访语言标准化规范，纠正信访工作中特别是来访接谈中的不良习惯用语，实现信访工作语言的规范化与统一化。同时，为营造一流的信访工作环境，在乡镇、办事处开展了规范接待室创建活动，实行文明管理、文明接待。具体标准为"六有、六做到"：即有接待场所，做到设施完备、宽敞整洁；有接待人员，做到挂牌上岗、热情服务；有便民措施，做到贴心周到、方便群众；有信访章程，做到制度上墙、流程清晰；有信访档案，做到资料齐全、管理规范；有良好秩序，做到有序咨询、文明上访。去年以来，共评选优秀"五员"100 名，创建规范接待室 30 处，激发了广大信访干部职工工作热情，为做好新形势下群众工作提供了坚强保障。

图 5　临清市群众诉求服务中心

（三）抓信访档案管理标准化

信访档案管理标准化是信访工作标准化的基础性工作。他们按照国家档案标准对信访工作中生成的所有档案进行管理。特别是对受理办理的信访事项，认真梳理汇总，科学分类管理，建立健全了五个工作台帐，即信访事项一览式分包台帐、一案一卷问题处置情况详细台帐、涉法涉诉信访情况专题台帐、矛盾纠纷排查电子动态台帐、矛盾纠纷排查化解情况明细台帐，使信访问题分类明晰、底数清楚、科学划一，有力推动了信访事项在第一时间分类交办，第一时间跟踪督办，第一时间妥善解决，同时也提高了信访档案管理水平，为群众查询信访事项办理情况提供了便利。

（四）抓总结提高，不断扩大标准化试点

县级信访工作标准化建设是一件新生事物，必须鼓励基层的创造，不断解放思想、锐意探索。为此，他们从三个层面入手开展试点工作，认真总结经验，充分发挥示范带动作用。一是在构建信访工作标准框架体系方面，总结推广了临清市构建标准化指标体系、标准化程序体系、标准化文本体系的经验；二是在接访场所标准化建设方面，总结推广了高唐县便民、利民的人性化设计和注重亲民、爱民人文关怀的接待方式，营造信访和谐氛围的经验；三是在信访办理程序标准化建设方面，总结推广了东昌府区充分发挥现代网络科技优势，着力推行网上视频接访标准化，快速、优质、高效办理信访事项的经验。在此基础上，全市实行"三分三联"（"三分"即对问题进行分类、分级、分包处理；"三联"即联席会议制度、联谊会制度、联络员制度）的工作法，推动标准化建设向基层和部门拓展，逐步形成了规范、有序、高效的信访工作新机制，全市信访工作水平进一步提升。近年来，全市信访总量、集体上访量、非正常上访量、群体性事件数量持续下降。2009年，全市群众万人赴省进京集体上访和非正常上访率明显下降，信访积案处结率达到100%，"三跨三分离"积案化解率达到100%，信访秩序明显好转。

（五）抓机制创新，检验标准化工作成效

中央领导同志强调，要把信访工作中探索形成的经过实践证明行之有效的工作成果转化为理论和政策的成果，上升到体制机制层面加以固化，以便指导今后信访工作新实践，推动信访工作新发展。按照这一思路要求，聊城市在总结近几年基层实践和试点经验的基础上，编写了23万多字的《聊城市县级信访工作标准》、《信访工作手册》和《信访工作指南》等文本，并在该标准体系框架下（并以该标准体系为依托），建立了一系列旨在推动县级信访工作规范化、科学化的运行机制。这种机制涉及群众诉求表达、矛盾纠纷排查化解、社会稳定风险评估、信访事项联合调处、考察奖惩和责任查究等机制方面。以上机制和措施的建立和落实，推动了信访工作水平的全面提升。2010年，聊城市信访总量比2009年下降7%，进京非正常上访数量下降47.3%，进京重复非正常上访数量下降70.4%，信访形势保持了"四下降、一好转"的良好态势，为促进社会和谐稳定发挥了应有作用。

［链接］青岛市信访局为确保民情、民意、民智的顺畅上达，自2005年以来，打造了以"绿色邮政"为主的畅通工程，在全市实施群众来信免贴邮票"绿色邮政"制度，群众写信反映问题，由收信人总付邮资，已受理14000多件，并在全市镇、街道、社区、企业、学校等设立了2000多个便民"绿色信箱"，方便群众投寄信件。同时，建立起了以"六网一库"为基础的"数字信访"信息系统，积极拓展网上信访渠道，实现了信访问题网上受理、网上办理、网上反馈，并通过此系统与12区市信访局和30多个市直重点部门搭建了网上信访互动平台，公开受理群众反映的信访问题，全面缩短了信访事项的办理周期，提高了工作效率。截至目前共受理群众网上信访事项1300多件，按期办结和反馈率均达到100%，受到市民的广泛好评。青岛市信访局规范信访事项的接待和办理，强化了接待和处理信访事项的各个环节，保证了受理、分流、办理、直到问题的解决整个过程的畅通。按照"人人享有周到服务、人人得到热情接待"的理念，不断加大资金投入，全面加大各级来访接待场所改造和软硬件建设力度，在400余平方米的接

访候访大厅专门设立了律师咨询室和 18 个接谈室，配备了电子触摸查询屏、电子大屏幕、中央空调，设置了专门饮水机，安排了来访引导员，张贴了"您的到来是对我们工作的信任"等温馨的服务标语，使群众在舒适的环境候访。同时，规范完善了办信、接访、督查等 18 项工作程序，研究制定了接待群众来访、办理群众来信和督查督办 3 个工作规则和 40 多项规章制度，对群众信访的受理、转送、交办、告知、督办、反馈及结案归档程序都作了明确的规定，使各项工作高效务实、有序运转，保证了来信来访办理渠道的畅通。

第 八 章

信访工作"软"管理——心理学透视

　　近年来，在社会心态总体上产生积极变化的同时，价值取向出现的多样化趋势也使社会心态出现复杂化的趋势，特别是面对发展中出现的一些利益矛盾，也产生了一些不同的看法和各种不满情绪。对腐败现象的不满影响到对干群关系的看法；贫富差距的扩大影响到人们对社会公正的看法；改革预期前景的不稳定影响到社会心态的稳定。社会心态实际上就是群众心理，反映的是民意人心，是指在某一历史时期内社会上广泛形成和存在的社会心理状态。① 我国学术界从 20 世纪 80 年代中期开始重视从社会心理的角度研究社会群体现象。"人们越来越意识到舆情、社会心理和群体心态对个人、社会、市场、国家的影响，高度重视构建和谐的社会心理环境对社会发展和改革进程的重要作用。"②

　　社会心态的变化对信访领域也产生了直接影响。随着社会发展和改革深化，大量社会矛盾和利益冲突涌现，出现了历史问题与现实问题相互交织、合理诉求与不合法申诉方式相互交织的复杂局面。民众寻求公平正义，表达自己的不满，而信访部门作为民众宣泄不满情绪的"接收站"，正在承受着巨大的挑战。主要表现在两个方面：其一是信访量在逐年增加；集体上访乃至群体性事件增多；其二是信访案件涉及的问题越来越复杂，信访工作人员承受着巨大的心理压力。由于群体心理是一种完全不同于个体心理的东

---

　　① 李培林：《建设和谐社会应注意社会心态的变化》，《中国党政干部论坛》2005 年第 9 期，第 23—26 页。
　　② 陈月生：《群体性事件中的群体心态研究》，《理论与现代化》2010 年第 6 期，第 120—124 页。

西①。群体的不同心态对事物的发展变化往往起到不可忽视的作用，使得人们不能不更关注那些可以控制人们行为的非理性因素和机制。2008 年 10 月 17 日，昆明市对 118 名信访工作者进行了一次心理测评。结果显示，多数参与测评者都有轻到中度的心理抑郁。关注信访人和信访工作者的心理健康，已得到许多信访部门的重视，各地纷纷采取措施，用心理学的知识来缓解信访人和一线信访人员的压力，关心他们的诉求。因此，将心理学运用到信访和谐建设中，不但是信访工作的一个创新，更是心理学应用领域的一个拓展，对心理学的实践化具有显著的意义，也是缓解社会焦虑、增加社会团结的积极行动。

一、心理学知识在信访工作中的运用

改革开放以来，我国社会领域发生了很大变化，同时也带来一系列新问题和矛盾：一是就业不足、就业结构性矛盾等仍较为突出；二是社会保障体系存在很多欠缺；三是收入差距不断扩大并引发种种社会矛盾；四是人口老龄化加剧发展，而养老服务体系尚存在很多欠缺；五是城市化推进中流动人口大量出现及带来的种种社会问题；六是城市化和工业化推进中城市拆迁、土地征用等引发的矛盾和冲突②。对社会问题的关注，也促发了心理学学科在信访领域的应用。

在 20 世纪 80 年代末，信访心理学的研究就已经在中国开始了，并获得了初步的研究成果，以两本信访心理学的著作为标志。一本是蔡燕的《信访心理学》，另一本是杨永明教授主编的《信访心理学》。到了 21 世纪，心理学在信访工作中得到了广泛的应用。从汶川地震的灾后心理干预，到有政协委员提出心理问题成为社会的突出问题，心理学正在逐渐进入中国人的视野，越来越多的中国人开始学习运用心理学的思维方式解决问题。

（一）心理学知识在提高信访工作人员的信访能力方面的作用

信访工作的根本是做人的工作，要把信访人的思想认识引导到正确的轨

---

① 杨宜音：《个体与宏观社会的心理关系：社会心态概念的界定》，《社会学研究》2006 年第 4 期。

② 常兴华：《加强和创新社会管理面临的新问题》，《经济要参》2012 年第 20 期，第 3—16 页。

道上来，理顺情绪，进而将矛盾化解，把问题解决。这就要求信访工作人员对信访人行为和心理活动及时作出正确的判断，只有对信访行为中的需要和动机有正确的认识和理解，才能有的放矢疏导信访群众、化解信访心结。而主客观条件并非顺心如意，他们承受着很大的心理压力。现阶段各级信访部门，重视信访群众的心理问题，而相对忽略一线信访人员心理能力的提高。接访人员的心理能力，包括接访人员面对信访群众时创造和谐的"心理气氛"的能力，合理控制情绪、正确表达情感的能力，有效地同情式倾听并作出建设性反馈的能力；接访结束后缓解心理压力的能力；以及把信访工作与自己生活分开的能力等。提高这些能力首先必须让广大的信访干部特别是一线信访工作人员学习相关心理学知识，提高干部自身的心理素质。

1. 开展信访心理学知识培训及心理学讲座

信访心理学知识的培训及心理学的讲座，主要是聘请心理学家就信访工作中遇到的某些问题，从心理学角度，加以解释并提出解决的方案，从而增强信访工作人员的心理抗压能力，提高他们的沟通能力，并学会针对不同的上访人员采用不同的疏导方案。这是信访心理知识在信访协调部门的主要运用。江苏省南京市的信访局，就请来了南京师范大学的心理学教授对全市信访干部进行了《信访工作人员沟通技巧》的信访心理学知识专题培训。江苏省泰州市劳动保障局和市信访局联合举办了《信访工作与信访心理学》专题讲座。这些专题讲座的开展，有效地提高了信访工作人员运用心理学解决信访调解工作的能力和心理抗压的能力。

2. 组织信访干部参与形式多样的心理沙龙

定期开展"信访心理沙龙"，借助团队心理辅导来帮助一线信访干部宣泄不良情绪。沙龙就是一种形式自由活泼、参与性强的主题讨论会。在沙龙的过程中，每一位参与者可以就一个主题发表自己的观点，听取别人的观点，并在一起进行讨论。而心理沙龙则是将心理学的知识通过沙龙的形式融入到每一个参与者之中，使参与者在相互交流，相互讨论中，既满足了自身表达的需求，又能获得同一个问题不同人的看法、观点。心理沙龙是比较有效的团队心理辅导的形式。除了主题讨论会之外，它还有多种形式，比如心理学讲座、心理电影播放、心理剧的表演、心理测试等。心理沙龙在信访工作中的运用比较少，只有上海市徐汇区成立了"信访干部心理沙龙"，采用

图1 心理学在信访工作中的应用

心理剧的形式,让信访干部扮演信访户,邀请专业心理咨询老师与信访干部现场互动,并进行分析讲解,帮助大家学会"换位思考"。

3. 发挥"第三部门"的作用,建立覆盖每一个基层接访员的社会支持系统

基层接访人员心理健康状况的改善,心理能力的提高,不但需要各级党委政府、信访部门及时出台相关的保障性政策,而且更需要充分发挥社会"第三部门"的公益性、服务性的能动作用,通过社会的力量来建立一个可以覆盖每一个基层接访人员的社会支持系统。各级党委政府、信访部门以及社会"第三部门"都应该在这个社会支持系统中发挥应有的作用,扮演不同的角色来保障维护这个社会支持系统的正常运转。党委政府应该制定社会支持系统所需要的相关政策,以确保这个社会支持系统的建立,并监督其有效健康的运转。各级信访部门既要及时传达党委政府的政策措施,更要主动联系信访矛盾的"第三部门",积极引导鼓励他们参与这个社会支持系统,并营造一个有利于社会"第三部门"发挥其作用的环境。在这个社会支持系统中，"第三部门"是最可以发挥特殊作用的组织和力量。它是除了各级人大代表、政协委员、单位的工会、妇联等相关人员以外，包括社会中的心理健康咨询机构，高校的心理咨询中心、心理学专业的老师及学生，还有每一名接访人员的主要亲属等都可以加入的特殊力量。通过这个宏观的、立体的、全覆盖的社会支持系统的建立，可以聚集社会的强大力量来保障基层接访人员的心理健康，提高他们的心理能力。

图2　浙江省信访系统举行首期心理咨询师培训班

4. 信访干部要学会自我心理调适

整天面对上访群众，对信访人所有的怨气辱骂及过激行为，工作人员都得全盘照收，久而久之自身也会产生烦躁悲愤等不良情绪。有人总结信访干部有"三累"：加班加点工作是常态，每天疲惫不堪，深感"累人"；时刻担心群体性事件和个人极端行为的发生，深感"累神"；时常会遭受冷嘲热讽，甚至谩骂攻击，忍辱负重，深感"累心"。这些都严重影响信访干部的身心健康。这就要求信访干部必须要学会自我心理调适，缓解心理压力，提高心理承受能力。一要制怒；二要宣泄；三要转移；四要清空；五要升华。

把职业当成事业，正确对待困难和压力，以解决一个个信访诉求为快乐，以对弱势群体扶危济困为快乐，以在困境逆境中建功立业为快乐，在信访这块天地中真正"苦并快乐着"。

（二）心理学知识在信访工作中的有效运用

除了提高信访干部的心理能力外，心理学知识在信访工作中的运用更加广泛，主要是运用心理学知识妥善处理上访者心理问题。

1. 把心理咨询、心理治疗技术引入信访工作，建立心理疏导室

将心理咨询、心理治疗引入信访工作中，是信访工作的一个创新，也是建设人本信访的重要方面。心理疏导室、心理咨询室的建立，更是体现了信访部门对心理学，特别是咨询心理学的重视与信任。信访工作中心理咨询的作用在于一些存在性格偏差、人格障碍以及精神分裂的上访者通过心理咨询的技术，矫正他们的认识误区，帮助他们接受现实，共同寻找解决困境、化解矛盾的方法。而对于一些心理问题较为严重的上访者需要进一步做深入的心理治疗。

近十年里，我国各地纷纷制定了将心理咨询、心理治疗引入信访工作中的相关政策，比如，上海市闵行区检察院出台了《关于心理咨询介入检察信访工作的暂行规定》、宁夏回族自治区中宁县检察院出台了《心理咨询工作介入控告申诉接待工作暂行办法》。两地检察院完善心理咨询的制度建设，规范信访心理疏导工作。尝试运用心理咨询的方式开展特定的信访接待工作，帮助信访人疏导其心理问题，引导其通过理性合法的形式解决矛盾。

还有一些信访部门建立了心理疏导室，比如，安徽省滁州市全椒县建立信访心理疏导室。湖北省黄冈市纪委监察局信访举报中心设置信访心理健康咨询工作室。工作室选派长期从事心理健康教育、具有丰富的心理咨询实践经验的心理咨询师到市纪检监察信访举报中心受理上访群众的义务咨询，提供心理疏导。

云南省昆明市成立信访"智囊团"为信访者治疗心理创伤。昆明市建立了"信访事项复查复核与听证专家委员会"。这一专家委员会不但吸纳了人大、政协、纪委、工会、妇联、公安的专职干部，还邀请了昆明市心理咨询所及云南省、昆明市精神病院的专家。"智囊团"群策群力，对有心理疾病的信访者还可提供治疗。

　　江苏省常州市总工会设立"法律援助站"以及南京市白下区检察院设立"信访心理法律辅助站"。努力化解来访人的心理障碍，帮助他们掌握基本法律常识，引导他们以健康的心理状态进行理性的控告、申诉和举报。

　　上海检察机关在接访中注重与信访人加强心理沟通，注重运用心理咨询的方法，对信访人予以心理疏导、抚慰。为此，他们在不断完善检察人员自身心理素质的同时，加强检察信访干部的心理学知识与技能培训，并建立了一支由8名心理学咨询专家和54名心理咨询志愿者组成的咨询队伍，按区域分成8个咨询小组，分别深入全市各级检察机关，对办案人员进行相关技术指导。心理咨询专家通过参与接待、对申诉当事人进行心理状态评估，为检察官提供专业看法和建议。在工作方式上，上海检察机关探索总结出"五步模式"工作法，即通过信息收集、审查评估、心理疏导、组织实施及总结提高五个工作程序，对信访人心理状态进行判断，从而确定人性化的疏导处理方案，真正做到案结事了。①

图3　信访系统举行心理学讲座

---

　　①　林中明：《信访窗口有了心理咨询师》，《检察日报》2007年1月15日。

2. 开展信访人的心理研究，提出积极有效的疏导措施

心理学是研究人的一门科学，用心理学的方法来洞察不同人的心理需求、心理动机，从而为采用不同的疏导方法提供科学的指导。"在社会心理学看来，群体或大众（mass）虽然来源于每一个社会个体，却又以一种整体的形态存在和影响着每一个社会成员，使人以为这就是自己的观念、态度和意志，或者自己无法摆脱这种观念、态度和意志的控制。"① 因此，信访工作人员要在把握社会群体心态的同时，针对不同的信访群众采用不同的疏导方法化解矛盾，这是建设和谐信访、人本信访，完善信访疏导机制的重要环节。信访部门直接与人打交道，需要面对不同的人群。把脉不同人的心理需求，牢牢抓住矛盾特殊性的规律，采用具体问题具体分析的方法论，才是正确解决信访问题的有效途径。

开展对上访群众的信访心理的研究。例如，重庆市大渡口区将上访者分成了三种类型，即倾诉型的信访人、偏执型的信访人和复合型的信访人。黑龙江宝清县人民检察院，针对信访人的五种心理制订和谐接访新举措。探讨了信访人思想矛盾心理、情绪不满心理、说谎欺骗心理、投石问路心理。河南省西平县研究了基层信访的四种心理动机，即"青天情结心理"、"盲目攀比心理"、"争口气爱面子心理"和"侥幸获利心理"。江苏省新沂法院研究老年人涉诉信访心理成因，即一是埋怨心理；二是固执己见心理；三是"伸张正义"心理；四是寻求宣泄的心理。

制订积极有效的疏导措施。例如，江西省于都县人民法院针对信访人在涉法信访中都有心里疙瘩的现状，运用四种心理学的接访方法，即一是耐心倾听信访人的陈述，让信访人在情感上得到一种宣泄；二是用真情实感，从道德、人情感化当事人，以诚恳的帮助姿态，消除阻抗，获得当事人的认同和信任感，解除信访人的戒备心理；三是针对信访人所讲问题反复与其交谈，交谈时多用期待、鼓励性语言，语重心长的语调；四是通过说服信访人的家庭、朋友，来创造一个团体心理效应去矫正信访人的一些不良信访心理。湖北省襄阳区人大提出的信访工作的心理方法是，一要坦诚和谐；二要平等待人；三要细微观察；四要关心体贴。

---

① 陈月生：《群体性事件中的群体心态研究》，《理论与现代化》2010 年第 6 期，第 120—124 页。

浙江省宁波市鄞州区信访局注重心理疏导，化解信访积案。在日常接待过程中具体做到五点，即一是安排一个相对安静的环境；二是单独与信访人做工作；三是有真诚的态度；四是耐心地倾听信访人的诉求；五是耐心细致地对信访人进行心理安慰。

江苏省新沂法院处理老年人涉诉信访的方法，一是尊重，首先要尊重其人格，敞开心扉，多与之沟通，以满足"回归心理"和尊敬需求；二是热情，对他们要热情，一个笑脸、一张椅子、一杯开水，以缓解他们的紧张，学会耐心倾听，以诚相待；三是忍耐，首先应当自己克制忍耐，要认识到每种情绪总要经历一个发生、发展与衰退的过程，冷静耐心地倾听其陈述，耐心宣传、解释，然后教育疏导老年信访人注重身体，保持冷静；四是治疗，一些老年人表现出一些行为的偏异，性格的反常，必要的时候应当请求心理咨询师进行心理辅导和治疗。

二、信访和谐建设需要用到的心理学知识

信访和谐建设，是构建社会主义和谐社会的重要方面，是新时期解决中国信访问题的根本途径，也是每一个信访工作者矢志不渝的工作目标。信访和谐建设需要多个部门协同合作，多个学科一同提供理论支撑和实践基础。在建设信访和谐过程中引入心理学的思维方式，借鉴心理学的理论成果，运用心理学的相关知识来创造性地解决信访问题，是信访和谐工作的新趋势，也是广大信访工作者实践的新方向，更是贯彻落实以人为本的科学发展观的新亮点。

（一）人本主义心理学派"以人为中心"的心理发展观

人本是信访和谐的基本特征之一。人本的价值关怀对于信访和谐来说，就是以信访群众的利益为本、以及时回应信访群众的诉求为本、以解决信访群众的问题为本[1]。而心理学的第三大学派——人本主义学派，正是秉承"以人为中心"的心理发展观，主张每个人都有自我实现的需要，人人都渴

---

① 宋协娜：《社会主义和谐信访问题研究》，《当代世界与社会主义》2009 年第 4 期。

望自由而全面的发展。该学派重视人本的价值关怀，并提出了一整套人本价值关怀的实现途径。因此，我们可以借鉴西方人本主义关于人本价值关怀的内容，来为和谐社会的构建、人本信访的建设提供一个新观点、新途径。

1. 马斯洛的存在性认知学说和自我实现理论

马斯洛是人本主义学派的创始人，他的存在性认知学说和自我实现理论可以帮助我们解决一线信访人员怎样带着对人民群众深厚的感情做好信访工作，从而使得信访工作人员将人本信访建设作为自身工作的出发点和落脚点。也就是说，马斯洛的理论可以促使信访工作者形成建设人本信访的存在性认知，并且将和谐信访作为自我实现需要的一部分。原中央政法委书记周永康在全国信访工作会议中提出，要带着对人民群众的深厚感情扎实做好信访工作。那么如何才能使得我们的信访干部和一线的信访人员做到这一点呢？可能马斯洛的理论会给我们一个很好的解决途径。

（1）存在性认知学说。根据马斯洛的观点，"存在性认知是一种目的性的认知，是非利己的认知，是以人的主体为核心的高级认知"[①]。存在性认知的显著特征是主体对认知对象的全身心投入，通过主体的存在情境透视对象的本质，最终达到对认知的对象作出真正认识的目的。而与之相反的是匮乏性认知，"这是一种基本需要或匮乏需要，以及它们的满足和受挫观点组织起来的那种认知。"[②] 匮乏性认知就是一种利己认知。理解存在性认知可能有些困难，但从信访工作的实际来理解就相对容易了。说得简单点，存在性认知就是一个人以一种超越现实的认知方式来理解他所处的生活环境、工作环境以及人际环境。信访工作人员每天面对各种不同的来访群众，以一种怎样的方式对待群众，就是信访工作要考虑的问题。如果他们的认知方式是不稳定的，是一种匮乏性认知方式，那就可能面对不同的群众，采用不同的处理方法。例如，有些群众有轻微的偏执型性格，思想比较激进，那么信访人员在对这些群众做心理疏导的过程中，就容易产生厌烦的情绪，忘记了自身肩负的使命与责任。因此，始终把带着对人民群众的深厚感情扎实做好信访工作，作为人本信访建设中一种存在性认知根植于广大信访工作人员中。

---

① 叶浩生：《西方心理学的历史与体系》，人民教育出版社1998年版，第559页。
② ［美］马斯洛：《马斯洛人本哲学》，九州出版社2007年版，第248页。

使得每一位信访人员能够在重复的信访工作体验中，有更加丰富的感受，更加深刻的认识，而不仅仅因为熟悉的工作环境产生厌倦的情绪，失去工作的动力。

（2）自我实现理论。自我实现理论是在马斯洛的需要层次理论的基础上发展而来的。马斯洛认为人的需要因出现的先后以及强度不同，可以分为七种需要，分别为生理需要、安全需要、归属与爱的需要、自尊需要、认知需要、审美需要和自我实现的需要。自我实现的需要处在需要层次的最高端，在日常生活中很少有人能达到这个层次。自我实现的需要是一种成长性的需要，是一种高级需要。自我实现的含义是"为不断实现潜能、智能、天资，为更充分的认识、承认人的内在天性，在个人内部不断趋向统一、整合或协同动作的过程"①。自我实现理论虽然有些理想化，把人看做一个完全具有自我控制的自主人，过高地评估了人的惰性，有其不合理的地方。但是自我实现需要确实应该成为每一个社会人不断追求的最高需要层次。在人本信访的建设中，要让每一个信访人都认识到自己所从事的工作，能够满足自我实现的需要。把做人民群众满意的信访工作与信访人自我实现的需要结合起来，从而使得信访人不仅能够坚持共产主义的信仰，而且还可以有实现自我价值的人本主义信仰。也只有把共产主义的集体主义价值观同人本主义的自我实现的价值观结合起来，才能在党的思想建设中起到最大的激励效果。广大信访干部与一线信访人员需要在全心全意为人民服务的党的最高宗旨的指引下，有一点能够满足自身发展，获得自身价值实现和价值认可的"私心"。

（3）马斯洛理论的应用价值。从上述的分析可以看出，马斯洛的人本主义是以个人的主体为本的价值取向，它的发展极端是个人利己主义。但他的理论核心是关注人的发展，关注人的价值的实现。这正是弥补了我们所信仰的共产主义价值观过分压抑个人需求的不足。二者的结合，就可以达到思想工作效力的最大化。马斯洛的人本主义，可以给和谐信访建设提供思想教育上的支撑。可以塑造"带着对人民群众的深厚感情扎实做好信访工作的存在性认知的价值观"，也可以把做人民群众满意的信访工作作为每个信访

---

① 叶浩生：《西方心理学的历史与体系》，人民教育出版社 1998 年版，第 553 页。

人的自我实现需要。这些独辟蹊径的思想教育，会起到超乎想象的效果。总之，运用马斯洛的理论，需要着眼于和谐信访的人本信访建设；着眼于创新信访协调解决部门的思想工作；着眼于关怀每一个信访工作人员的实际需要。

2. 罗杰斯的来访者中心疗法

罗杰斯是人本主义学派的集大成者，他的"来访者中心疗法"在心理咨询的实践中广为运用。"来访者中心疗法强调一种'人—人'关系，而不是'帮助者—被帮助者'的关系"[1]，该疗法认为每个人总是朝着自我选择的方向行进，别人只能在过程中起到辅助作用。罗杰斯的心理治疗观重视人的自我发展，是一种发展性治疗，可以将这种治疗体系扩展到传统心理咨询以外的领域。

（1）创建温暖的"心理气氛"。在咨询的过程中，创设一种有利于咨询的"心理气氛"尤为重要。心理气氛是"一种温暖、友好、令人可以接受的气氛，以使来访者提高对被尊重的体验"[2]。信访工作也与心理咨询有相似之处，都是要面对来访者，建立这种积极的心理气氛，有助于来访者认同信访人员的调解，形成相互信任的和谐的调解、疏导局面。

（2）共情式的理解与交流。在心理咨询中，咨询师对来访者的共情的态度与理解可以从两个方面表现出来。一方面是咨询师的非言语性行为，例如身体姿势、面部表情、语气语调等；另一方面表现在咨询师与来访者的言语交流。[3] 共情式的理解就是要理解来访者言谈话语所反映的情感和认知信息。共情式的交流就是在理解来访者问题的基础上，给予最大的认可与尊重，平等地进行交流。人本信访的建设，要培养信访工作人员用共情式的理解与交流来对待来访的群众，切身体会来访群众的真实需求，以平等、尊重的态度与之交流，共同解决问题。

（3）同情式的倾听。同情式的倾听是心理咨询的主要方法。就是积极认真地倾听来访者表达出来的感受，并表示出对来访者的深切同情。许多信访部门已经认识到了倾听的重要性，提出了要耐心地倾听来访者的陈述。而

---

① 乐国安：《咨询心理学》，南开大学出版社 2008 年版，第 328—329 页。

② 叶浩生：《西方心理学的历史与体系》，人民教育出版社 1998 年版，第 575 页。

③ 乐国安：《咨询心理学》，南开大学出版社 2008 年版，第 345—346 页。

同情式倾听不仅仅是要倾听来访者的陈述，更要在倾听的过程中，表示出对来访者真诚的关怀与理解。同情式倾听不是停留在来访者语言表面的反应上，而是深入其内心深处，真正的去感受来访者的境遇。这种忘我的倾听方式可能对没有受过专业培训的普通信访人员有些困难，但这应该是每个信访人的努力方向。

（4）罗杰斯理论的应用价值。从上述的分析可以看出，罗杰斯的人本主义是要求咨询师以来访者为本的价值观，这也正是人本信访建设中，以解决信访群众的问题为本的最好诠释。将罗杰斯的人本主义应用到和谐信访建设中，正是体现了以人为本的科学发展观。我们的信访干部与一线信访人员秉持"来访者的价值观"，努力创设一种尊重与平等的心理气氛，建立以"共情式"的理解与交流为主要方法的调节疏导机制，把同情式的倾听方式作为满足群众诉求表达的意愿，深入了解来访群众真实感受的主要手段，这样才能将全心全意为人民服务的宗旨践行在群众最需要的信访工作中。

（二）认知心理学派中认知模式的转变

引导群众理性、有序地表达意愿是建立信访预警机制的关键，是完善信访调节疏导机制的目标。注重信访群众认知模式的转变可以有效地引导群众理性、有序地表达意愿，形成中国特色的信访预警机制、调节疏导机制。咨询心理学、社会心理学等心理学分支学科的相关理论成果，可以为群众理性、有序地表达意愿提供理论上的支持。

1. "理性—情绪疗法" 消除信访群众的非正常投诉心理

"理性—情绪疗法"是心理治疗理论取向之一，在20世纪60年代渐趋成形。该理论的核心思想是强调理性认知在人的生活中的作用；主要特点是人本主义倾向、教育的倾向和强调理性、认知的作用。在实际的咨询过程中，运用ABC理论框架（A代表诱发性事件；B代表对诱发性事件的认知和信念；C代表个体的情绪和行为反应或结果）来概括和解释患者的心理问题。[①]

理性—情绪疗法可以运用到和谐信访的建设中，来解决信访群众的非正

---

① 乐国安：《咨询心理学》，南开大学出版社2008年版，第290—291页。

常投诉心理。正如河南省西平县对基层信访的四种心理动机的研究表明，信访群众的"侥幸获利心理"就属于非正常的投诉心理。主要表现为有些上访群众通过上访了解政策后，知晓了自己的要求不合理，或者开始就知道自己的要求不合理，但依然向政府提出无理的要求，希望可以侥幸获利。另外，还有少数偏执型性格的群众，有多年的上访经历，已经形成了根深蒂固的非正常投诉心理，信访工作人员多次劝说也起不了效果。这些信访群众的非理性投诉心理，可以通过理性—情绪疗法来帮助他们形成理性的认知方式，从而引导他们合理地表达意愿。

2. "代表单独会谈制"消除"他人在场"的社会影响

在社会心理学的研究中，"社会影响是一种普遍的社会心理现象，是指在他人的作用下，引起个体的思想、情绪和行为的变化。"其中，"他人在场"是一种比较重要的社会影响，含义是"在一个人从事某项活动的时候，如果有其他人在场，他就会感到一种刺激，这种刺激会促使或抑制他的活动的完成"。所以，"他人在场"能起到社会的促进作用，也能起到社会的抑制作用。[1] 在信访工作中，群体上访的情况经常发生，而"他人在场"的心理效应往往会激化矛盾，导致群众不理性、不合理的表达意愿，引发群体冲突，产生恶劣的社会影响。而消除"他人在场"的方法之一是采用"代表单独会谈制"。其含义就是无论来访多少群众，仅仅让一个或几个人作为这个群体的代表，单独反映问题。这样就隔离了"他人在场"的产生条件，也减轻了调节疏导工作的压力。

（三）积极心理学的"心理干预"措施

"相信我，就找我，不用再到处上访"这是上海市徐汇区的一位信访干部经常说的一句话。虽然仅仅是简单的一句承诺，但却会给信访群众一种受到尊重的感觉。这就是积极心理学的力量。

积极心理学是心理学的一个全新领域，是以健康的人为研究对象，主要研究一些积极、阳光的内容，例如，如何获得积极主观体验、积极人格特质，如何协调人群与社会环境关系以及怎样建立一种积极乐观的思维方式

---

[1] 乐国安：《社会心理学》，南开大学出版社 2003 年版，第 291 页。

等。也就是说，积极心理学主张研究人类积极的品质，充分挖掘人固有的潜在的具有建设性的力量，促进个人和社会的发展，使人类走向幸福。

积极心理学在基层信访工作中的运用主要有两个方面：一是对一些消极心理很强的信访群众进行适当的"心理干预"。对一些消极悲观的信访群众，运用积极心理学的主要目的是缓解他们过激的情绪，消除他们对政府的误解，劝阻他们停止煽动群众的行为，从而帮助他们重新坚定对社会主义现代化建设的信心，坚定对政府有能力解决他们问题的信心。当然，仅仅有口头上的承诺也是不够的，最根本的还是政府竭尽全力解决群众反映的问题，真正践行为人民服务的宗旨。二是帮助信访工作人员获得一种积极乐观的思维方式。积极心理学更重要的作用应该是帮助一线信访工作人员掌握积极心理学的知识，并能运用其缓解生活、工作中的委屈和压力。也只有信访工作人员拥有一个积极乐观的心态，他们才可以将自己的心得传递出去，才能尽其所能帮助群众解决问题。也只有这样，接访人员才可能用积极心理学开展心理干预，提高带着对人民群众的感情做好信访工作的能力。

（四）埃里克森精神分析理论的"自居作用"

榜样的力量是巨大的，这是每个人都明白的道理。而它所具有的心理学意义也是非常明显的。抓典型、树标杆是和谐信访建设应该常抓不放的工作，而塑造信访精神，则应该作为和谐信访建设更高级的奋斗目标。如果从心理学的角度入手来研究信访问题中榜样的力量，可以把埃里克森关于"自居作用"的观点作为塑造信访精神的理论支撑。

1. "自居作用"的理论阐释

"自居作用"起初是埃里克森在他的心理发展"八阶段理论"中提出的。其含义是"男女儿童逐渐从异性同伴中找到了代替自己异性父母的对象，使俄底普斯情结在发展中获得最终的解决"①，也就是儿童随着年龄的增长，开始转变对异性父母的依恋，并以异性同伴作为自己值得信赖的交往对象。而在人的心理发展过程中，"自居作用"的对象不断地发展，范围也不断地扩大，从同龄的异性伙伴，扩大到身边的朋友、亲属、老师，甚至是

---

① 林崇德：《发展心理学》，人民教育出版社 1995 年版，第 36 页。

成功人士。人们会不自觉地以这些人自居，愿意模仿他们的行为，接受他们的思想，甚至听从他们的命令。

2."自居作用"在信访工作中的运用

抓典型、树标杆都是为了让我们的信访工作人员以典型、标杆自居，从而在工作中学习他们的先进事迹，提高自己对为人民服务宗旨的认识，这具有积极而深远的意义。党中央国务院高度重视在和谐信访建设中涌现出的优秀信访人，并宣传他们的先进事迹。树立了张云泉、潘作良等一批先进信访人作为广大信访工作人员的榜样。他们的先进事迹感人至深。一个个楷模的树立，也正是塑造信访精神的主要途径。

然而，老百姓不信任、不相信地方的某些信访干部的现象经常发生。从心理学的角度看，这是一个"自居作用的悖论"，即尽管党中央广泛宣传信访先进事迹，这一个个优秀的信访人深入人心，老百姓为他们叫好，各地方的信访工作人员努力以他们为学习的对象。但是事实不容否定，各地的信访工作人员的工作态度不及那些优秀的信访人。而老百姓来访，却强烈希望自己能够遇到像张云泉局长那样对人民群众有深厚感情的信访人。这之间就产生了一个悖论，虽然我们在广泛宣传信访的先进事迹，但老百姓反而越来越不相信当地的信访部门，甚至产生了越级上访，激化了信访部门与信访群众之间的矛盾。

塑造信访精神，不能只有几个中央树立的典型、标杆，而是各个地方、各个基层信访部门都要努力打造自己部门的优秀信访人。这样才既可以方便老百姓找到能为他们解决问题的"贴心人"，又可以让基层信访人员更好地以身边的榜样自居，不会产生遥不可及的感觉。在树立典型、促使信访人形成"自居作用"的过程中，要按照科学的方法，努力获得最大的效果。

信访精神的塑造不仅仅是要让广大信访干部、一线信访工作人员感受到它的强大力量，更要努力让信访精神深入到每一位老百姓的心中。可以毫不夸张地说，取得老百姓的信任是金子般的真理。如果老百姓都像相信张云泉局长那样，信任每一个信访工作人员。那么，和谐信访建设、信访精神的塑造就达到了它的预期。

总之，运用自我心理学的相关知识，去解决信访工作中的典型树立的问题，是站在了关注人民群众和广大基层信访人员实际需要的高度，是人本信访建设中新的理论创新，是塑造信访精神的重要理论依托。

三、信访和谐建设中的心理学运用误区

纵观各地信访工作的心理学运用，确实起到了立竿见影的效果，一些传统方法很难解决的问题，在心理学的帮助下，有了新的突破。各地也越来越重视心理学在和谐信访建设中的作用。但是，有些心理学知识的运用却偏离了信访工作的主题，甚至有点违背了心理学的学科基本原则。

（一）信访调解中夸大了心理咨询的作用

心理咨询是最早被引入信访工作中的，经过几年的实践，已经有了一个基本的工作思路，的确解决了一些诸如人格障碍、精神分裂等上访人员的问题，逐渐体现了它在和谐信访建设中的价值。但是，心理咨询是一个高风险的工作，也是一个非常严肃的工作。它不但与人的心理健康有极高的相关，而且甚至关系到人的生命安全。所以在心理咨询过程中，要严格遵守心理咨询的原则，绝不可越雷池半步。信访工作引入心理咨询，既是工作实践中的创新，也具有极大的风险性。就目前的情况看，主要表现为三大运用误区：

1. 有悖"来者不拒，去者不追"的心理咨询原则

"来者不拒，去者不追"的咨询原则明确了咨访关系。就是说，心理咨询师既不能拒绝每一个来访者，更不能对想要离开的来访者进行挽留。也可以称做"来访者自愿"原则。这是心理咨询开展的前提和基础。但在信访工作中的心理咨询却没有完全遵守这一原则。有些确实存在心理缺陷的信访群众并不是主动希望咨询的，而是在信访工作人员的多次劝说下，才抱着试试看的心态去做咨询。

2. 对情绪激动信访群众，过度使用心理咨询或心理治疗手段

心理咨询在信访工作中的运用，大部分都是对存在心理问题的信访群众进行心理干预。有些存在偏执型人格、精神分裂问题等的信访群众在心理治疗后，不但心理问题得到了缓解，而且也不再进行缠访、闹访等不良行为。但不容否定的是，现在更多的信访工作人员在多次调解无果的情况下，就认

为来访群众存在心理问题，并提出让其尝试心理咨询，更有甚者强制不愿接受咨询的群众，进行精神分裂的诊断。这会产生一些消极的影响。首先，就是无视信访群众的基本权利，严重制约了和谐信访、人本信访的建设；其次，夸大心理学的作用，没有很好的带着对人民群众的深厚感情做好信访工作；最后，对于本身没有心理问题的信访群众进行心理咨询，会让他们更加气愤，甚至激化了他们与政府之间的矛盾。

3. 心理咨询制度尚不健全，缺乏制度保障

心理咨询在和谐信访工作中所起到的作用不能否认，并且更应该在今后的和谐信访建设中加大对心理咨询的应用。但是，如果没有制度上的保障，很多工作的开展有太多的困难。健全适合信访工作的心理咨询制度，需要注意以下几个方面：①建立心理咨询与信访工作结合的长效机制。要建立以心理咨询的社会组织为主体的信访心理矛盾化解机制，将有心理学背景的工作人员补充到基层信访工作中。②要明确信访群众接受心理咨询的条件。在坚持心理咨询基本原则的前提下，明确一些具体的问题，比如什么样的信访人群需要接受心理咨询，以及精神问题的诊断分析等。③坚持信访工作中心理咨询的公益性与有偿性结合的原则。面对确实存在心理问题的信访群众，政府有责任帮助他们解决问题，比如给他们提供心理咨询服务、精神问题的诊断分析等，充分发挥心理咨询的公益性质。特别是一些心理咨询师、精神分析师应多参加由政府组织的这样的公益性活动。但必须要坚持有偿性的原则，可以适当的降低每次咨询、诊断的费用。

（二）缺乏对接访人员心理能力提高的关注

接访人员的心理能力，包括接访人员面对信访群众时创造和谐的"心理气氛"的能力，合理控制情绪、正确表达情感的能力，有效的同情式倾听并给出建设性反馈的能力；接访结束后缓解心理压力的能力；以及把信访工作与自己生活分开的能力。接访人员心理能力的提高，不仅可以提高接访的效率、质量，而且可以提高人民群众对信访工作的满意度，增强对党和政府的信心，从而进一步提升信访队伍的凝聚力、战斗力，最终促进和谐信访、人本信访的建设。但是，现阶段各级信访部门在运用心理学的过程中，仅仅重视信访群众的心理问题，而相对忽略一线信访人员心理能力的提高。

基层信访人员每天需要面对各种来访群众，解决各种问题。他们不但要认真倾听群众反映的问题，而且还需要设身处地地站在群众的角度，去理解他们的感受，帮他们想办法、出主意。随着信访数量的增长，信访人员需要处理的问题日趋复杂。往往有很多问题不是短时间就可以解决，这些长期的积案就像压在信访人员心里的石头，很难搬走。因此，提高接访人员的心理能力，是一个紧迫而长期的工作。这也是心理学在和谐信访建设中最有价值的运用。

（三）缺乏对信访一线工作人员的激励机制

在信访工作中，一个很严重的问题是，长期在信访一线工作的信访人员存在职业倦怠现象。一般而言，由于信访部门人员专业素质缺乏，一些案件像滚雪球一样越来越大、越来越升级、越来越难办、解决成本越来越高。而信访部门人员流动率低。在信访局一个职位上干了十几、二十几年的大有人在，未来职业升迁可能性很小。因此，信访部门工作人员职业倦怠感较强，相当部分工作人员对工作感到身心疲惫，不再有工作激情。因此，要针对如上问题采取有效措施，打造优秀的信访工作人员队伍。首先，针对信访工作人员专业素质问题，改善人员选拔与培训工作。收集民意与解决冲突是高度专业性的工作。信访工作人员要有专业的法律知识（这种专业性还包括专业地对法律进行解释与适用的方法），以及尊重法律的职业习惯与道德，还要对公共政策与政府行为有充分的理解与认知，同时最好还要有专业社会工作技巧，改善现有人力资源结构。其次，加大信访部门工作人员的流动性和重用。已有的信访部门工作人员如果工作成效显著，要优先提拔到其他相应部门；其他部门工作人员，尤其是领导干部，也应该先到信访局工作，有在信访部门工作的经验才可以在其他部门任职。目前，广东省在副厅级以上干部中实行信访督察专员制度，这一做法可以扩大到科级以上干部。建议这一经验可以在信访系统推广。

四、信访和谐建设的心理学思考

心理学在信访和谐建设中的运用虽然取得了初步的成果，得到了信访部门和各级信访工作者的认可，但是其主要的运用仅仅局限在实践层面，仅仅是为了解决当前遇到的问题，而从信访问题的复杂性可以看出，要想解决信访问题，实现信访的和谐，就需要在此前积累的研究成果和实践经验的基础上融合多个心理学科的研究内容、研究方法，更加深入地剖析信访问题产生的深层次原因以及解决的最佳策略，从而使心理学在信访和谐建设中的运用提升到理论的高度。今后需要从政治心理学、社会心理学、文化心理学、咨询心理学多角度来分析信访问题，提高信访和谐的"巧能力"。

（一）从政治心理学视角研究信访心理的发展与演变

法国著名的社会心理学家古斯塔夫·勒庞于 1895 年出版了他的经典名著《乌合之众——大众心理研究》。弗洛伊德曾经评价，"勒庞的《大众心理研究》是一本当之无愧的名著，他极为精致地描述了集体心态"①。勒庞通过经验观察描述了不同特质的群体心理的一般特征。这些具有经典意义的结论和规律同样适用于群众上访中无组织的大众心理。勒庞认为，"聚集成群的人，他们的感情和思想全都转到一个方向，他们的个性消失了，形成了一种集体心理。它无疑是暂时的，然而它却表现出了一些非常明确的特点……它形成了一种独特的存在，受群体精神统一律的支配②"。这种群体心理学规律主要表现在：第一是从众心理。从众是指个人的观念和行为由于群体的引导或压力，而向与多数人相一致的方向变化的现象。在人群密集的场合，个体因缺乏足够的信息和恰当的引导，会在不知不觉中出现和多数人一样的知觉和判断，人们变得敏感起来，产生感情冲动和狂热情绪。从众心理的倾向造成了一些重要的后果，比如教条主义、专横、人多势众不可战胜的感觉，用勒庞的话说，就是"群体只知道简单而极端的感情：提供给他们的各种意见、想法和信念，他们或者全盘接受，或者一概拒绝，将其视为绝对真理或者绝对谬误"③。第二是免责心理。约束个人的道德和社会机制在狂热的群体中失去了效力。法不责众是几千年来沉淀在人们心中的一种深

---

① Sigmund Freud, Group Psychology and the Analysis of Ego, New York, Liver-right, 1940.
② ［法］古斯塔夫·勒庞：《乌合之众——大众心理研究》，中央编译出版社 2004 年版，第 12 页。
③ ［法］古斯塔夫·勒庞：《乌合之众——大众心理研究》，中央编译出版社 2004 年版，第 36 页。

层心理，也是集体上访中暴力行为的心理支撑，在人多量大的氛围中，暗藏的变异心态、压抑的生理冲动、积蓄的心灵愤懑和攻击性的破坏力量都会在免于处罚和不负责任的幽暗心理支配下爆发出来。他们都坚信，当局不可能对付成百上千的人，而且即使出了事，后果也由大家来承担，分摊到每个人身上的责任小得多，因此在行动中无所顾忌，任意妄为。正如勒庞所言，"孤立的个人很清楚，在孤身一人时，他不能焚烧宫殿或洗劫商店，即使受到这样的诱惑，他也很容易抵制这种诱惑。但是在成为群体中一员时，他就会意识到人数赋予他的力量，这足以让他生出杀人劫掠的念头，并且会屈从于这种诱惑。"① 第三是匿名心理。从以个体责任为基础的法制立场上说，参与集体上访的个体在群体中消失了个人利益和目标，个体就会变成"无名氏"，而法律对无名氏是不起作用的，因此，一些人所以作出越轨行为，就是觉得自己是个匿名者，外人不识自己的庐山真面目，没有人会去告发自己，因此不会受到法律惩处。

信访问题不仅是因为政治制度本身的不足所造成的，往往还受人们对政治事件的不同态度、不同的认知风格等政治心理的因素影响。研究中国的信访问题，不能缺少从政治心理学的角度去理解和分析。可以借用政治心理学的研究成果及研究方法，去考虑信访问题发生的政治心理的原因。

结合当前政治心理学研究的方向，可以从三个方面来研究中国民众的信访政治心理。第一，研究信访群众和信访工作人员的政治认知。政治认知是当前政治心理学研究的热点和核心②。当个体的心理诉求转化为具体的政治行动，必然对政治过程产生积极的或者消极的影响③。研究信访群众的政治认知对信访行为的发生所产生的积极和消极的影响，对于解决当前信访问题的困境有一定的帮助，研究信访工作人员的政治认知，可以提高调解疏导的成功率和效率。政治行为中的非理性推理，也是研究政治认知的重要方面。当人们依照政治行为的后果而作出推论时，人们会采用非理性推理的过程来进行。第二，就是基于群体性上访行为发生的政治心理的思考，也应该成为

① ［法］古斯塔夫·勒庞：《乌合之众——大众心理研究》，中央编译出版社2004年版，第23页。
② 季乃礼：《政治心理学发展中需要澄清的几点问题》，《湖南大学学报》（社会科学版）2009年第23期。
③ 吴先超：《政治心理学视野下的群体行为研究范式》，《学术论坛理论》2009年第5期。

今后研究信访问题的一个方向。当弱势群体的利益受到损害或忽视时,他们就会产生相对的被剥夺感和利益丧失感。基于这种严重的利益丧失感,他们就会产生一种利益对立的心态,不满和对抗情绪就以群体性事件的形式表现出来①。第三,研究一些特殊的上访政治心理。诸如,"民众参政心理"、"政治不服现象"等的研究,可以为解决信访问题提供一定的理论指导。从更为广义的角度去考虑,如何增加群众对信访部门、信访工作人员的政治认同感,如何建立信访部门在群众中正面、积极的形象,消除不信任感,也是未来政治心理学在信访和谐建设中重要的研究方向。

(二)从社会心理学的视角分析,社会心态的改变对信访和谐建设的考验

现阶段,中国正处在加速转型的过程中,社会冲突加剧,社会矛盾不断激化,上访事件的频发更是反映了转型期社会心理产生的许多问题。社会心态是指一定社会环境条件下社会成员对社会生活现状的心理感受和情绪反映,具有显著的大众性和弥漫性。社会心态是影响社会发展的重要心理资源与条件。社会心态不仅能够折射出社会变迁过程中的各种社会问题,也是了解社情民意、社会热点和社会情绪的重要方面②。社会心态的改变是处在社会转型期的中国需要面对的社会心理问题。应该借助社会心态的重构理论,审视上访群众社会心态改变的心理动因以及解决之道。

1. "人缘心态"向"法治心态"的转化,是信访问题凸显的心理动因

在社会转型期与矛盾凸显期,一些社会心态问题需要特别关注,相对于较大的民众生活压力,社会支持却表现得相对不足。一方面,居民的安全感、幸福感较低;另一方面,又存在对社会性风险认识不足的问题,尤其是社会阶层较低的民众缺乏积极应对危机与风险的有效方式,以及阶层自我认同偏低,"出现了较大比例的'底层认同'的现象"③。中国正处在建设法治国家的关键时期,而这个时期正是国民心态由"人缘心态"向"法治心态"

---

① 郭慧珍:《对引发群体性事件发生的政治心理学分析》,《成都理工大学学报》(社会科学版)2009 年第 17 期。

② 李有发:《我国社会心态的变化趋向及其相关问题》,《兰州学刊》2009 年第 12 期。

③ 常兴华:《加强和创新社会管理面临的新问题》,《经济要参》2012 年第 20 期,第 3—16 页。

的转化期。正如何云峰所说，人治社会向法治社会的转变，需要心理上的呼应，亦即从"人缘心态"转向"法治心态"①。"人缘心态"的形成不仅是两千多年封建专制思想的余孽，而且还深受儒家仁爱思想的影响。中国民众长期生活在"权大于法"的社会里，这也是"人缘心态"形成的温床。随着改革开放的推进，法治观念逐渐深入人心，人们开始运用法律的武器维护自身的合法权益，"法治心态"由此形成。广大群众法治意识的增强与我国法律制度的不完善之间矛盾的激荡，使得信访问题凸显。这一矛盾也推动着民众的心态由"人缘心态"向"法治心态"的转化，所以应该更多地去研究社会心理中"法治心态"形成的诸多问题，以及如何运用心理学的方式方法处理心态转化过程中心理适应等问题，从而找到影响信访问题凸显的心理动因。

目前，"公、检、法"部门在面对信访事项处置中也开始重视心理方面的工作。上海检察机关在接访中注重与信访人加强心理沟通，注重运用心理咨询的方法，对信访人予以心理疏导、抚慰。为此，他们在不断完善检察人员自身心理素质的同时，加强检察信访干部的心理学知识与技能培训，并建立了一支由8名心理学咨询专家和54名心理咨询志愿者组成的咨询队伍，按区域分成8个咨询小组，分别深入全市各级检察机关，对办案人员进行相关技术指导。心理咨询专家通过参与接待、对申诉当事人进行心理状态评估，为检察官提供专业看法和建议。在工作方式上，上海检察机关探索总结出"五步模式"工作法，即通过信息收集、审查评估、心理疏导、组织实施及总结提高五个工作程序，对信访人心理状态进行判断，从而确定人性化的疏导处理方案，真正做到案结事了。该市各基层检察机关在实践中还分别作了有益、深入的探索：静安、宝山、金山等区检察院根据来访人不同特点及时调整接访环境，还针对重大信访案件实行心理学专家专案研讨、旁听接待等制度，因人而异地开展信访心理疏导、化解工作，取得很好效果。

2. 信访预警系统的建立，需发挥社会心态的预警功能

当前，社会心态深刻变化引发一系列矛盾和问题，一是价值观念冲突和

---

① 何云峰、李静、冯显诚：《中国人的心态历程》，科学出版社2003年版，第218页。

社会价值失范；二是社会心态多元化且脆弱性趋强。三是社会心理失衡日趋突出。各种失衡的社会心理在社会泄愤事件中表现得最为集中和充分。一个很重要的原因是长期的心理失衡为事件爆发、事态扩大提供了土壤。从社会心态的变化趋势来看，虽然社会心态中的非理性因素在逐渐减少，理性因素在逐渐增多，但对社会公平的心理预期则明显增强①。这无疑是一个应该引起高度重视的信号。

信访和谐的建设，需要发挥信访预警的作用。所谓信访预警，就是通过政府主导、社会参与，建立起一种基础性的信访问题监测预防机制，进而化解各种社会矛盾、风险与冲突。应该从信访的角度，用科学的统计方法来对社会矛盾、信访问题的产生发展作一个系统的预测。而社会心态一旦形成，就会对人们的精神生活和社会行为产生能动作用，及时准确地了解社情民意，把握并处理好各种社会预警信号，是保证社会稳定与协调发展的必要条件②。信访预警机制的建设，应该把社会心态的改变作为一个量化的考核指标。将当下国民普遍存在的社会心态危险指数纳入信访预警的协调系统，进而从社会心理的角度来预警信访发生的等级。同时，也要探索新的心理调适和价值整合的办法，如要加强反腐败、反贿赂，规范公务员的工资制度；注意社会发展中利益曲线下降群体的社会心态变化；要特别加强对青少年和大学生社会心态变化的引导工作；尤其要注重社情民意和群众舆论的调查与研究。③

3. 正确引导社会心理障碍，建立疏导不良情绪的社会安全阀机制

社会心理障碍，是指由于心理活动的变化与环境压力的积淀致使应付现实的传统模式被破坏而造成的紧张、烦恼、压抑甚至恐惧等社会心理状态。如果社会心理障碍长期得不到及时的解决，没有正确的宣泄途径，就会引发如群体性事件等诸多社会问题。群众选择参加群体性事件，是长期对政府形成的负面态度的爆发④。所以在和谐的信访形成时，信访部门就应该成为引

---

① 常兴华：《加强和创新社会管理面临的新问题》，《经济要参》2012年第20期，第3—16页。

② 王家忠：《人性·社会·心灵——社会潜意识研究》，山东人民出版社2006年版，第93、97页。

③ 李培林：《建设和谐社会应注意社会心态的变化》，《中国党政干部论坛》2005年第9期，第23—26页。

④ 颜珂、胡丹丹：《群体性事件心理学分析》，《法治与社会》2009年第5期。

导公众理性有序表达的重要部门，进而消除上访群众对政府的消极态度。当前阶段要在研究社会心理障碍产生原因的基础上，建立起一个以社区为依托、以社会"第三部门"为主要力量的引导群众理性有序表达意愿的社会安全阀机制。通过这个社会安全阀机制，来及时疏导社会的不良情绪，化解社会矛盾，维护社会的稳定。

[链接] 宁波市心理协会理事、奉化安康医院心理咨询师王久树："有的群众多次上访无果后，情绪容易激动，心里憋着一股气。我的主要工作是化解他们心中的这股气。"王久树已5次参加大接访活动，两次上门与信访人面对面交换看法，稳定其情绪，并从医师角度、群众角度提供多个解决信访问题的方案。之后，王久树能够明显感觉到他们的态度比第一次要心平气和了："能够主动和我交流生活上、工作上的困难，这为以后化解矛盾打下了良好的基础。"一位上访者深有体会地说，问题一旦拖下来，心里会更着急，心态也难免不平衡。和心理咨询师进行一番交谈后，心里舒服多了。

（三）从文化心理学视角探究信访文化对群众信访心理的影响

文化心理学应致力于理解特定文化环境对心理行为方式的意义，寻找其深层的社会历史文化根源[①]。在信访这个特定的文化环境中，探究信访文化背后深层次的心理行为方式，是文化心理学在信访和谐建设中运用的价值所在。中国的信访文化由来已久，主要表现在信访群众的闹事文化、清官文化、上访文化，信访部门和官员的"管、制"文化、"堵、截"文化。这些信访文化会潜移默化地影响信访群众以及信访工作者的行为及处事观。因此，从文化心理学的视角，研究建立怎样的新型信访文化可以引导信访群众理性有序地表达意愿，获得心理上的适应感与较高的满意感；研究塑造怎样的信访精神以激励广大信访工作者带着深厚的感情做好信访工作，以及研究信访文化的演变对信访心理、信访行为的形成具有何种影响。

---

① 田浩、葛鲁嘉：《文化心理学的启示意义及其发展趋势》，《心理科学》2005年第28期。

（四）从咨询心理学视角入手，注重心理疏导机制建设及人文关怀

1. 消解心理咨询在信访工作中运用的误区，不断完善来访者的心理疏导机制

心理咨询是一个高风险的工作，也是一个非常严肃的工作。它不但与人的心理健康有极高的相关，而且甚至关系到人的生命安全。所以在心理咨询过程中，要严格遵守心理咨询的每一个原则，绝不可越雷池半步。信访工作引入心理咨询，既是工作实践中的创新，也具有极大的风险性。就目前的情况看，主要有以下两点不足之处：第一，违背了心理咨询的基本原则。在心理咨询中，无论是在咨访关系确立的时候，还是咨询过程之中，以及咨访关系的打破、中止或结束，都不应该存在任何意义上的强制。首先是"来者不拒，去者不追"原则。"来者不拒，去者不追"的原则明确了咨—访关系。就是说，心理咨询师既不能拒绝每一个来访者，更不能对想要离开的来访者进行挽留。也可以称作"来访者自愿"原则。这是心理咨询开展的前提和基础。但在信访工作中的心理咨询却没有完全遵守这一原则。有些确实存在心理缺陷的信访群众并不是主动希望咨询的，而是在信访工作人员的多次劝说下，才抱着试试看的心态去做咨询。其次就是"有偿咨询"的原则。"有偿咨询"的原则是说在来访者自愿咨询的前提下，必须在"初诊接待"中就资费问题达成明确的协议。如果不遵循这一原则，不仅会严重影响心理咨询的效果，更重要的是还很难区分以上访的名义免费咨询的人群。第二，对感情极端的信访群众，过分依赖心理学的方法。心理咨询在信访工作中的运用，大部分都是对存在心理问题的信访群众进行心理干预。有些存在偏执型人格、精神分裂等问题的信访群众在心理治疗后，心理问题得到了缓解，也不再出现缠访、闹访。但不容否定的是，现在更多的信访工作人员在多次调解无果的情况下，就认为来访群众存在心理问题，并提出让其尝试心理咨询，更有甚者，强制不愿接受咨询的群众进行精神分裂的诊断。这会产生一些消极的影响：无视信访群众的基本权利；夸大心理学的作用；对于本身没有心理问题的信访群众，会让他们更加气愤，甚至激化了他们与政府之间的矛盾。因此，对心理疏导方法的应用要有原则和章法，一切作为的出发点和落脚点都要服从服务于群众工作的需要。

图4 石家庄市举行心理咨询公益活动

2. 建立健全适合信访工作的心理疏导机制

心理咨询在信访和谐工作中所起到的作用不能否认，并且在今后的信访和谐建设中心理咨询应该发挥更大的应用。但是，如果没有制度上的保障，很多工作的开展有太多的困难。建立健全适合信访工作的心理咨询制度，需要注意以下几个方面：第一，建立心理咨询与信访工作结合的长效机制。要建立以心理咨询的社会组织为主体的信访心理矛盾化解机制；将有心理学背景的工作人员补充到基层信访工作中。第二，要明确信访群众接受心理咨询的条件。在坚持心理咨询基本原则的前提下，明确一些具体的问题，比如什么样的信访人群需要接受心理咨询，以及精神问题的诊断分析等。第三，坚持信访工作中心理咨询的公益性与有偿性结合的原则。面对确实存在心理问题的信访群众，政府有责任帮助他们解决问题，比如给他们提供心理咨询服务，精神问题的诊断分析等，充分发挥心理咨询的公益性质。心理咨询师应该遵守的原则是什么呢？首先要以双方自愿为原则，然后对来访者提供的信息进行保密。心理咨询师、精神分析师参加由政府组织的这样的公益性活动，要适当坚持有偿性原则，可以适当地降低每次咨询、诊断的费用，否则就不是真正意义上的心理咨询，不会起到应有的效用。2008 年，北京市顺义区人民检察院检察长、中国政法大学兼职教授窦秀英在《法学杂志》上发表了题为《论检察信访之心理疏导机制》一文，文中着重给出了检察心理疏导的政策依据、法律依据以及基本原则，并且较为准确地确定了在检察信访中心理疏导的对象主要是那些患有轻度心理障碍的老访、缠访和闹访人员等，以及结合检察信访的实际，提出了检察信访的一些具体的疏导措施和配套措施①。

（五）研究来访者的信访动机，采用不同的疏导调节方法

信访动机，指信访者实现信访需要的内在驱动力，当信访动机转化为检举、控告和申诉的行为时，便形成信访行动②。研究来访者的信访动机可以有助于信访工作人员针对不同的来访者，采用不同的疏导调节方法，从而提高接访工作的科学性。国内的很多信访工作研究人员展开了对来访者信访动机的研究。2002 年，沈阳市公安局的张曙光在《浅析上访人员的多种心理现象》一文中，将上访者的信访动机分为三种类型，即合理型动机、中间型动机和非理型动机③。2003 年，济南军区司令部直工部纪检处处长李君清提出七种来访者不同的信访动机，分别为经济、物质动机；精神、感情动机；名誉、地位动机；自己权益动机；工作事业动机；社会责任动机；畸型心理动机。李君清认为，应该因人而异做好不同类型信访人的心理调节，分别对责任意识型、投石问路型等八类来访者提出了相应的调节方式。2009 年，单忠华在《冶金企业文化》中发表了题为《在信访工作中运用心理分析的尝试》，根据其多年的接访经验对来访者的信访动机进行了分类，即通情达理型、情绪激动型、从众心理型和神智障碍型④。2009 年，《长沙铁道

---

①　窦秀英：《论检察信访之心理疏导机制》，《法学杂志》2008 年第 3 期。

②　李君清、李翠华：《纪检信访工作中的心理调节》，《山东省青年管理干部学院学报》2003 年第 1 期。

③　张曙光：《浅析上访人员的多种心理现象》，《公安工作研究》2002 年第 3 期。

④　单忠华：《在信访工作中运用心理分析的尝试》，《冶金企业文化》2009 年第 4 期。

学院学报》登载了题为《心理学在信访工作中的应用》的文章，对信访动机作了进一步的分析，利益驱动是推动信访行为形成的强大动力，亲和动机则促使上访者从众行为的产生①。2009 年 8 月，中共江西省委党校的张清娥副教授在《求是》杂志发表了题为《信访工作的社会心理学分析》的文章，从社会心理学的角度分析了上访者不同的心理状态，主要存在怀疑心理、偏执心理、依赖心理、焦虑心理和侥幸心理，并且也提出了一些较为明确的应对策略②。

　　这些研究的形成有力地促进了心理学在信访和谐建设中的运用，并使得心理学逐步得到了信访部门，特别是一线信访工作人员的认可，许多一线的信访工作者开始尝试运用心理学的思维方式解决一些棘手的信访问题，开始针对不同来访人的信访心理，采用灵活、科学的调节方法，既做到了让人民群众满意，又保证了人民群众的基本权益受到最少的侵害。

　　总之，心理学在信访和谐建设中的运用，建立在对社会心态发展趋势的总体把握上。社会心态是反映特定环境中人们的某种利益或要求并对社会生活有广泛影响的思想趋势或倾向，它揭示的是特定社会中人们的心理状态。国家"十二五"规划纲要明确提出要培育和引导社会心态。把培育社会心态写进五年规划，这还是首次，由此可见，认识目前社会心态的变化和演变趋势，无论对加强社会管理，还是对实现经济社会的稳步发展，都是尤为重要的③。

---

①　江晨、周斌：《心理学在信访工作中的应用》，《长沙铁道学院学报》2009 年第 10 期。

②　张清娥：《信访工作的社会心理学分析》，《求是》2009 年第 8 期。

③　常兴华：《加强和创新社会管理面临的新问题》，《经济要参》2012 年第 20 期，第 3—16 页。

第 九 章

信访和谐建设之构想——研究对策与建议

解决信访问题是党的群众工作和社会工作的主要内容，是构建和谐社会的基础性工作。信访要和谐，必须贯彻和谐理念，从导向、理念、操作、规范、技术等层面对信访工作进行设计，形成完整的推动信访和谐的工作架构，使信访工作成为一个内部结构完善、外部开放包容、总体运转流畅的社会治理体系，最大限度地减少社会不和谐因素，最大限度地增强社会发展的和谐因素。必须在整体上形成常规的统一标准，通过常态的规范和落实机制来实现信访和谐。当前工作重点应该转向以规制管理者为主导，建立基层、基础和基本的、日常的、正常的工作规程和秩序，提高管理和服务水平，减少人为和政治方式干预，充分利用信访信息网络体系的科学化运行，结合社会组织能力和法律手段，实现群众利益维护与共建和谐的理想目标。

一、突出"五个重点"的导向

1. 把信访和谐作为信访工作建设的重点

信访和谐并非空想，信访由不和谐到和谐是群众工作统领信访工作、共建和谐社会的过程。讲团结，建和谐，就要立足信访法治化建设方向，正确处理人民内部矛盾；信访的一切工作布局都要以畅通信访渠道，解决群众困难，形成良好秩序为出发点。

2. 把信访和谐作为创新社会管理的重点

通过民生、民主、民意、民智的高扬，注重在信访工作中保护公民权利，关心公民实惠，听从群众意见，汲取群众智慧，实现党群、干群关系的好转，使信访问题能及时得到预警，在萌芽状态得到化解。

3. 把信访和谐作为和谐社会发展的重点

通过信访和谐在推动社会政策、社会组织、社会救济和保障、社会管理与服务等各个方面具体建设中的积极作用，发挥和谐信访治理社会"未病"的作用，使和谐信访成为和谐社会建设的重要手段和组成部分。

4. 要把县级信访和谐作为基层政府职能转变的重点

要把信访真正当作党和政府的重要工作来抓，在基层建设大信访格局，通过提升信访工作制度化、规范化、法治化水平，提升基层政府群众工作的科学化水平。一些地方政府在树立科学发展观、构建和谐社会等新意识形态的鼓动以及通过制度创新以提升自身政绩的双重激励之下，挖掘现有制度资源，整合现有体制力量，运用新的理念和话语，已经推出一些新的信访治理模式，譬如官员下访制度、重大疑难信访案件听证制度、解决信访突出问题及群体性事件联席会议、社区信访代理制度、培育大信访格局、人大政府联合接防制度以及公安部门的大接防制度等，都是值得借鉴的经验。

5. 把"转换"作为解决信访这个复杂问题的重点

解决信访这个复杂问题需要"转换桥"。以"转换"方式解决矛盾问题，就是要变换问题的目标或条件，把对立的目标或使对立的系统转换为相容的系统，使目标得以实现。设置"转换桥"，利用"转换桥"这一工具可以解决很多对立的问题。信访工作标准化可视为解决信访这个复杂问题中的"转换桥"，通过群众主体价值目标和标准的规范，运用多元化、网络化、综合化、便捷化载体和平台，使信访工作转换成群众工作和社会工作的组成部分和基础性工作。

信访工作标准化是优化和统一秩序的体系。它促使其根据现实政策法律基础、信访工作基础、体制机制基础、群众思想基础状况，吸收整合目前的信访实践经验，扩展信访工作的内涵和外延，由中间环节的办信接访，向源头防范和解决问题上延伸，抓防止和化解矛盾，注重解决群众切身利益问题，把政府形象重塑和信访文化以及伦理的重建作为重要目标，从整体效果出发制定系统及各环节标准；按信访系统与服务型政府系统的配合性要求，统一整个系统标准；以信访信息收集、分类、处置的智能化为中心，规范和解决信访主体多元化、信访事项宽泛化、信访程序无序化、解决问题复杂化以及不配套问题。

信访工作标准本着以人为本、统一、简便易行原则，力求实现人、时、空统一；主体、客体与环境统一；手段、目的、效果统一，综合考虑各方利益的平衡，经过严谨的科学研究程序制定，并由训练有素的专业部门和专业人员保证实施，能够更好地做到公平、公正、科学、有效。这个标准体系包括信访价值理念、文本规范、信息技术、机构设置、制度支撑、流程再造、考核机制等内容，一般需要数十个标准支持。在这些标准群中，至少需要应有的技术标准，需要为完成这一过程而设计或约定某些目标、方法及组织形式的管理标准，还要有任务、职责和每一步操作，直至达到理想结果的工作标准。包括基础工作标准；基层工作标准；语言标准；支持系统标准；信息化标准。整套标准，由近百个图表和几十万字组成，目前已在山东聊城小范围实验、运行、校正、完善、修订，以期形成科学有效的信访工作标准化体系。

二、坚持"四个转变"的理念

（一）治理思维：由对立转向包容

信访和谐首先是承认信访存在的合理性，不以对立、斗争和政治思维看信访，不盲目追求"零信访"，注意发挥信访的正功能和积极作用，提倡信访和谐。信访和谐就是理性面对信访，在问题和矛盾面前不是消极被动应付，而是积极主动采取措施预防和提前化解矛盾，跳出稳定视野和信访本身看信访，实现信访突围和信访转型。和谐理念在信访主体、信访活动、信访行为、信访渠道、信访内容和形式等各方面的体现，使信访状态有序、融洽、协调，信访主体间良性互动、信访程序公开公正公平、信访渠道畅通、信访事项妥善处理，各个环节相应、相恰。信访和谐贯彻宽容、公正、人本、法治原则，目标是信访问题提前化解，进而实现政府与民众的良性互动。

（二）治理目标：由"坏事"转向"好事"

实现信访的正常化，包括信访总量和上访规模的正常化处理，信访案件程序和效率的正常化，信访人心态和期望值的正常化等等。信访工作是新时期的群众工作，是构建和谐社会的基础性工作。坚持信访正常化理念，不把信访与稳定画等号，不把信访敏感化、妖魔化。从某种意义上讲，这是对执政能力的一个考验。实现信访的正常化，意味着信访群众和解决信访问题的权力部门需要在利益博弈中实现利益妥协，和谐相处，则需要政治、经济、行政、法律等多种手段以及为实现妥协营造出适宜的心理环境才能奏效，这对于各级党委、政府来讲需具备较高的执政能力。真正的执政能力不是忌讳信访，要善于把"坏事"变好事，把信访工作做成执政为民的品牌。

（三）治理主体：由一元转向多元

罗西瑙认为："与统治相比，治理是一种内涵更丰富的现象，它既包含政府机制，但同时也包含非正式、非政府的机制，随着治理范围的扩大，各色人和各类组织等得以借助这些机制满足各自的需求，并实现各自的愿望。"[1] 信访和谐是和谐社会建设的重要内容和"晴雨表"，也是党和政府应有的执政理念和执政方式，同时也是检验领导艺术和执政能力的重要标准。信访和谐的实现，有赖于党的科学发展观和执政方式的完善，在科学、依法发展中维护民主；有赖于社会主义和谐社会建设的推进，在行政、立法、司法的完善中维护民权；有赖于社会发育和第三部门建设，在群众自治中集中民智；有赖于信访系统功能整合与转型，在维护群众合法权益中反映民意。必须从整个社会协调发展和结构合理的视角看待信访，看到信访的"短板"效应，党和政府要着力"发育社会"，通过扶持和帮助社会自组织发育，通过群众自治和基层党组织、社会团体、中介组织等的合作，来共同解决社会问题，才能真正使信访走出困境。信访系统要通过整合现有资源，按照信访工作标准和预警要求，做好基层、基础和基本工作，来维护群众合法权益，及时反映社情民意，促进社会和谐。

（四）治理结果：由传统信访转向现代信访

信访应转型为现代信访，从单打独斗到齐抓共管；从一般的数据统计到

---

[1]　［美］詹姆斯·N. 罗西瑙：《没有政府的治理》，江西人民出版社 2001 年版，第 5 页。

监察管理咨询、第二研究室；从交办、转办到督察、督办；从治标到治本，支持科学依法民主决策；从接待群众来信来访到使用电子信访、网上信访、省长信箱。扩大申诉、信息沟通、督察和反映民意的功能，逐步弱化救济功能；从救火灭火第一线到雪中送炭、春风化雨，信访机制这种制度的安排，为民众的权利表达提供了体制内途径，使权利维护行为正常化，民众利益要求得以表达，信访工作真正成为党和政府群众工作的重要部分、构建和谐社会的基础性工作。

三、遵从"四个面向"的操作

（一）把群众工作做在"前面"，在群众和政府之间建立缓冲带和隔离层

1. 建立各种各类的群众自治组织，实行矛盾纠纷的社会自组织化化解，在国家（政府）与个人之间架设一条缓冲地带，形成基层化解矛盾的第一道防线。如新泰的平安协会，就是首先由群众中的"三老"人员出面调解、化解邻里纠纷，不使矛盾发展、上交，内部人处理内部事务，避免公开、蔓延到社会，政府和信访工作人员冲到第一线救火，从而在群众和政府之间建立缓冲带和隔离层。

2. 全面建立村情民情档案；在全社会实行重大事项的信访评估，设立信访评估机构和机制；引入听证制度，同时律师参与信访，在咨询、教育、协商、调解、听证等方面发挥作用；实行信访代理制度，建立街道办事处和居委会设立信访代理专员队伍，为群众有关问题分忧解难、释疑解惑，以专业水准代办代理。

3. 党的基层组织必须成为社会建设的参与者和领导者，开发整合社会、整合资源的基本功能；顺应基层民主的现实和内在需求，逐步完善构建协商政治形态所需要的结构要素和功能要件；遵守社会发展的内在机理，努力开发公民协商的沟通机制功能。

（二）把矛盾化解在"下面"，县级推行信访工作标准化建设，着力基础、基层、基本信访工作

1. 推进"事要解决"要求基层信访工作的规范化

"事要解决"难是信访工作中的难题。在基层信访工作中，存在浓厚的长官意识，短期思想，急于"灭火"心理；人为因素大，依法因素少；暂时解决一个问题，事后起来一片问题；担心出现"能闹的孩子有奶吃"现象，担心群众"闹政策"，引起连锁反应，往往有条件解决也不敢解决。调研中发现，很重要的原因是，长期以来基层信访工作中各地的程序不规范，流程责任不清，操作规程不统一；同时，信访管理条块分割、部门分割、地区分割，信访工作尽管有一系列制度，但统一的执行程序缺失，上访群众间互相联通，增加了问题的复杂性。这些情况表明，必须及时总结成功经验，形成全国统一、高效的信访工作技术操作标准体系，以期解决信访问题时对同样的问题有统一的解决程序和方案，减少信访派生问题。"事要解决"既指解决信访事项，也指按程序正确地解决问题，贯彻程序正义和法治理念。

2. 信访问题"上行"的高势态要求基层信访工作固本强基

大量信访问题的出现，不能早发现早解决，不能在基层解决，不能在平常解决，不能正常解决，造成信访问题"上行"，主要原因是基层信访工作薄弱。基层调研发现，信访工作重视程度普遍提高，但基层更多是关注"灭火"，思想上"叶公好龙"，对信访工作讲起来重要，不出问题不重要；信访问题大多产生在基层，工作压力呈金字塔型，但信访资源却呈倒金字塔型。乡镇信访干部多是兼职，县级信访机构的干部 7 人到 20 人不等，基层、基础和基本建设情况与现实工作需求极不匹配，矛盾不能及时、就地、基层化解，问题交织，矛盾上行。基层实践表明，把信访标准化项目建设好，将有效解决信访工作基础不牢、基层薄弱等问题。

3. 解决多部门的重信重访问题要求基层信访工作统一标准

我国标准化的实行大多在工业、农业、服务业领域，政府社会管理与服务标准化发展是新事物，信访标准化工作也是新鲜的实践。目前，我国信访制度中没有统一的信访工作标准；各分系统的信访工作标准往往由不同的政府部门分管，且执行的是本系统标准，这对于整个信访体系各环节的配合和衔接十分不利，信访人到多部门上访的现象越来越多，信访复访率高、工作效能低、行政成本高；多部门的重信重访问题，也使我们难于正确分析信访形势。标准的统一能很好地解决多部门重信重访问题。

4. 基层工作人员素质现状要求有与信访制度匹配的信访工作操作标准

信访涉及多领域、多环节、各阶层。目前，信访工作人员素质不平衡、不适应，调查结果显示，基层工作人员在对待来访群众时执行程序的无序情况普遍存在。不按程序办：使《信访条例》规定的程序在基层、在源头得不到落实；不愿按程序办：对政策法规把握不准，怕被抓住把柄，承担相关责任。不想按程序办：嫌麻烦，认为口头答复就行了。没条件按程序办：有的甚至没固定场所和人员，没存档管理载体等硬件。调查显示，比较而言，信访部门普遍缺乏具有扎实的现代信访理论基础与基层实践经验结合的人才。由于工作人员和部门工作问题造成的信访"次生问题"很多，相当多的信访积案与基层干部能力素质及处理不当有关。因此，我们迫切需要在国家层面制定指令性和指导性、可操作性的标准化规程，使信访干部在处理问题时有简单可行的规定程序。目前，全国信访系统和信访部门正在开展"创先争优能力建设年"活动，信访工作标准化对提升能力素质会起到积极作用，使信访工作在群众工作和社会工作科学化方面成为改革的先行。

5. 制定国家信访行业标准和标准体系，在全国县级推行信访工作标准化建设

（1）加强初信初访处置，在接待、档案处置等各个方面把好化解矛盾第一关。（2）规范办公和接待场所，规范信访档案，完善信访程序，按照标准化要求改革考核制度，实行星级达标活动。（3）统一信访队伍风貌和标识，加强基层信访部门的业务能力培训和队伍建设，在资金、补贴、培养、培训、提拔使用等方面倾斜。

6. 在乡镇以上设立信访联席会议办公室，全面整合信访系统；以群众工作引领信访工作，建议信访局改名为"群众工作部"

目前信访体制改革的理论共识，是以信访联席会议制度全面整合信访系统，在各省、市、县以及乡镇政府均以信访联席会议的形式整合，信访联席会议及其办公室下面，根据突出的信访问题设立若干专业工作组，预警工具系统输入和贯穿其中。大环境要以政治体制改革和政府职能转变为配合，为信访工作定位和信访预警机制的有效运行规范空间和开辟道路。充分利用信访渠道的民意表达功能并加以法治化改造，实行信访工作的法制化、规范化、制度化是必然选择。

（三）把预警机制嵌在"里面"，以信访预警理论和指标体系监测社会矛盾

1. 实行信访预警理论模型和预警指标体系监测社会矛盾状况。推行信访预警软件应用，实现全国信访信息系统的联网，为决策提供参考意见。整合信访机构力量，在信访主体利益协调、矛盾调处、权益保障；信访社情民意表达；信访社会舆情汇集和分析；信访突出的重大问题解决；信访群体性事件预防和妥善处置等方面发挥特别作用。建立信访信息网络平台和信访信息管理系统，加强信访信息预警管理；运用科学方法和技术平台武装信访系统硬件和软件，实现电子信访、网上信访，要重视网上信访，尤其要重视来信访的处置。

2. 以信访绩效达标考核机制和办法为抓手，在完善整体机制的基础上整合信访各机制，实现信访预警。预警要求改变信访职能，实现信访转型，信访前置，关口前移，重心下移。应该加强信访预警理论模型和预警指标的研究和应用，整合信访预警机制和机构，以信访联席会议为统领协调各机构。要在完善整体机制的基础上来完善信访机制。构建信访和谐，实现信访预警，是以党和政府组织管理与服务体系为核心的预警体系，还要从党和政府建设的各个方面，全面强化和贯彻预警意识、预警理念及预警设置。建议建立以纪检、督察等部门组成的党政正职预警机制；建立以工会为依托的劳动关系协调机制；建立以社区为依托的个体心理健康防卫、救护机制；建立以第三部门（体制外力量）为主体的社会矛盾组织化化解机制。

3. 加强信访理论研究和信访学科建设。信访实践中的许多问题都与理论准备不足和思想认识、理念滞后有直接关系。建议：（1）加强信访理论研究团队建设。（2）加强对信访的实践经验的认真总结，把经验上升为理论，使之制度化。（3）组织力量编写信访培训教材，对信访基本概念和各种关系群进行进一步梳理，形成全国信访领域的具有权威性的文本。（4）

通过各级党校和信访部门联合组织信访研究专题培训班，解决信访队伍素质提升问题；培训信访调解专员、信访代理专员、信访信息管理员，形成信访职业组织网络、职业道德伦理、信访和谐文化；加强信访法规宣传教育，学习信访文化和方法艺术，心理疏导技术；提升服务意识，实现信访零距离服务。

（四）把信访问题消化在信访和政府"外面"，打造政府和谐品牌

1. 建立政府内部各职能部门的公共政策统筹机制。社会矛盾与公共政策紧密关联。治理社会矛盾和冲突的重要思路之一，就在于正确有效地制定、实施以及调整公共政策，协调各方利益关系，"加大从政策层面解决信访突出问题的力度，推进群体性利益诉求矛盾解决"。[①] 这就使得集中解决社会矛盾和问题的行政信访工作越来越具有政策功能。因此，强化和提升信访的政策功能，以优化信访来优化公共政策，实现信访矛盾和问题的政策性化解，成为提高信访工作水平、提升公共政策质量、解决社会矛盾和纠纷的重要途径[②]。重新审视中央和地方之间公共政策统筹配套与协调机制，建立政府内部公共政策的统筹协调机制：一是政府内部各职能部门之间的政策协商机制，如建立定期的联席会议机制、建立上级政府主管领导协调平衡机制、建立政府政策研究部门的公共政策风险评估机制和风险预警机制、建立政府综合监察部门的控制机制和责任追究机制等；二是各级人民政府、县级以上人民政府工作部门的负责人应当阅批重要来信、接待重要来访、听取信访工作汇报，研究解决信访工作中的突出问题；三是将信访绩效纳入公务员考核体系，避免行政机关超越或者滥用职权，侵害信访人合法权益。

2. 建立专门的政策和舆情研究部门。一要研究各职能部门新公共政策的综合配套，评估各职能部门新公共政策风险，跟踪调研新公共政策的执行情况，扮演并承担公共政策风险预警的角色及责任；二要关注本地实际，与信访研究室——信访信息管理中心整合机制、协同运行，发挥社会矛盾预警、预测、预案效用。当前，在各种冲突管理的机制建设上，不同意见的表

---

① 国务院办公厅：《国务院关于落实〈政府工作报告〉重点工作部门分工的意见》，国发［2012］13号，http://www.gov.cn/zwgk/2012-03/27/content_2100951.htm.。

② 王浦劬、龚宏龄：《行政信访的公共政策功能分析》，《政治学研究》2012年第2期，第46—61页。

达机制、对立观点的交流机制、冲突利益的整合机制则建设不足，这些是需要加强的重点①。

3. 充分利用信息化社会现代信息和通信技术，推进电子政务，通过电子政务发展电子政府②；实行政务公开，与信访信息预警系统联网，适时监控社会情况，建立开放、快捷的利益诉求表达通道。

4. 优化社区组织的利益表达功能，探索和创新社会弱势群体利益诉求表达的新机制、新方式，如引导、支持和帮助弱势群体提高其组织化程度，使其作为公众利益诉求初级整合的平台以及政府提高社会管理可以借助的载体。

5. 巩固和再造已有的政党政治结构体系的利益表达功能，尤其是充分发挥基层党组织、社区人大代表和政协代表的作用，使其成为广大人民群众利益表达功能发挥到最大极致的桥梁。通过加强基层民主政治建设（重点是公众的政治民生建设）、社区建设、自治组织建设等来引导与整合公众的利益诉求，提高公众政治参与的组织化程度和有序性。

6. 建立诉访分离体制，逐步走向信访法治化。鼓励信访者以正义的方式追求正义，在正确的路途中实现诉求。加强并细化以信访听证制度为核心的督查机制建设；加强法律援助和司法救助工作；加快审判制度改革，使信访制度改革与司法体制改革相协调；建立和完善相关配套措施；健全和完善其他行政救济方式；建立信访工作责任追究制，设立信访法庭。目前现有法律可操作性比较差，建议在实行信访工作标准化达到较高程度后，制定统一的《信访法》，走向信访法制化。

四、实现"四化"的科学化规范

（一）实现信访工作的"三基"正常化

1. 信访存量和增量的高势态，显示基层、基础、基本信访工作的普遍

---

① 常健、许尧：《论公共冲突管理的五大机制建设》，《中国行政管理》2010 年第 9 期，第 63 页。

② 王谦：《电子政务@——战略、标准、绩效与智能决策》，重庆大学出版社 2005 年版，第 3—4 页。

薄弱，要求筑基固本。大量信访问题的出现和存在，不能早发现早解决、不能在下面解决、不能在平常解决、不能正常解决，主要原因是群众工作薄弱、社会工作薄弱、信访工作薄弱，而且是三者的基层、基础、基本工作集中薄弱。基层的"基"不牢，尤其是"基本"质量的缺乏，不重视基层的基础和基本建设，使矛盾基层化解落空。长期计划经济体制的影响，信访管理的条块分割、部门分割、地区分割的状态，使齐抓共管谁都难管，协调机制难协调、信访渠道难畅通、信访秩序难规范。

2. 基层、基础、基本工作集中薄弱，要求信访工作的正常化。目前，信访问题多元性发生且成变异状扩散和转换，形成了普遍性问题为重，派生性问题激增，一般性问题越来越多的现状。这些在提示我们，必须在过去应急、整治、治标、靠上关注、搞活动、减存量的基础上，使信访工作成为常态、常规、正常和日常工作，在全面协调可持续发展中成为党和政府密切联系群众、促进社会和谐的基础性工作，这是信访工作必须科学发展的客观要求。

（二）管理流程"标准化"，推行卓越绩效管理

目前，信访工作绩效考核主要分为两个部分：一是对信访部门的工作情况进行考核，如将"领导重视信访工作、办理群众来信、接待群众来访、信访事项复查复核工作、信访信息、信访宣传、信访调研、基层组织建设及规范化管理"[1] 等作为考核信访部门的主要内容和指标；二是对政府各职能部门信访工作的考核。不过，这一部分目前并没有统一规范的考核指标。国务院《信访条例》规定："各级人民政府应当将信访工作绩效纳入公务员考核体系。"[2] 但是，如何进行信访工作考核，考核哪些内容，以什么样的标准来考核等，尚需进一步制定细则。[3] 多年来，我们的信访工作在没有科学标准的情况下运行，信访工作考核成为目前最大的诟病。信访考核制度不科学，纵容甚至促进了一些无理上访户集体上访、越级上访、缠访闹访，而地方政府又为了追求所谓"零信访"政绩，使信访工作陷入恶性循环的怪圈。

---

① 《顺义区信访工作目标量化管理考核办法》，2009 年 3 月 10 日。
② 国务院：《信访条例》（2005），第 1 章第 7 条。
③ 王浦劬、龚宏龄：《行政信访的公共政策功能分析》，《政治学研究》2012 年第 2 期，第 46—61 页。

标准化的信访工作目标管理，就是在信访工作标准化建设基础上，建立立体化的目标管理评估模型，设置有效可行的目标管理指标体系；引入标准化的质量认证体系，实施目标管理流程再造；选择合理的绩效评估工具，提高工作绩效考核评价的客观性、公正性和科学性；依托现有的网络平台，建立高效实用的目标管理信息系统；在综合考评结果的应用上，通过主要媒体（电视、报纸、广播、政府网站等），公布综合考评的结果，利用社会舆论的压力，起到表彰先进、鞭策后进的作用。

1. 国家信访局的体系内考核，改变以信访量为主要指标的考核办法，建立以信访问题解决程度和初信初访结服率等为主要指标，通过重点信访案件的抽样督办、核查、回访，来考核地方党委政府解决问题的能力、水平和程度，使地方党委政府把信访工作的着力点放在解决信访问题上。国家信访局也可以考虑成立分大区特派员公署，既方便上访群众，又可以督促地方开展工作。

2. 基层信访局的管理考核。对基层具体从事办信、接访、督查等业务的工作人员，以相应的规范化、标准化建设要求为内容，加强岗位培训，定期进行考核，颁发合格证书，可建立基层办信员、接谈员、督查员等持证上岗和星级达标制度。

3 在基层信访窗口，推广接谈人员统一着装、挂牌接访，设立来访接待评价设施和评分机制；对基层信访进行星级达标管理措施，提升信访部门的整体形象。

4. 加强对基层信访部门在资金、培训和使用方面支持力度。

5. 提拔任用的领导干部要有信访部门工作经验；建立到信访部门挂职锻炼制度。

（三）信访资源"集约化"，实现全面效能管理

1. 行业整合

建议由国家标准化委员会和国家信访局出面，集中全国信访理论和实践一线专家对信访工作标准化进行深入研究，形成全国统一的"信访工作行业标准"和标准化体系，并在全国试点后实行。在信访领域贯彻程序正义理念，提倡行政管理伦理，建立信访职业道德规范。

2. 信息整合

特别重要的是，要建立全国信访信息预警管理的标准化系统，并与政府网站协调联网。信访预警管理信息系统，是指在信访监测—评估—预警—预控理论基础上，利用国家信访工作计算机管理系统平台和互联网信息技术，通过建立统一的、法定的规范、数据标准、数据交换格式的软件系统，制定相应的制度和管理办法，实现各级信访管理部门之间，以及信访管理部门内部各职能部门之间的信息共享，使相关部门作出及时准确的预警，并启动应急机制消除危机的一套软件系统。这是基于更好更快服务信访群众、寓管理于服务之中的高层次管理平台，具有多方面深刻意义。

3. 机构整合

在分析信访系统现行组织机构结构的基础上，按照建立信访预警机制的要求进行必要的调整和重塑。建议各省、市、县以及乡镇政府，以信访联席会议的形式对信访预警机构进行整合。信访联席会下设联席会议办公室，作为信访预警的常设机构，行使信访预警中心的职能。信访联席会议办公室主任应由高于同级各部委办局的领导担任，或由"低职高配"的信访办（局）主任兼任，以确保信访组织整合的权威性效果。在信访联席会议及其办公室下面，根据突出的信访问题设立若干专业工作组，如征地拆迁问题、国有企业改制问题、涉法涉诉问题、企业军转干部问题等，每个小组有权就专门领域的信访预警，进行多维交叉的跨部门整合。

4. 团队力量整合

建立全国信访理论研究专家队伍和研究智库，对全局、宏观、整体、顶层问题进行战略规划，对具体问题进行专项研究；制定全国统一的培训教材和计划，进行信访工作人员特训和学科建设。

（四）信访工作"规范化"，实现高效科学化管理

预防和解决基层发生的信访问题，县级是关键。目前，全国各地县级信访状况和规范化程度差别很大，信访处置的不一致使信访人产生诸多幻想和误解；和公安、法院等部门相比，信访部门在场所建设、信息化程度、着装标识、整体素质等各个方面都显示出全面实行规范化、标准化的必要。

1. 规范化活动，进行全员动员

县级以下基层单位应该从组织建设规范化、工作制度规范化、信访办理程序规范化、接待场所规范化、办公设施规范化、应急管理规范化、干部管理规范化、驻京值班规范化、档案管理规范化、经费保障规范化等环节入手，制定具体的规范化建设标准，通过多种形式搞好宣传动员，使信访人和信访工作者都入脑入心，达成共识。

2. 标准化规范，实现全覆盖

在总结推广先进经验基础上，以促进基层信访办理程序、办公设施和制度建设等基础工作标准化为重点，以优化管理考核标准为抓手，以岗位工作标准为基础，在县级以下基层单位大力开展以信访工作标准化为内容的规范化建设活动，对工作目标、工作规范、职责分工、人员管理等性工作流程和质量管理体系进行再造。

3. 相关支持条件，形成气候，达成共识

社会各方面也要以正常、宽容、积极心态对待信访，在思想、舆论、宣传方面引导发挥信访正面作用和正功能，在信访环境、信访行为培养模式、人员培训模式等方面达成共识和支援；社会信息网络等虚拟环境的积极支持，公民的民主法治素养提高、政治参与技能和习惯的养成等等，都是很重要的外部支持条件，要求社会各界给予理解和支持。关心信访干部心理健康问题，定期对他们进行心理疏导矫正。提拔使用干部要有信访工作经历，信访工作部门挂职锻炼与公务员考核晋升挂钩。

五、发展"两模一平台"的民心工程

（一）信访预警管理是一项系统工程和民心工程

信访预警管理是一项系统工程和民心工程，是党和政府与人民群众保持密切联系的"绿色通道"。根据信访预警实际工作要求，把现在应用的业务处理系统（电子数据处理系统）、管理信息系统、决策支持系统以及办公信息系统，置于统筹规划、全面安排、控制与管理之下，把信息作为资源来看，予以处理，利用信访工作计算机管理系统平台和互联网信息技术，通过建立统一的、法定的规范、数据标准、数据交换格式的软件系统，制定相应的制度和管理办法，实现各级信访管理部门之间，以及信访管理部门内部各职能部门之间的信息共享，使相关部门作出及时准确的预警，并启动应急机制消除危机的一套软件系统。当前，我们信访信息化建设基础条件已经成熟，但由于没有实现信息的科学化、现代化管理，相关部门可以得到原始信息，却没有技术手段进行信息对比，获得危机先兆信息，估计出危机发生的概率、危害程度、预警范围和预警对象，实现实时监控并迅速作出反应。所以，目前亟须建设信访预警管理信息系统，这在全国各级信访工作系统都是创新的。

（二）科学构建信访预警模型和指标体系

通过对大量信访问题产生机理的分析研究，结合相关理论，我们对信访问题预警理论模型设计是，"信访问题模块"是本模型的核心目标模块，即警情模块；其余模块（社会环境、利益冲突、执政能力、体制局限、社会心理）均为警源模块即产生信访问题的因素模块。"信访问题"一是指信访所反映的问题，如对某问题的建议、检举、诉求、求决等；二是由信访处置过程中产生的问题，如重信重访、集体访、越级访以及由信访引起的群体性突发事件等。社会环境、利益冲突、执政能力、体制局限、社会心理模块各自从不同的角度揭示和反映"信访问题"之所以产生的原因，并相互依赖、相互制约和相互影响，发生多向度的和全方位的联系；它们可以单独滋生或诱发信访问题，也会在相互影响中共同滋生或诱发信访问题。因素模块和目标模块之间构成因果关系。社会环境模块指与产生信访问题的政治、经济、文化等所有相关的社会因素的总和。由利益矛盾引发的群众信访带有很强的物质利益性，是现阶段群众信访量激增的主要原因，亦是我们进行信访问题预警的主要警源。在信访处置过程中，由于新旧体制冲突和政策滞后而导致的对某些问题暂时不能妥善解决（或从根本上解决），和新形势新情况不相适应的旧的管理体制和政策法规，以及面对新形势新情况而显现的体制缺失和政策空白，是许多信访诉求久拖难决，从而造成越级上访、重复上访和对抗性上访的重要原因之一。信访量的增多，从某种意义上讲也是一种正常现象。解决的办法不是消除信访也不可能消除信访，而是如何实现信访正常化。越级群访大都事出有因，低劣的执政能力和复杂的社会矛盾所形成的反差，是信访问题产生的一个十分重要的警源。加强基层的执政能力是关键。信访行为是信访者带着激烈情感活动的行为，所以信访预警实际上是对信访人"人心"的测量。上述指标体系框架，共分为 5 个层次 4 级共 30 个指标。各级指标中每个指标的权重，均系运用德尔斐法和 AHP 法确定。在此基础上设计开发应用软件，实现信访问题的智能化管理和预警预报。

（三）构建信访预警机制全面整合模式

在大信访格局的概念下建立信访预警机制的模式系统，不仅需要对信访和涉及信访的系统的静态结构进行一定程度的要素调整，更重要的是需要对信访和涉及信访的系统的动态结构进行创新和重塑。全面整合理论中的一个重要概念是组织整合（又叫组织化），是指通过组元之间的制度和组织结构的设计以实现各部分之间较为稳定的关联过程与状态。组织机构犹如机制的骨骼，它不仅构成机制运行的载体，同时也反映机制的宏观架构。要想从建立信访预警机制的角度对原有的信访组织体系进行整合，必须在分析信访系统现行组织机构结构的基础上，按照建立信访预警机制的要求进行必要的调整和重塑。

1. 以信访联席会议制度全面整合信访系统。目前的信访机构，有政府信访局、职能部门信访内设机构、各地联席办、综治办、维稳中心、大调解中心、和谐办、平安办、投诉中心等十多个部门（这还不包括乡镇部门）。要想使庞杂的信访系统全面整合为"统一领导、部门协调、统筹兼顾、标本兼治、各负其责、齐抓共管的信访工作新格局"，必须依靠信访联席会议制度。实践证明，信访联席会议是一种对庞杂林立的信访机构的有效整合方式。这种方式是在胡总书记对 2003 年信访洪峰批示下建立的，全称为"集中处理信访突出问题及群体性事件联席会议"，其主要职责是了解、掌握信访突出问题及群体性事件的情况和动态；针对信访突出问题及群体性事件提出对策建议；组织协调有关方面处理跨部门、跨行业、跨地区的信访突出问题及群体性事件；督促检查有关部门和地方处理信访突出问题及群体性事件各项措施的落实。

2. 在各省、市、县以及乡镇政府均以信访联席会议的形式整合。从预警的角度看，信访联席会议不仅具有舆情汇集和信息共享的功能，而且还具有沟通警情和集体研判的功能。因此，各省、市、县以及乡镇政府，均应以信访联席会议的形式，对信访预警机构进行整合。信访联席会下设联席会议办公室，作为信访预警的常设机构，行使信访预警中心的职能。信访联席会议办公室主任应由高于同级各部委办局的领导担任，或由"低职高配"的信访办（局）主任兼任，以确保信访组织整合的权威性效果。

3. 信访联席会议及其办公室下面，根据突出的信访问题设立若干专业工作组。根据突出的信访问题设立若干专业工作组，如征地拆迁问题、国有企业改制问题、涉法涉诉问题、企业军转干部问题等，每个小组有权就专门领域的信访预警，进行多维交叉的跨部门整合。

4. 预警工具系统的输入和贯穿。在模型的各个层次中，均需运用以预警指标体系为核心工具的一系列规范的预警方法和技术手段，通过专用的政务网络平台，形成信息共享和制度化的沟通和交叉连锁机制。（1）建议组织专家机构和信访部门的工作人员共同研发，设立指标体系并在实践中不断修正和完善，建立各种信息资料库，如案例库、预案库以及警情报告，进行信访信息处理、信访问题警情研判、信访问题警情预报、信访问题警情预控。（2）建立强有力的领导机制和监督机制以及组织保障、制度保障、技术保障和资金保障等整个系统运行的基础性条件。（3）按照预警流程依次建立相对应的保障机制：信访信息汇集分析机制、潜在信访问题风险分析评估机制、信访问题警情预报机制、信访警情预控机制，汇集整合各种相关制度、措施或子机制。

（四）设计信访预警管理信息系统软件平台

信访预警管理信息系统是以信访预警整个管理的信息化为基础，对在管理活动中的潜在危机进行实时监控的系统，它贯穿于信访预警活动的全过程，以信访预警涉及的各个指标的数据为依据，采用数据处理模型，进行预测发现信访存在的危机，并向管理者作出预警。软件设计总体目标，是根据客户的需求，对信访预警综合指标体系进行分析，确立具体的指标收集项目，设置预警指标权重，确定了预警指标临界值，为该指标系统每一项具体指标提供不同的数学模型。把数学模型与计算机软件相结合，提出实际、可行的软件体系构架。建立一个统一数据库，及时、全面地获取相关管理人员及专家研究资料信息、预警指数等信息。共享数据库平台是信息服务的基础，通过该平台将相关数据引进数据集成、集中存放，通过统一的可靠性、安全性等方面的设计为用户提供稳定、可信的数据服务。信访预警管理信息系统应该作为信访预警运行情况的晴雨表，应以系统业务流程和数据流程为依据。业务流程等标准的建立，可为实际的信访预警管理信息系统操作起到规范作用。

六、完善信访预警的"三个保障"

（一）信访预警的制度保障

虽然在构建突发公共事件应急法律体系方面我们已经取得一些成绩，但目前的关于信访预警的立法体系还有待于建设，其中存在一些问题：一是现行法律没有确立统一的信访预警处理制度；二是现有相关制度不够完善；三是突发信访事件应急体制和机制还不够健全。我国在公共危机信息管理制度建设方面已经形成了具有中国特色的体系结构与规范，但是专业的信访预警相关法律、制度还需要创新。相关制度创新、体制创新和机制创新是今后信访预警管理理论研究和实践探索的一项长期而艰巨的任务，国外及国内其他行业的一些先进经验可以值得借鉴和参考。

（二）信访预警的信息保障

根据决策参谋咨询人员所在的机构，可以把危机管理中发挥"外脑"功能的智囊组织机构分为四类：（1）行政性的决策信息、咨询机构，它们在党政机关序列中，隶属于各级党委和政府及其下属部门的从事信息收集、政策研究的机关。（2）半官方的政策研究、咨询机构，它们是独立的、介于官方和民间，客观分析政策的研究机构。（3）民间的政策研究、咨询机构，包括一些学（协）会的研究组织、公司、大学的研究所等。在危机的各个阶段，这批智囊人员要加强对信访预警的深度研究，建立健全各种数据库和模型，预测危机发生的领域、可能性、频率和强度，帮助信访部门制定反危机的战略规划和应急预案，使信访预警决策和管理建立在科学的基础之上。（4）加强协调组织建设，明确信访联动部门职责，打破条块分割的管理模式，建立信访各部门之间、不同社会机构之间集中、统一、高效的横向信息沟通渠道和信息沟通机制，应用先进的现代化通信技术和计算机网络技术，构成一个跨学科、跨专业的综合系统工程，是提高信访预警信息管理体系联动和整体应急反应能力的重要保证。

（三）信访预警的人员保障

信息无处不在，但在进行人为的处理和分析以前并不具有任何价值，虽然建立健全了完善的信息收集和沟通的渠道，但不经过处理就等于没有收集到信息。（1）当务之急是各级政府应新建或是利用现有政务信息网络来承担信访信息系统的任务，因此需要信息处理、分析方面的专门人才。可先通过信访预警信息管理实践和培训，培养和提高相关管理人员的预警意识，具有发现信息、收集信息、研究信息，并善于运用先进信息手段传递信息和沟通信息。（2）信访部门还应配备人力资源信息系统，建立信访预警信息管理人力资源库，提供人力支持。全面建立村情民情档案，运用计算机平台，对社情民意有一个总体的掌握；建立矛盾纠纷多元化化解机制，在乡村和社区，居委会和街道办事处，设立专门的信访调解专员队伍；实行信访代理制度，建立城乡的信访代理专员队伍；在全社会实行重大事项的信访评估，设立信访评估机构和机制，严格信访评估纪律，这是把信访前置，实现矛盾前馈的重要方法。（3）将信访预警纳入日常信访工作，并将信访预警管理信息系统的使用作为考察相关工作人员工作绩效的规定中，促使该系统的使用及推广。（4）信息技术的运用非改革的终点，以技术改革非信访改革的目的，因此要防止泛电子化倾向。各级领导重视信访工作，坚持行政机关负责人信访接待日制度是亲民、执政为民之举；各部门善待信访群众，让民怨民情得以合理的释放，及时妥善地解决问题，才能提升社会的和谐度，真正体现信访制度设计的意义。

主要参考文献

专　　著

1. ［英］F·A·哈耶克：《法律、立法与自由》，中国大百科全书出版社 2000 年版。

2.《邓小平文选》，第 2 卷，人民出版社 1994 版。

3.《马克思恩格斯全集》，第 1 卷，人民出版社 1956 版。

4.《马克思恩格斯选集》，第 1 卷，人民出版社 1995 版。

5.《马克思恩格斯选集》，第 4 卷，人民出版社 1995 版。

6.《信访条例问答》，中国法制出版社 2005 年版。

7. L. A. 科塞：《社会冲突的功能》，华夏出版社 1989 年版。

8. 本书编写组：《信访工作基本知识》，上海人民出版社 1985 年版。

9. 蔡燕：《信访心理学》，中国卓越出版社 1989 年版。

10. 曹康泰，王学军：《信访条例辅导读本》，中国法制出版社 2005 年版。

11. 程维荣：《当代中国司法行政制度》，上海：学林出版社 2004 年版。

12. 恩斯特·卡西尔：《人论》，上海译文出版社 1985 年版。

13. 范愉：《非诉讼纠纷解决机制研究》，中国人民大学出版社 2000 年版。

14. 国家标准化委员会：标准化基础知识》，中国标准出版社 2004 年版。

15. 胡中才：《古代"信访"史话》，湖北人民出版社 2000 年版。

16. 黄建钢：《政治民主与群体心态》，中信出版社 2005 年版。

17. 金国华，汤啸天：《信访制度改革研究》，法律出版社 2007 年版

18. 拉尔夫，达仁道夫：《现代社会冲突》，林荣远译，中国社会科学出版社 2000 年版。

19. 李春田：《标准化概论》，中国人民大学出版社 2005 年版。

20. 李航：《我国转型期弱势群体社会风险管理探析》，西南财经大学出版社 2007 年版。

21. 李宏勃：《法制现代化进程中的人民信访》，清华大学出版社 2007 年版。

22. 李慕洁：《应用信访学》，华龄出版社 1991 年版。

23. 李秋学：《中国信访史论》，中国社会科学出版社 2010 年版。

24. 刘絮，聂玉春：《信访工作手册》，高等教育出版社 1988 年版。

25. 诺曼·R·奥古斯丁：《危机管理》，中国民大学出版社 2001 年版。

26. 强世功：《法制与治理，国家转型中的法律》，中国政法大学出版社 2003 年版。

27. 青维富：《论中国和谐社会的人文法治》，山东人民出版社 2008 年版。

28. 塞缪尔·亨廷顿、琼·纳尔逊：《难以抉择——发展中国家的政治参与》，华夏出版社 1989 年版。

29. 史卫民等：《中国村民委员会选举，历史发展与比较研究》，中国社会科学出版社 2010 年版。

30. 苏力：《法治及其本土资源》，中国政法大学出版社 2004 年版。

31. 孙立平：《博弈，断裂社会的利益冲突与和谐》，社会科学文献出版社 2006 年版。

32. 唐鸣：《农村法律服务，行动与表达》，法律出版社 2009 年版。

33. 唐鸣：《社会主义政治建设的历史、理论与实践》，中国社会科学出版社 2007 年版。

34. 唐鸣：《中国农村法律和社会问题研究》，法律出版社 2008 年版。

35. 陶德麟：社会稳定论》，山东人民出版社 1999 年版。

36. 王小迅：《社会心理研究》，中国社科院社会学研究所编 1990 年版。

37. 王学军：《中国信访制度改革与发展》，山东人民出版社 2009 年版。

38. 夏勇：《走向权利的时代，中国公民权利发展研究》，中国政法大学出版社 1995 年版。

39. 谢岳：《当代我国政治沟通》，上海人民出版社 2006 年版。

40. 徐显明主编：《以人为本与法律发展》，山东人民出版社 2008 年版。

41. 徐勇：《现代国家乡土社会与制度建构》，中国物资出版社 2009 年版。

42. 许传玺：《中国社会转型时期的法律发展》，法律出版社 2004 年版。

43. 阎志民：《中国现阶段阶级阶层研究》，北京：中央党校出版社 2002 年版。

44. 于咏华：《当代中国社会矛盾论》，九州出版社 2004 年版。

45. 詹成付：《村民选举权利救济机制研究》，中国社会出版社 2007 年版。

46. 张晓玲：《人权理论基本问题》，中共中央党校出版社 2006 年版。

47. 郑杭生等：《转型中的中国社会和中国社会的转型》，首都师范大学出版社 1996 年版。

48. 中国行政管理学会信访分会：《信访学概论》，中国方正出版社 2005 版。

49. 中央办公厅信访局：《首届全国信访工作理论研讨会文集》，中国检查出版社 1992 年版。

50. 周占顺：《中国信访写真》，中国工人出版社 1998 年版。

51. 朱景文：《比较法社会学的框架与方法》，中国人民大学出版社 2007 年版。

52. Dean G. Pruitt, Sung Hee Kim, Z. Jeffrey, Rubin, Social conflict: escalation, stalemate, and settlement, McGraw-Hill Humanities/Social Sciences/Languages, 2003.

53. S. Jackson, Introduction: ATypology for Stability and Instability inChina, David Shambaugh, 2000.

54. Gregory J. Kasza, The Conscription Society: Administered Mass Organ-

ization, Yale University Press, 1995.

55. D. Black, the Behavior of Law, Academic Press, 1976.

56. X. B. Luru, Booty Socialism, Bureau Preneurs and the State inTransition：Organizational Corruption in China, Comparative politics, 2000.

57. L. Coser, Continuities in the study of Social conflict, New York Free Press, 1967.

期 刊 论 文

1. "中国基层信访问题研究"课题组：《中国基层信访问题研究报告——以西安市临潼区信访状况为例》,《云南大学学报》2008 年第 3 期。

2. 鲍宗豪,《李振：社会预警与社会稳定关系的深化——对国内外社会预警理论的讨论》,《浙江社会科学》2001 年第 7 期。

3. 布小林：《谈信访制度的改革与发展》,《理论前沿》2005 年第 9 期。

4. 蔡武进：《我国行政信访制度的改革目标定位》,《江汉大学学报（社会科学版）》2012 年第 6 期。

5. 陈丹,唐茂华：《我国信访制度的困境与"脱困"——日本苦情制度对我国信访制度的启示》,《中共天津市委党校学报》2005 年第 4 期。

6. 陈丰：《信访制度成本：一个中国式社会问题》,《东南学术》2010 年第 11 期。

7. 陈戈寒,朱小兰：《试论信访制度改革的深化》,《商业经济》2006 年第 5 期。

8. 陈广胜：《将信访纳入法治的轨道——转型期信访制度改革的路径选择》,《浙江社会科学》2005 年第 4 期。

9. 陈庆云：《信访改革取向与制度创新问题研究》,《法学杂志》2005 年第 6 期。

10. 陈永鑫：《浅谈心理学在信访工作中的运用》,《改革与开放》2010 年第 22 期。

11. 邓伟志：《关于社会风险预警机制问题的思考》,《社会科学》2003 年第 7 期。

12. 丁胜，《文思宛，罗思源：非正常上访问题研究——以贵阳市为例》，《唯实》2009 年第 2 期。

13. 杜宋文：《临沂市罗庄区人民检察院，构建预警信息网络，妥善处理涉检信访》，《山东人大工作》2008 年第 5 期。

14. 凡飞：《从信访制度价值看其制度功能》，《今日湖北理论版》2007 年第 5 期。

15. 范明：《中外"群体性事件"问题比较研究》，《中国人民公安大学学报》2003 年第 1 期。

16. 广西壮族自治区纪委、监察厅：《构建基层信访长效机制切实维护群众利益》，《中国监察》2006 年第 14 期。

17. 广西壮族自治区纪委、监察厅：《西安市信访问题调查》，《西安社会科学》2008 年第 12 期。

18. 国家信访局：《夯实和谐社会的基础——党的十六大以来信访工作成就综述》，《中国报道》2007 年第 12 期。

19. 郝静：《信访制度改革不应强化其权利救济功能》，《广东行政学院学报》2005 年第 12 期。

20. 胡训眠：《信访制度路径的理性选择》，《上海法学研究》2003 年第 8 期。

21. 华奕曦，袁亮：《政府组织运行机制协同性研究——基于结构功能主义理论》，《理论界》2007 年第 3 期。

22. 黄侃：《关于权利救济型信访案件的成因及其处置对策》，《法治研究》2012 年第 12 期。

23. 黄丽：《社会中介组织与政府职能转变互动关系的法律分析》，《法制与社会》2007 年第 2 期。

24. 吉红：《新时期农村信访新动向及对策研究》，《中国法制》2010 年第 7 期。

25. 姜明安：《改革信访制度创新我国解纷和救济机制》，《中国党政干部论坛》2005 年第 5 期。

26. 李钢：《社会转型刍议》，《北京邮电大学学报》2001 年第 1 期。

27. 李宁顺：《浅析当前信访的热点问题及其化解途径》，《辽宁经济管理干部学院学报》2008 年第 4 期。

28．梁其贵：《建立健全社会预警体系与和谐社会的建构》，《中州学刊》2006 年第 3 期。

29．刘东升：《和谐社会视域中的信访制度建设》，《党政干部学刊》2009 年第 1 期。

30．马斌：《组织创新、权力重组与转型期信访制度改革》，《中国地质大学学报（社会科学版）》2006 年第 7 期。

31．马剑锋，《佟金萍：和谐社会预警体系的构建与实证研究》，《中国科技信息》2009 年第 3 期。

32．牛铭心、邓亮：《信访成因的传统法律文化解读》，《法制与社会》2009 年第 14 期。

33．山东省委党校课题组：《当前信访的新变化及其成因分析》，《理论动态》2007 年第 1 期。

34．沈慧等：《从医疗纠纷信访处理角度看医疗安全监督》，《中国卫生监督杂志》2012 年第 2 期。

35．沈笑嫣：《论信访制度的内在困境》，《长春理工大学学报（社会科学版）》2007 年第 7 期。

36．盛清才：《完善基层信访机制，为新农村建设创造良好的社会环境》，《红旗文稿》2007 年第 9 期。

37．石柱县黎场乡基层信访处置机制课题组：《建立基层信访处置机制的探索》，《新重庆》2007 年第 10 期。

38．宋林飞：《中国社会风险预警系统的设计与运行》，《东南大学学报》1999 年第 1 期。

39．宋协娜，周念群：《略论信访问题预警系统建设》，《理论学刊》2007 年第 2 期。

40．孙华利：《用立体化传播模式打造信访工作新空间——从网络与信访的结合谈起》，《产业与科技论坛》2007 年第 6 期。

41．孙志国：《环境信访案件产生原因及对策探讨》，《环境保护与循环经济》2011 年第 5 期。

42．汤啸天：《信访制度的改革与社会稳定》，《探索与争鸣》2005 年第

4 期。

43. 汤啸天：《以善治为标准改革我国信访制度》，《理论前沿》2005 年第 13 期。

44. 天津市检察机关联合课题组：《涉诉信访存在的问题与解决路径》，《法学杂志》2009 年第 2 期。

45. 田文利：《信访机关权力的理论探索及实证分析》，《国家行政学院学报》2005 年第 6 期。

46. 田文利：《信访制度改革的理论分析和模式选择》，《社会科学前沿》2005 年第 2 期。

47. 田晏：《权利救济·司法理念·公民信访权——对涉诉信访的三维分析》，《黑龙江省政法管理干部学院学报》2006 年第 4 期。

48. 王彩波，李智：《论我国社会转型时期的政治稳定机制》，《吉林大学社会科学学报》2002 年第 5 期。

49. 王佃利，沈荣华：《城市应急管理体制的构建与发展》，《中国行政管理》2004 年第 8 期。

50. 王二平：《基于公众态度调查的社会预警系统》，《科技与社会》2006 年第 2 期。

51. 王丽英，杨翠芬：《论信访程序的完善》，《河北师范大学学报》2009 年第 3 期。

52. 王鸣明：《和谐社会背景下公民表达权的实现机制》，《法制与社会》2009 年第 3 期。

53. 王学军：《以科学发展观为统领努力开创信访工作断局面》，《人民信访》2006 年第 3 期。

54. 王学军：《中国信访体制的功能、问题和改革思路》，《湖北社会科学》2003 年第 1 期。

55. 王雪莲：《从维护社会稳定看信访制度创新》，《中国人民公安大学学报》2004 年第 4 期。

56. 王亚明：《涉法信访的价值、成因及改革设想》，《国家行政学院学报》2005 年第 6 期。

57. 吴兴军：《公共危机管理的基本特征与机制构建》，《华东经济管理》2004 年第 3 期。

58．吴毅：《"权力—利益的结构之网"与农民群体性利益的表达困境》，《社会学研究》2007 年第 5 期。

59．吴玉文：《完善预警机制构建维权工程》，《天津市工会管理干部学院学报》2003 年第 1 期。

60．吴忠民：《社会问题预警系统研究》，《东岳论丛》1996 年第 4 期。

61．肖萍：《信访制度的功能定位研究》，《政法论丛》2006 年第 12 期。

62．肖扬：《充分发挥司法调解在构建社会主义和谐社会中的积极作用》，《求是》2006 年第 19 期。

63．信访工作课题组：《关于基层信访工作的考察报告》，《中共四川省委省级机关党校学报》2005 年第 4 期。

64．杨安华：《近年来我国公共危机管理研究综述》，《江海学刊》2005 年第 1 期。

65．杨黎：《信访应是和谐社会的常态》，《西南政法大学学报》2008 年第 6 期。

66．杨伟东：《我国信访制度的重构——兼论新<信访条例>的缺失》，《国家行政学院学报》2005 期 6 期。

67．叶建平，陈锋：《法治视野下的涉诉信访工作》，《行政与法》2006 年第 9 期。

68．应星：《作为特殊行政救济的信访救济》，《法学研究》2004 年第 3 期。

69．于建嵘：《对 560 名进京上访者的调查》，《法律与生活》2007 年第 5 期。

70．于建嵘：《对信访制度改革争论的反思》，《中国党政干部论坛》2005 年第 5 期。

71．于建嵘：《信访制度改革与宪政建设——围绕信访条例修改的争论》，《二十一世纪》2008 年第 89 期。

72．于建嵘：《中国信访制度批判》，《中国改革》2005 年第 2 期。

73．俞可平：《治理和善治：一种新的政治分析框架》，《南京社会科学》2001 年第 9 期。

74. 张莉:《浅析新形势下加强基层信访工作的重要性》,《中国核工业》2007 年第 6 期。

75. 张文国:《试论涉诉信访的制度困境及其出路》,《华东师范大学学报(哲学社会科学版)》2007 年第 3 期。

76. 张修成:《信访制度与诉讼等纠纷解决途径之比较研究》,《理论学刊》2007 年第 4 期。

77. 张永和:《2003—2007 年信访问题研究综述》,《西南政法大学学报》2008 年第 6 期。

78. 中共中央党校课题组:《800 名县委书记调查问卷统计分析》,《中国党政干部论坛》2008 年第 5 期。

79. 中央党校进修一班第 40 期 A 班社会发展方向第三课题组:《从信访工作中存在的突出问题看和谐社会建设的难点重点》,《中国党政干部论坛》2007 年第 3 期。

80. 周定财,白现军:《善治目标下的我国信访制度改革》,《中共南昌市委党校学报》2007 年第 4 期。

81. 朱晓明:《对社会预警信息网络建设的实践与思考》,《公安学刊》2004 年第 3 期。

82. Chris Sykes, Lesley Treleaven, Lynne Keevers, Partnership and partic-ipation: contradictions and tensions in the social policy space, Australian Journal of Social, 2008.

83. KathleenSexsmith, Violent conflict and social transformation: An insti-tutionalist approach to the role of informal economic networks, The European Jour-nal of Development Research, 2009.

84. SusanOpotow, Forging Social Identity and Social Conflict, Peace and Conflict: Journal of Peace Psychology, 2003.

后 记

呈现于读者面前的这本书，是 2008 年立项的国家社科基金课题"基于社会主义和谐社会建设的信访和谐与信访预警研究"的最终成果。2010 年以研究报告形式（30 万字）结题获优秀等级，在此基础上修改完善，2012 年入选《国家哲学社会科学成果文库》，并被山东省社会科学优秀成果奖评选委员会直接授予重大成果奖，现由人民出版社出版。历时五载，获奖成书，荣幸之际，倍加感恩。

此项信访研究的历程，可追溯至 2006 年参加山东省信访局时任省委副秘书长兼局长于晓明主持的信访课题研究，撰写调研报告"社会转型期信访问题预警研究"；参加山东省信访局承担的国家信访局立项的国家社科基金项目，撰写"与新时期群众工作相适应的信访工作机制研究"，由此开启了自己对信访研究的兴趣。其实，研究动力还与 2000 年主持的第一个国家项目有关：围绕"社会良性运行与民政工作改革"，从政府职能部门的"管理与服务"切入，对国家（党与政府）—社会（单位、部门、组织）—个人（个体、主体）之间的关系以及政府职能性质定位进行初步探讨。当时的困惑是，在中国特色社会主义条件下，政府究竟应该做什么、如何做？鉴于党政关系的特殊性，随后又执笔一个"党的执政能力研究"国家课题和两个党建方面的省社科重点项目，从党与政、党与民关系等方面探索各主体应该怎样良性互动。在思考如何妥善解决信访问题的过程中，深感它的复杂和纠结。2007 年挂职高唐县委副书记，深入信访工作第一线，深切体会出信访在中国的特殊作用，信访与党和政府治国理政的密切关系，应该贯彻和谐理念，加强管理与服务，化解矛盾于未然，由此而形成了本书的主体内容和逻辑框架。研究中发现，信访问题作为中国特色社会主义条件下的复杂课题，须用"中西医结合"的方法统筹治理，方可奏效。鉴于此，2011 年以"信访问题统筹治理研究"为题，立项国家社科基金项目，以便展开更深入的研究。该成果就是基于和谐理念、预警观点、统筹治理的理论探索与现实应用。回首研究历程，不论是研究民政还是信访问题，始终不离主体良性互动初衷，皆以寻求完善普通群众基本权益的保障和实现机制为目的。岁月悠悠，恤民忧国，赤子之心，无怨无悔。

近十年的课题研究，能够取得一些成果，应该感谢的很多。首先是山东省委党校有一个很好的科研环境。党校作为党的哲学社会科学研究机构，科研工作面向社会，加强了与实际工作部门和政策研究部门的合作和交流。党校作为党委和政府的思想库定位，为教研人员提出了科研立校的要求；党校科研管理部门的领导和同志们全心全意为教研人员服务，细致入微、感人至深；还有就是，山东省委组织部安排我校每年派 5 位同志到省信访局挂职，这使得本单位拥有一批对信访有所体悟的同行，由此成立了一个"信访研究会"，作为山东省信访学会的专业委员会开展科研活动，催生出了一个颇具实力的信访研究团队。在此要说的是，特别感谢山东省委党校的各位领导和专家对我的支持与帮助，大家言传身教，使我领悟到很多人生与科研的道理。感谢关心支持我的每一个人！

多年来，有很多专家学者从不同方面给予课题研究很大的支持和帮助，提出大量中肯而宝贵的建议。感谢郑杭生老师对我的社会学理论的指点和补课；感谢严书翰老师对课题论证的破题、书稿的内容和结构进行了认真的指导，令我受益匪浅；感谢商志晓、包心鉴、张全新、王韶兴、胡元梓、宋全成、李善峰、刘文烈、贾乐芳等专家的支持和鼓励；其中，尤其要感谢的是直接参与本课题各项工作的成员，他们为课题的顺利完成作出很多贡献，他们是：孔红伟、周念群、阎耀军、刘兴磊、栾晓峰、吴荣生、王丽萍、陈晓红、房蕊、赵君香、李宝琴、姜海等同志；还应该感谢山东省信访局的领导和调研处的同志们，国家信访局研究室、聊城市信访局、青岛市信访局、日照市信访局、高唐县信访局、临清市信访局、陵县县委和信访局、龙口信访局、新泰市委政法委等单位，他们都对课题研究和调研活动给予大力支持并提供了充分的保障条件。

在多年的研究中，我收集和参阅了大量的资料，借鉴了一些专著、教材、论文的观点和材料，在此向相关作者表示衷心的感谢。感谢国家规划办、山东省规划办为课题研究提供的优质管理与服务。我的硕士研究生们也为课题、书稿的资料收集和校对付出很多汗水。没有各方面的支持与帮助，要完成这样的研究是不可想象的。

特别要感谢的是人民出版社的娜拉编审，没有她的慧眼独具，看好本课题书稿的选题，不断鼓励修改完善，且于2011年前即签订出版合同，就不会有今天入选国家社科成果文库出版的喜上加喜，并由她热情鼓励和认真负责，本书才得以顺利出版。最后还要感谢我的家人所给予的理解和支持，没有这个给力而温馨的支撑、和谐而学术的氛围，很难想象自己会坚持到今天。

科研何乐！岁月如歌，伴随如歌的行板，沐浴各位的关爱，来日方长，佳期良多，奋然前行，锲而不舍，当为我的报答与选择。

宋协娜

2013 年 3 月 13 日于泉城济南

责任编辑:娜　拉
装帧设计:肖　辉　石笑梦
版式设计:肖　辉　周方亚

图书在版编目(CIP)数据

信访和谐问题研究/宋协娜 著. –北京:人民出版社,2013.3
(国家哲学社会科学成果文库)
ISBN 978－7－01－011951－9

Ⅰ.①信…　Ⅱ.①宋…　Ⅲ.①信访工作-研究-中国　Ⅳ.①D632.8

中国版本图书馆 CIP 数据核字(2013)第 070412 号

信访和谐问题研究
XINFANG HEXIE WENTI YANJIU

宋协娜　著

人民出版社 出版发行
(100706　北京市东城区隆福寺街 99 号)

北京中科印刷有限公司印刷　新华书店经销

2013 年 3 月第 1 版　2013 年 3 月北京第 1 次印刷
开本:710 毫米×1000 毫米 1/16　印张:21
字数:320 千字　印数:0,001-3,000 册

ISBN 978－7－01－011951－9　定价:65.00 元

邮购地址 100706　北京市东城区隆福寺街 99 号
人民东方图书销售中心　电话 (010)65250042　65289539